Spannende Experimente aus Natur und Technik

Neil Ardley / David Burnie

Spannende Experimente aus Natur und Technik

Über 200 Experimente für drinnen und draußen

Dorling Kindersley

DK

London, New York, Melbourne, München und Delhi

Bibliografische Information Der Deutschen Bibliothek
Die Deutsche Bibliothek verzeichnet diese Publikation in der Deutschen Nationalbibliografie; detaillierte bibliografische Daten sind im Internet über http://dnb.ddb.de abrufbar.

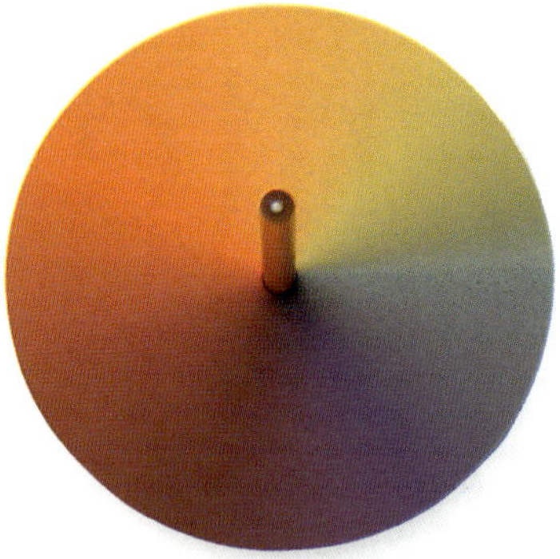

Titel der englischen Originalausgabe:
Children's Compendium of Science and Nature Experiments

Übersetzung Armin Kyrieleis, Anne Braun

ISBN 978-3-8310-0881-0

Printed and bound in Slovakia by Neografia

Besuchen Sie uns im Internet
www.dk.com

Arbeite sorgfältig!
Folge immer genau den Anleitungen.
Sei vorsichtig, wenn du mit zerbrechlichen, spitzen, heißen oder schweren Gegenständen (Glas, Scheren, Messern, Streichhölzern, Kerzen, Batterien) umgehst.
Achte darauf, dass du keine Gase und Flüssigkeiten in Augen, Ohren und Nase bekommst. Gehe nur nahe heran, wenn es in der Anleitung steht.
Spiele nicht mit elektrischen Schaltern, Steckern, Steckdosen und Geräten.
Räume nach jedem Versuch alles sorgfältig auf.
Dieses Zeichen neben einem Text bedeutet, dass du dir von einem Erwachsenen helfen lassen sollst.
Dieses Zeichen erinnert dich daran, keine Tiere zu belästigen und sie in ihrer natürlichen Umgebung zu lassen.

Inhalt

Luft und Gase

Wasser und Flüssigkeiten

Heiß und kalt

Licht

Farben

Wachstum

Sinne

Schall und Musik

Magneten

Elektrizität

Maschinen und Bewegung

Die Welt um uns herum

Leben im Wasser

Leben im Boden

Pflanzen und ihr Wachstum

Blumen

Bäume

Kleine Tierchen

Vögel

Der menschliche Körper

Luft und Gase

Überall um dich herum ist Luft – aber du bemerkst sie meistens gar nicht. Sie ist unsichtbar und nur bei starkem Wind zu spüren. Aber du atmest ständig Luft ein. Ebenso wie Tiere und Pflanzen brauchst du sie zum Leben. Luft ist auch nötig, um Treibstoff zu verbrennen, damit Maschinen angetrieben werden. Flugzeuge nutzen die Luft zur Fortbewegung. Luft besteht aus „Gasen“; das sind Stoffe, die keine feste Form haben und die sich in jeden Hohlraum hinein ausdehnen können.

Schwebende Ballons
Diese Ballons sind mit dem Gas Helium gefüllt. Helium ist leichter als Luft, deshalb steigt es auf und trägt die Ballons mit sich.

Stützende Luft
Eine Fahrradpumpe presst Luft in den Fahrradschlauch. Die Luft drückt gegen die Wand des Schlauches, der dadurch ganz prall wird. Der Schlauch wiederum drückt von innen gegen den Mantel, sodass er das Gewicht von Fahrrad und Fahrer trägt.

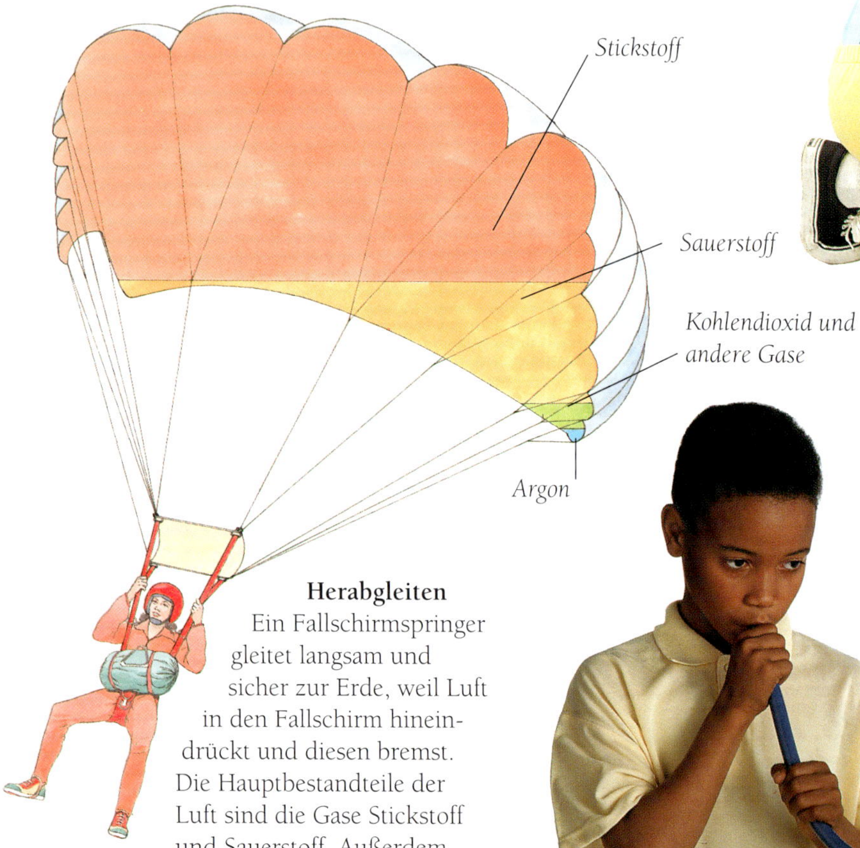

Herabgleiten
Ein Fallschirmspringer gleitet langsam und sicher zur Erde, weil Luft in den Fallschirm hineindrückt und diesen bremst. Die Hauptbestandteile der Luft sind die Gase Stickstoff und Sauerstoff. Außerdem enthält sie geringe Mengen anderer Gase.

Tief einatmen
Beim Einatmen strömt Luft in die Lunge. Du kannst feststellen, wie viel Luft deine Lunge aufnehmen kann. Atme tief ein und blase dann durch einen Schlauch in ein umgedrehtes, mit Wasser gefülltes Glas, das in einer Wanne voll Wasser steht. Die ausgeatmete Luft drückt das Wasser aus dem Glas heraus.

1 Mit Luft zerdrücken

Zerdrücke eine Plastikflasche, ohne sie zu berühren! Die Luft erledigt das für dich. Sie drückt gegen jede Oberfläche. Das ist der so genannte „Luftdruck“.

Du brauchst

Eis

Trichter

heißes und kaltes Wasser

Plastikflasche

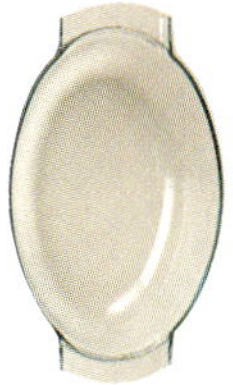
Glasschale

1 Stelle die Plastikflasche aufrecht in die Glasschale. Gieße heißes Wasser in die Flasche und warte einen Augenblick.

2 Lege die verschlossene Flasche in die mit Eis gefüllte Schale und übergieße sie mit kaltem Wasser. Stelle sie dann aufrecht hin.

3 Die Flasche wird zusammengedrückt! Die warme Luft in ihr ist abgekühlt und übt weniger Druck auf die Flaschenwand aus. Deshalb ist nun der Luftdruck von außen größer. Er drückt die Flasche zusammen.

2 Mit Luft verschließen

Wasser bleibt in einem umgedrehten Glas! Ein Stück Pappe verschließt wie durch Zauberhand das Glas. Der Luftdruck presst die Pappe nach oben, gegen das Glas. Der Druck ist stark genug, um das nach unten drückende Wasser im Glas zu halten.

Du brauchst

ein dünnes Stück Pappe

Glas

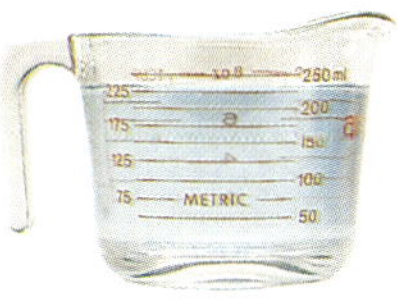
Wasser

Der Rand muss glatt sein.

1 Halte das Glas über ein Waschbecken. Fülle es fast ganz mit Wasser.

2 Lege die Pappe so auf das Glas, dass sie überall dicht auf dem Rand aufliegt.

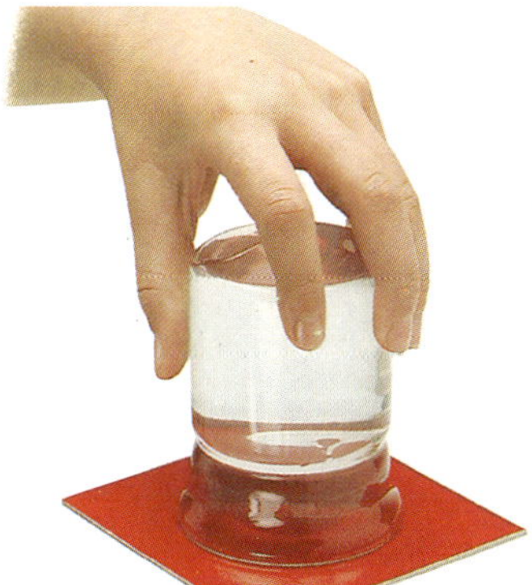

3 Halte die Pappe auf dem Glas und drehe alles um. Lass die Pappe los. Das Wasser bleibt im Glas!

3 Wiege die Luft

„Federleicht“ nennen wir Dinge, die wenig wiegen. Luft ist sogar noch leichter als eine Feder. Doch auch sie hat ein Gewicht, wie der Versuch zeigt.

Du brauchst

Ballonpumpe

zwei Luftballons

einen langen, dünnen Holzstab

Lineal

Klebeband

zwei Reißzwecken

Gummiring

Bleistift

Bindfaden

1 Miss mit dem Lineal die Mitte des Holzstabes ab und markiere sie.

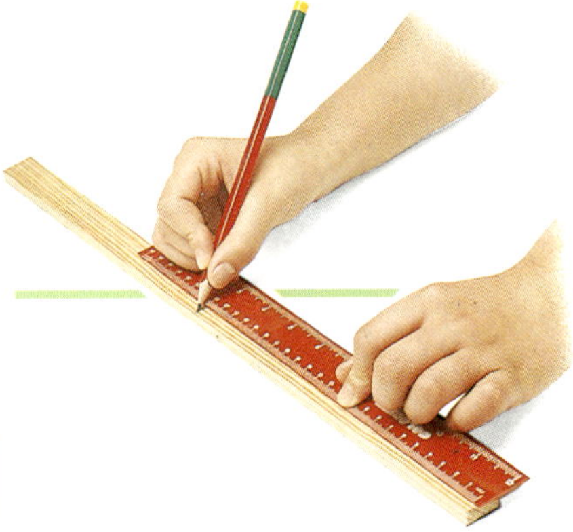

2 Drücke beiderseits der Markierung eine Reißzwecke hinein.

3 Knote in der Mitte des Gummiringes eine Schnur fest.

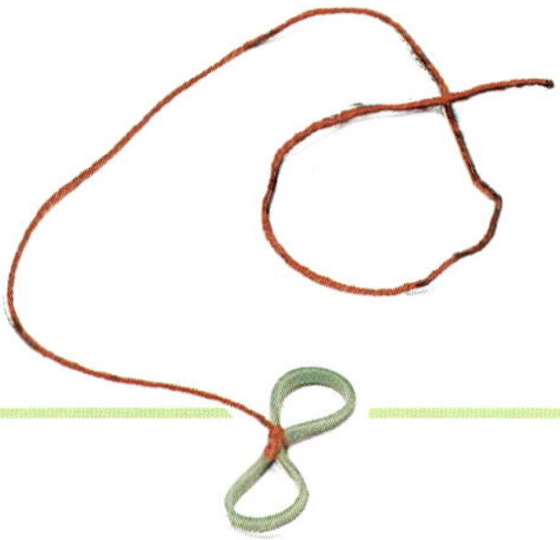

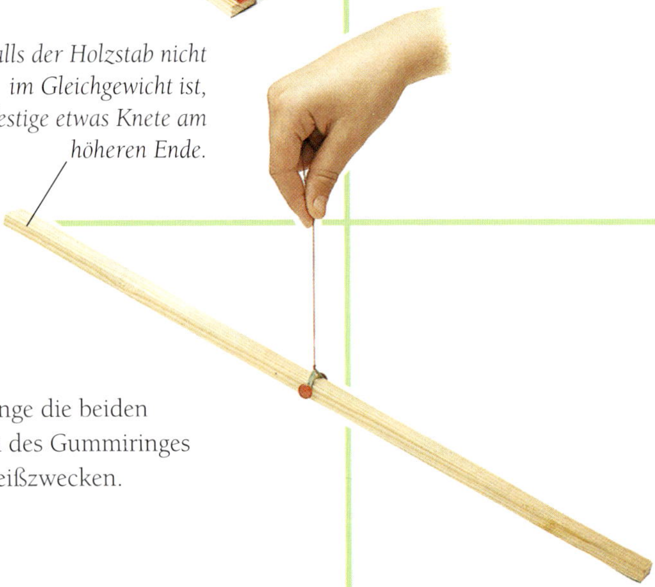

Falls der Holzstab nicht im Gleichgewicht ist, befestige etwas Knete am höheren Ende.

4 Schlinge die beiden Schlaufen des Gummiringes um die Reißzwecken.

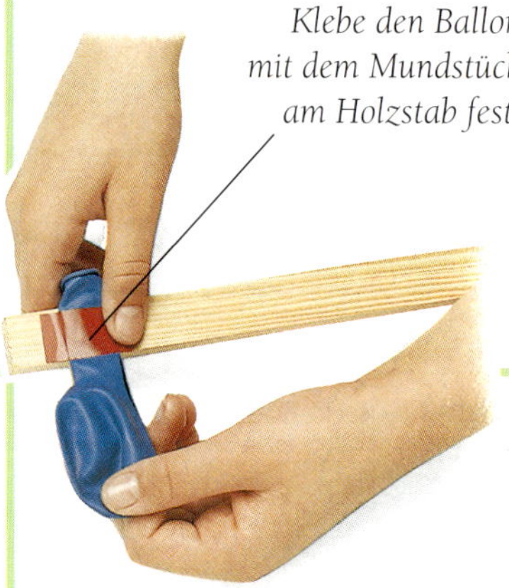

Klebe den Ballon mit dem Mundstück am Holzstab fest.

5 Klebe den einen leeren Luftballon ans Ende des Holzstabes.

6 Klebe den zweiten Ballon ans andere Ende des Stabes. Prüfe wieder das Gleichgewicht. Dann nimm einen Ballon weg und puste ihn auf.

Verschiebe einen der Ballons, falls das Holz nicht im Gleichgewicht ist.

Der aufgeblasene Ballon ist schwerer, weil er jetzt viel Luft enthält.

Der leere Ballon enthält ganz wenig Luft, deshalb ist er leichter als der aufgeblasene.

7 Verknote den aufgeblasenen Ballon und klebe ihn an der alten Stelle wieder auf das Holz. Der Stab neigt sich zur Seite dieses Ballons.

Mit dem Strohhalm trinken

Wenn du mit einem Strohhalm trinkst, hilft dir der Luftdruck. Beim Saugen verringerst du den Luftdruck im Halm. Der Luftdruck von außen drückt auf die Flüssigkeit und presst sie im Strohhalm nach oben.

4 Entdecke die Gase in der Luft

Lösche eine Kerze, ohne zu pusten oder sie zu berühren! Dieser Versuch zeigt, dass Luft ein Gemisch aus unsichtbaren Gasen ist. Eines davon ist besonders wichtig: der Sauerstoff, ohne den kein Feuer brennt.

Du brauchst

Kerze | gefärbtes Wasser | hohes Trinkglas | Schale und einen Kerzenhalter

1 Stecke die Kerze in den Kerzenhalter und stelle ihn in die Schale. Gieße das Wasser hinein.

2 Bitte einen Erwachsenen die Kerze anzuzünden. Dann stülpe das Trinkglas darüber. Warte eine Weile.

Die Flamme verbraucht den Sauerstoff im Glas.

Das Wasser nimmt den Raum des verbrauchten Sauerstoffs ein. Das verbleibende Gas ist nicht brennbarer Stickstoff.

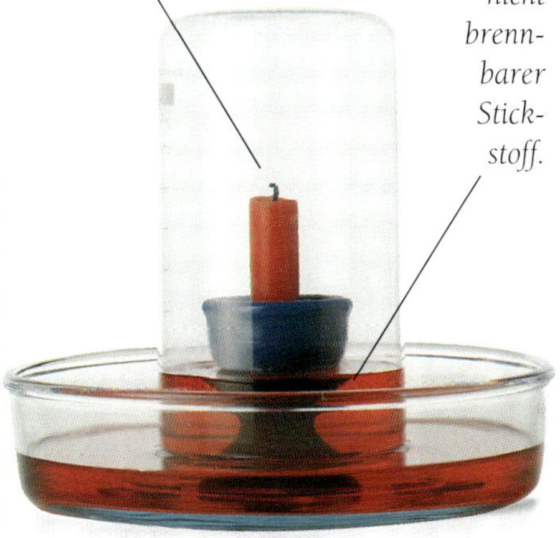

3 Zuerst steigt der Wasserpegel im Glas und dann erlischt plötzlich die Kerzenflamme!

Luft und Energie

Autos gewinnen ihre Energie aus der Verbrennung von Treibstoff. Die Energie zum Heizen und für den Betrieb von Maschinen wird meist in Ölbrennern erzeugt. Jede Verbrennung benötigt Sauerstoff aus der Umgebungsluft.

5 Erzeuge ein Gas

Blase einen Ballon auf – ohne selbst zu pusten oder eine Pumpe zu gebrauchen! Das gelingt dir, indem du ein Gas erzeugst und es in den Ballon „hineinbeförderst“. Das Gas heißt Kohlendioxid. Du kennst es als aufsteigende Bläschen in Mineralwasser und Limonade.

Du brauchst

Essig

Natron (aus der Apotheke)

Ballon

Trichter

Flasche mit engem Hals

1 Gieße Essig in die enghalsige Flasche, bis sie etwa zu einem Viertel gefüllt ist.

2 Fülle mithilfe des Trichters etwas Natron in den Ballon.

3 Stülpe die Öffnung des Ballons über den Flaschenhals.

Achte darauf, dass das Natron im Ballon bleibt.

Schäumende Getränke
Schüttle eine Flasche Limonade, drehe dann den Verschluss ab. Die Limonade schäumt! Solange die Flasche verschlossen ist, ist das Kohlendioxid in der Flüssigkeit gelöst, weil es unter Druck steht. Ohne den Verschluss sinkt der Druck: Das Gas bildet Blasen, die die Flüssigkeit mit nach oben reißen.

4 Hebe den Ballon an, sodass das Natron in die Flasche rieselt. Der Essig beginnt zu schäumen und der Ballon wird langsam größer.

Je mehr Gas entsteht, desto stärker wird der Druck: Der Ballon wächst.

Der Essig reagiert mit dem Natron und es entstehen Kohlendioxidblasen.

6 Lass einen Vulkan ausbrechen

Baue ein Modell eines Vulkans und lass ihn ausbrechen! Du kannst „heiße rote Lava“ fließen lassen. Sie ist natürlich nicht echt, aber das Modell ist eindrucksvoll.

Du brauchst

eine große Schale

Essig

kleine Plastikflasche

Natron

Sand und Kies

Trichter

rote Lebensmittelfarbe

1 Gieße die rote Lebensmittelfarbe in den Essig. So erzeugst du „rote Lava“ wie bei einem echten Vulkan.

2 Nimm den Trichter und fülle die Plastikflasche zur Hälfte mit Natron. Stelle die Flasche in die Mitte der Schale.

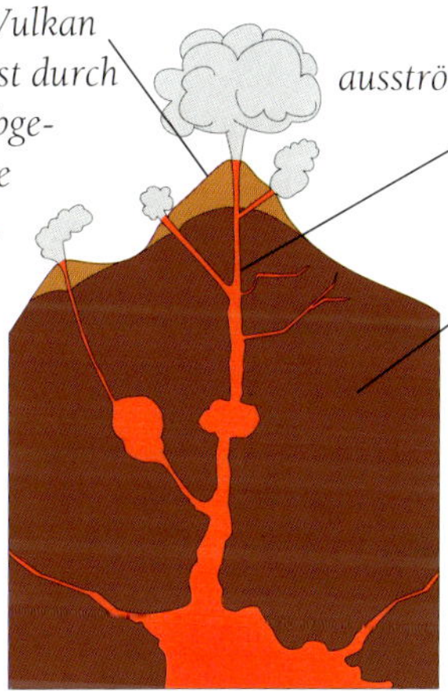

Ein Berg explodiert

Ein langer Gang führt vom Vulkangipfel zu einer riesigen, unterirdischen Kammer. Sie ist mit glutflüssigem Gestein und sehr heißen Gasen gefüllt. Der Gasdruck presst das geschmolzene Gestein durch den Gang nach oben. Die heiße rote Schmelze, die „Lava“, bricht hervor und fließt die Hänge des Vulkans herab. Dort kühlt sie ab und erstarrt. Bei jedem Ausbruch wird neue Lava aufgeschichtet, und so wächst der Vulkan in die Höhe.

3 Schichte zuerst den Kies und dann den Sand als Vulkankegel um die Flasche auf. Die Öffnung der Flasche bleibt frei. Gieße etwas roten Essig in die Flasche – und der Vulkan bricht aus!

In der Flasche entstehen Kohlendioxidblasen, die den roten Essig herauspressen.

7 Lass einen Flügel aufsteigen

Vögel und Flugzeuge schweben am Himmel, weil Luft um ihre Flügel strömt. Baue selbst einen Modellflügel. Daran kannst du zeigen, dass die Luftströmung einen Flügel anhebt und ihn aufsteigen lässt.

Du brauchst

Bindfaden

Strohhalm

Klebeband

Bleistift

Fön

Schere

Tonpapier

1 Falte das Tonpapier so zusammen, dass eine Seite etwas kürzer ist.

2 Drehe das Tonpapier um. Klebe die Kante der längeren Seite genau auf die Kante der kürzeren.

3 Bohre mit einem Bleistift zwei gegenüberliegende Löcher in den Karton.

4 Schneide ein Stück Strohhalm ab, das etwas länger ist als der Abstand der Löcher.

5 Schiebe den Strohhalm durch die beiden Löcher und klebe ihn gut fest.

6 Ziehe den Bindfaden durch den Strohhalm. Knote den Faden an einem hohen Gegenstand fest.

7 Blase mit dem Fön Luft gegen den Flügel. Er steigt am Faden auf! Ist das nicht toll?

Halte den Bindfaden unten fest. Halte den Fön so, dass die Luft über die gewölbte Oberfläche des Flügels strömt.

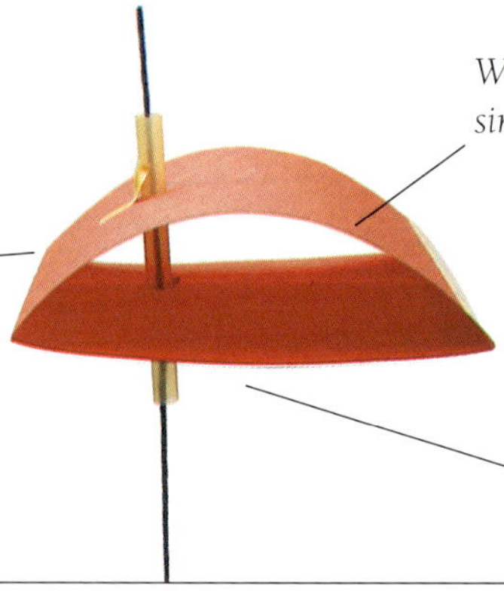

Wenn Luft über den Flügel strömt, dann steigt er auf.

Wenn Luft strömt, dann sinkt auch deren Druck.

Die unbewegte Luft unter dem Flügel hat einen höheren Druck. Er drückt den Flügel nach oben.

Auseinander pusten

Klebe je einen Faden Nähgarn an zwei Tischtennisbälle und hänge sie in etwa 15 cm Abstand auf. Puste mit einem Strohhalm Luft zwischen die Bälle. Sie fliegen nicht auseinander, sondern rücken zusammen! Strömende Luft hat einen niedrigeren Druck als unbewegte. Der Druck zwischen den Bällen ist geringer als außen. Die Bälle werden zur Mitte geschoben.

8 Baue einen Düsenantrieb

Flugzeuge fliegen mit hohem Tempo um die Erde. Sie haben starke Düsentriebwerke, die einen kräftigen Luftstrahl erzeugen, der sie vorantreibt. Wie ein Düsentriebwerk funktioniert, zeigt dir der Versuch mit dem sausenden Luftballon.

Du brauchst

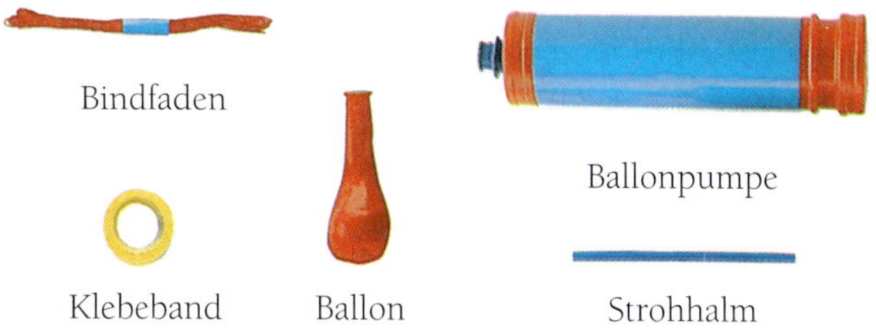

1 Ziehe den Bindfaden durch den Strohhalm. Der Faden muss gut gleiten.

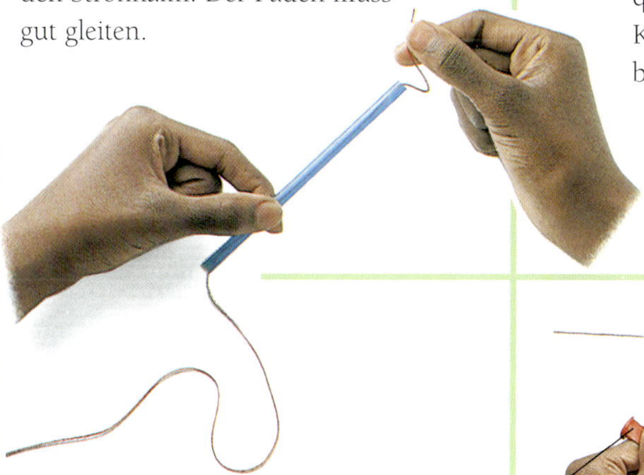

2 Spanne den Faden quer durch ein Zimmer. Klebe zwei Stück Klebeband auf den Strohhalm.

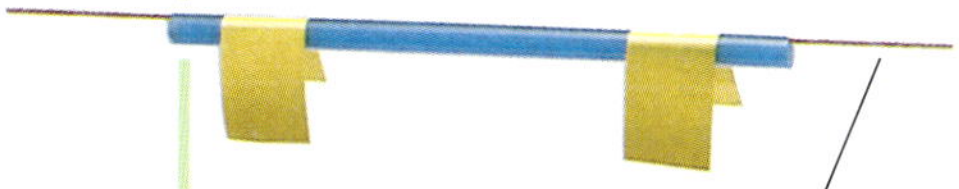

Der Faden muss straff gespannt sein.

3 Blase den Ballon auf. Halte die Öffnung zu und befestige den Strohhalm am Ballon.

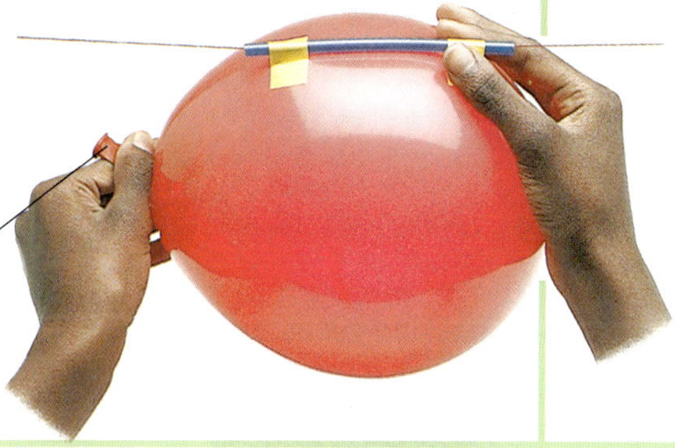

Lass keine Luft aus dem Ballon strömen.

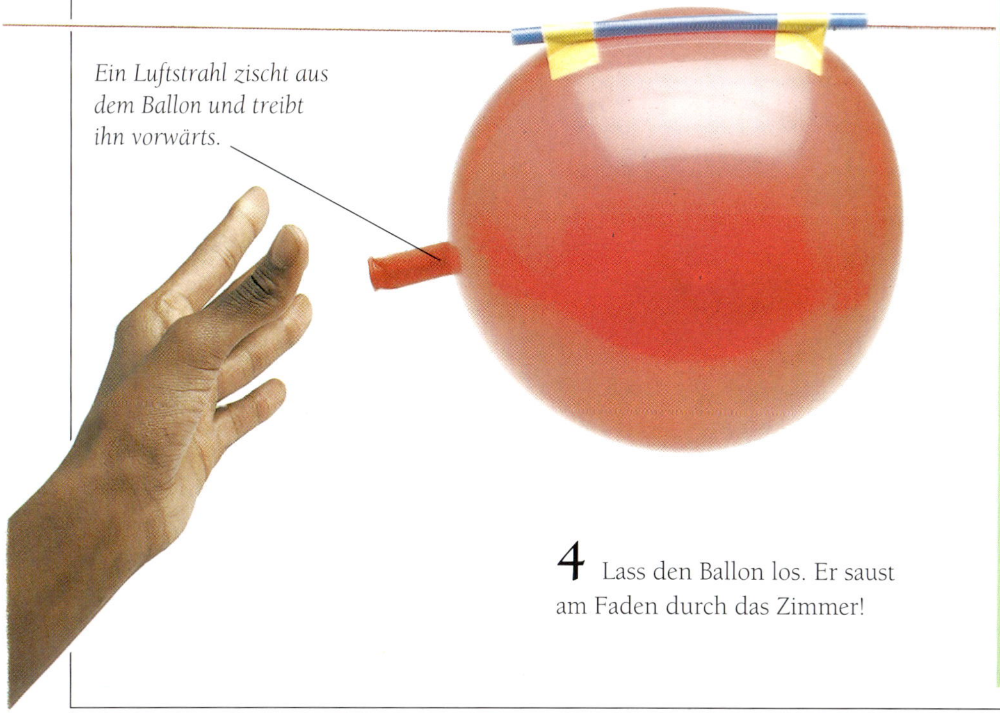

Ein Luftstrahl zischt aus dem Ballon und treibt ihn vorwärts.

4 Lass den Ballon los. Er saust am Faden durch das Zimmer!

Hohes Tempo

Flugzeuge und Spezialrennwagen arbeiten mit Strahlantrieb. Eine Turbine saugt vorne Luft an und heizt sie durch Verbrennung von Treibstoff auf. Die heiße Luft hat hohen Druck und wird hinten ausgestoßen. Der Rückstoß treibt das Flugzeug oder den Rennwagen an.

9 Baue eine Wetterfahne

Du kannst den Wind spüren. Weißt du aber auch, aus welcher Richtung er weht? Ein Wechsel der Windrichtung kann das Wetter beeinflussen. Baue eine Wetterfahne, die dir die Windrichtung anzeigt.

Du brauchst

Reißzwecke

Knetgummi

Schere

Plastikdose

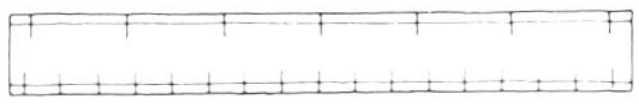

Lineal

Klebestift

Strohhalm, Bleistift und Radiergummi

Tonpapier

1 Stich den Bleistift durch den Boden der Dose und schiebe ihn hinein.

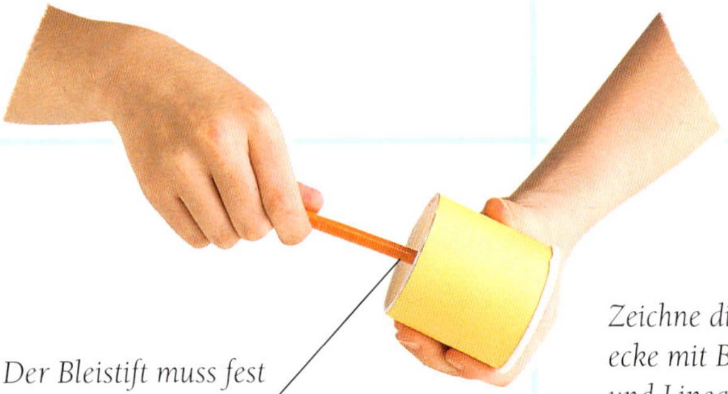

Der Bleistift muss fest in der Dose stecken.

2 Zeichne vier kleine Dreiecke und zwei große Dreiecke auf das Tonpapier. Schneide die Dreiecke sorgfältig aus.

Zeichne die Dreiecke mit Bleistift und Lineal auf das Tonpapier.

3 Klebe die vier kleinen Dreiecke so wie auf dem Bild dargestellt auf die Dose. Sie geben die Windrichtungen an.

Die Dreiecke liegen sich gegenüber und weisen nach außen.

4 Schneide einen kleinen Schlitz in beide Strohhalmenden. Schiebe die großen Dreiecke in die Schlitze, sodass ein „Pfeil“ entsteht. Dies ist deine Wetterfahne.

Stecke ein Dreieck mit der Spitze in den Strohhalm. Dies ist das Hinterende der Wetterfahne.

Stecke das andere Dreieck mit einer geraden Seite in den Halm. Dies ist die Spitze der Wetterfahne.

5 Drücke die Reißzwecke vorsichtig mitten durch den Strohhalm. Dann drücke sie in den Radiergummi am Bleistiftende.

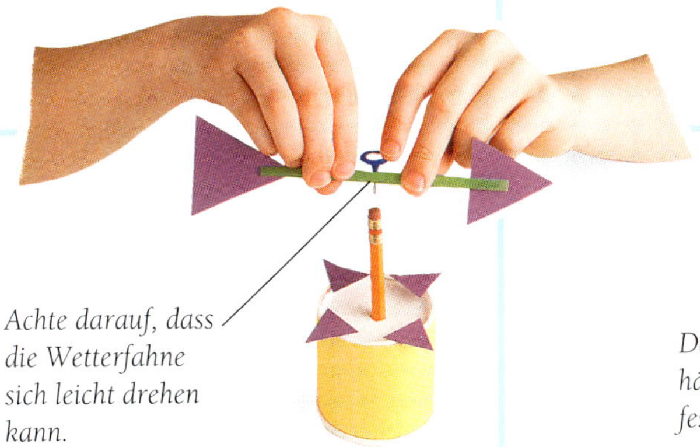

Achte darauf, dass die Wetterfahne sich leicht drehen kann.

6 Forme einen Ring aus Knetgummi und drücke die Dose fest hinein, damit sie nicht weggeweht wird. Deine Wetterfahne ist nun einsatzbereit.

Drücke die Dose fest in den Knetgummiring.

Der Knetgummiring hält die Wetterfahne fest.

Ein Wirbel im Wind

Nicht nur die Windrichtung, auch die Windgeschwindigkeit ist wichtig. Stürme können Schäden verursachen und Schiffe und Flugzeuge gefährden. Das abgebildete Gerät ist ein „Anemometer", ein Windmesser. Es misst die Windgeschwindigkeit. Die strömende Luft wirbelt die Schalen herum und die Geschwindigkeit wird auf der Skala angezeigt. Die Windgeschwindigkeit wird in 12 Stufen gemessen, von 0 (windstill) bis 12 (Orkan).

Der Wind dreht die Schalen.

Die Windgeschwindigkeit wird auf der Skala angezeigt.

7 Stelle deine Wetterfahne ins Freie. Sie schwingt herum und zeigt die Windrichtung an.

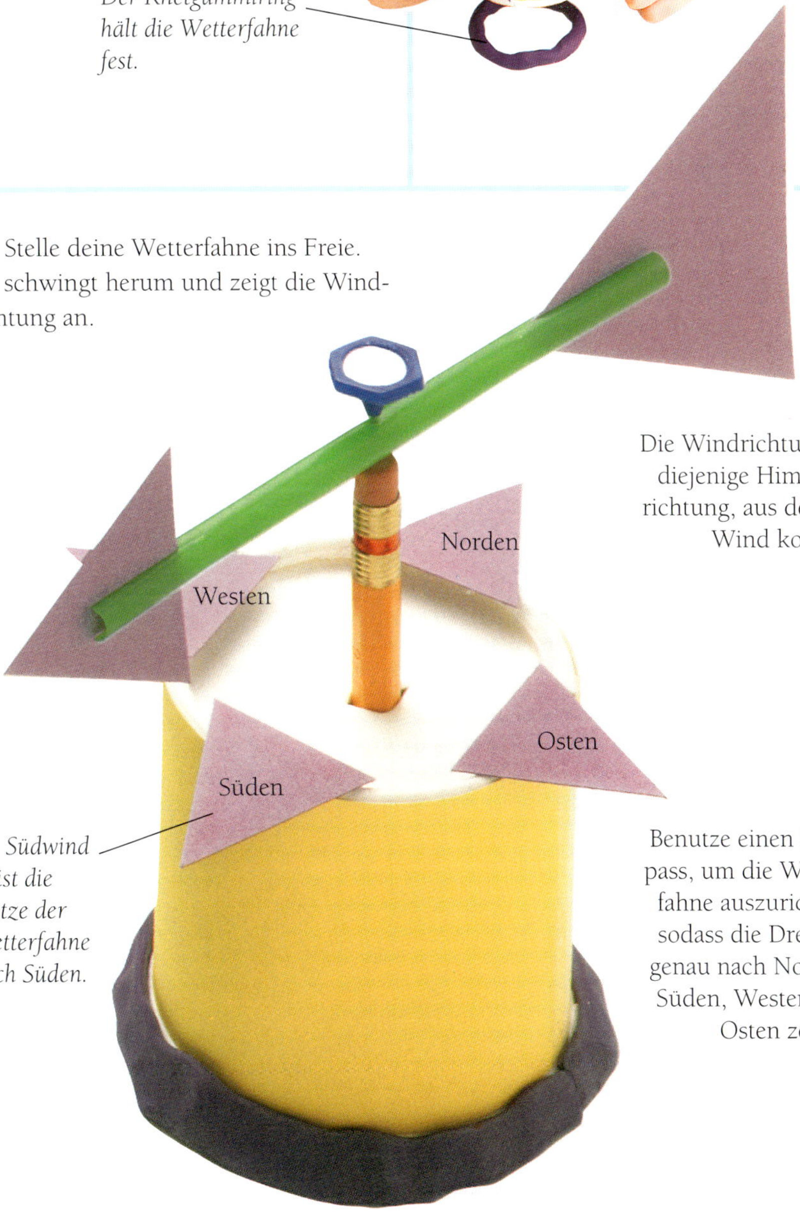

Die Windrichtung ist diejenige Himmelsrichtung, aus der der Wind kommt.

Bei Südwind weist die Spitze der Wetterfahne nach Süden.

Benutze einen Kompass, um die Wetterfahne auszurichten, sodass die Dreiecke genau nach Norden, Süden, Westen und Osten zeigen.

Wasser und Flüssigkeiten

Wasser ist wunderbar. Normalerweise ist es flüssig, also ein Stoff, der leicht überall hinfließt. Beim Abkühlen werden Flüssigkeiten fest: Wasser gefriert zu Eis. Beim Erhitzen wird es zu gasförmigem Wasserdampf, der sich mit der Luft vermischt. Du kannst Wasserdampf am Himmel sehen – es sind die Wolken. Wenn der Wasserdampf abkühlt, wird daraus wieder flüssiges Wasser und es regnet. Ohne Regen könnten wir nicht überleben. Er bewässert unsere Felder und liefert unser Trinkwasser.

Mit Wasser bauen
Ein Schneemann besteht aus festem Wasser! Schneeflocken bestehen nämlich aus Eiskristallen, die bei Frost in den Wolken entstehen.

Wasser zum Leben
Menschen, Tiere und Pflanzen brauchen Wasser zum Leben. Ohne Wasser würden alle Lebewesen austrocknen und sterben.

Welt aus Wasser
Dieses Weltraumfoto der Erde zeigt blaue Ozeane und weiße regenbringende Wolken. Die wolkenlose Landfläche rechts oberhalb der Bildmitte ist die Wüste Sahara, wo es fast nie regnet.

Die Kraft des Wassers
Wasser verändert das Aussehen des Landes. Das Meer verändert die Küstenformen, und Flüsse graben Täler in Landschaften.

Überwiegend Wasser
In diesen Eimern ist genauso viel Wasser wie im Körper des Mädchens! Wasser macht über die Hälfte unseres Körpergewichts aus.

10 Schwimmen und Versinken

Obwohl Schiffe groß und schwer sind, schwimmen sie auf dem Wasser. Eine kleine Murmel hingegen versinkt! Ob etwas schwimmt oder nicht, hängt nicht nur vom Gewicht ab, sondern vor allem davon, wie viel Wasser es „verdrängt", d.h. wegschiebt.

Du brauchst

Knetgummi

Murmeln

Glasschüssel oder Glasvase

1 Wirf die Murmeln ins Wasser. Sie versinken schnell. Forme aus der Knete eine Kugel.

Die Kugel aus Knete ist schwerer als die Wassermenge, die sie verdrängt.

2 Die Knetgummikugel versinkt. Wie die Murmeln wiegt sie mehr als das von ihr verdrängte Wasser.

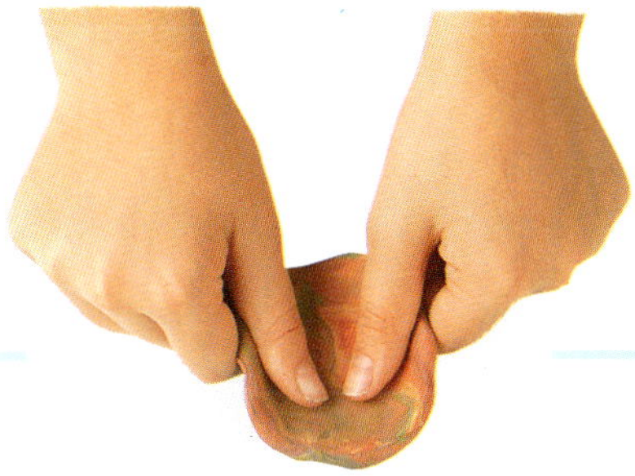

3 Hole die Murmeln und die Knete aus dem Wasser. Forme aus der Knete ein schalenförmiges Floß.

Die nun verdrängte Wassermenge wiegt mehr als das Floß. Es ist leichter als das verdrängte Wasser und schwimmt.

4 Jetzt schwimmt die Knete! Das Floß nimmt mehr Raum ein als die Kugel und verdrängt deshalb mehr Wasser.

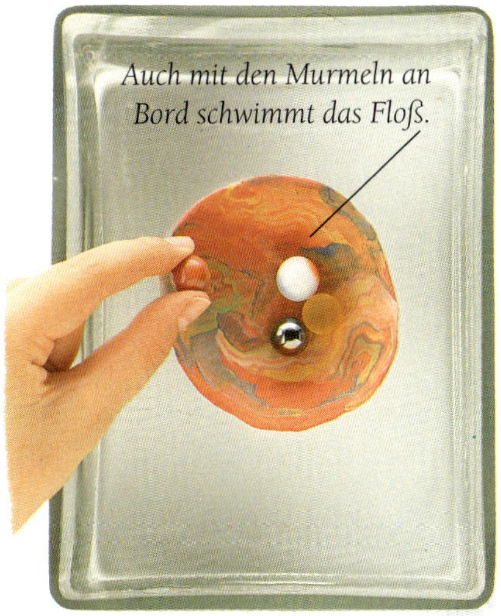

Auch mit den Murmeln an Bord schwimmt das Floß.

5 Belade das Floß mit Murmeln. Das Floß sinkt etwas tiefer, aber weil es dadurch noch mehr Wasser verdrängt, schwimmt es weiterhin.

Sicherheitsmarken

Ein überladenes Schiff liegt zu tief im Wasser und könnte sinken. Markierungen am Rumpf zeigen die zulässige Tieflage an.

11 Warum etwas schwimmt

Ein Gegenstand schwimmt, wenn er genug Wasser verdrängt. Aber wie viel Wasser ist „genug“? Sammle das verdrängte Wasser und wiege es. Es wiegt immer genauso viel wie der schwimmende Gegenstand.

Du brauchst

Küchenwaage

Gefäß mit Wasser

großes, hohes Glas

kleines Glas

Tablett oder große Schale

1 Nimm die Waagschale weg und stelle die Waage wieder auf Null ein. Setze die Waage in das Tablett. Stelle das große Glas auf die Waage, fülle es mit Wasser und notiere das Gewicht.

2 Lass das kleine Glas sachte in das Wasser sinken. Es verdrängt Wasser, das überläuft. Das überlaufende Wasser wird im Tablett aufgefangen.

3 Nimm das große Glas und die Waage vorsichtig aus dem Tablett. Lege die Waagschale wieder auf und stelle sie auf Null. Gieße das Wasser aus dem Tablett hinein, notiere das Gewicht.

4 Nimm die Waagschale dann weg und stelle die Skala wieder auf Null.

5 Wiege jetzt das kleine Glas. Es hat dasselbe Gewicht wie das verdrängte Wasser.

Schwimmen wie ein Boot

Salzwasser ist schwerer als Süßwasser. Wenn du darin schwimmst, verdrängt dein Körper Wasser. Das verdrängte Wasser ist schwerer als du. Anders gesagt: Du bist leichter als das verdrängte Wasser – deshalb schwimmst du oben.

12 Ein kleiner Taucher

Bastle einen kleinen Taucher und befiehl ihm abzutauchen und wieder heraufzukommen. Dein Taucher nutzt dasselbe Prinzip wie U-Boote und andere Unterwassergeräte.

Du brauchst

Knetgummi

Glas mit Wasser

Plastikkappe eines Kugelschreibers

hohe, durchsichtige Plastikflasche mit Schraubverschluss

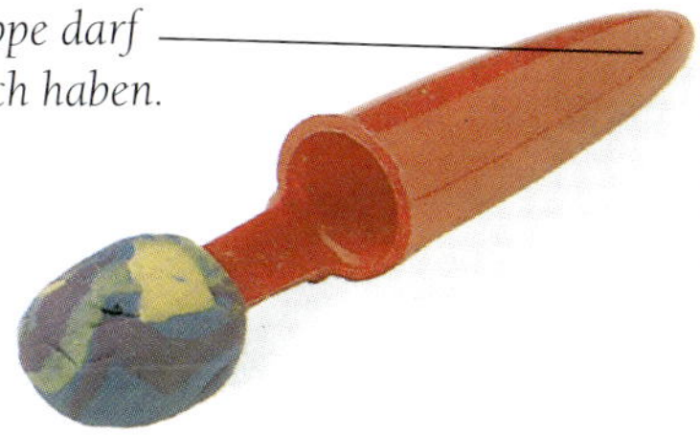

Die Kappe darf kein Loch haben.

1 Forme eine Knetgummikugel und stecke die Kappe des Kugelschreibers hinein.

Nur die Spitze darf aus dem Wasser ragen.

2 Stecke den Taucher in ein Wasserglas. Damit er so eben an der Wasseroberfläche schwebt, musst du vielleicht die Größe der Knetgummikugel ändern.

In der Kappe ist eine Luftblase. Sie sorgt für Auftrieb.

3 Fülle die Flasche randvoll mit Wasser. Wirf den Taucher hinein. Verschließe die Flasche.

4 Quetsche die Flasche seitlich zusammen. Der Taucher sinkt zu Boden!

Das Wasser dringt in die Kappe ein und presst die Luft darin zusammen. Weil mehr Wasser in der Kappe ist, sinkt der Taucher.

Das Wasser weicht aus der Kappe zurück, die Luftblase dehnt sich wieder aus. Der Taucher wird leichter und schwebt nach oben.

5 Lass die Flasche los. Der Taucher steigt zur Oberfläche empor.

In der Tiefe

Mit diesem Tauchgefährt werden die Tiefen der Ozeane erforscht. Seine Tanks werden zum Abtauchen mit Wasser gefüllt, damit es schwer wird. Zum Auftauchen wird Luft in die Tanks gepumpt, die das Wasser hinausdrückt – das Gefährt wird leichter.

13 Ein Unterwasservulkan

Wusstest du, dass Wasser auf Wasser schwimmen kann? Warmes Wasser steigt immer nach oben und schwimmt auf kaltem Wasser. Dies kannst du mit einem Unterwasservulkan zeigen, der eine „Rauchwolke“ ausstößt.

Du brauchst

Schere, Pinsel, kleine Flasche, heißes und kaltes Wasser, rote Lebensmittelfarbe, Bindfaden, großes Glas

1 Schneide ein langes Stück Bindfaden ab. Knote ein Ende fest um den Flaschenhals.

2 Knote nun das andere Ende des Bindfadens um den Flaschenhals. Sie hat nun ein Trageseil.

3 Fülle das große Glas zu drei Vierteln mit kaltem Wasser.

4 Fülle die Flasche randvoll mit heißem Wasser. Färbe das Wasser mit der Lebensmittelfarbe.

5 Halte die Flasche am Trageseil. Lass sie langsam in das Glas mit kaltem Wasser.

6 Das heiße rote Wasser steigt aus der Flasche auf wie Rauch aus einem ausbrechenden Vulkan.

Heiße Schlote

An manchen Stellen hat der Ozeanboden Risse und Löcher. Hier tritt heißes Wasser aus tieferen Schichten der Erdkruste aus und steigt nach oben. Viele unbekannte Arten von Meeresbewohnern wurden in der Umgebung solcher heißen Schlote entdeckt.

14 Flüssigkeiten sinken und steigen

Wenn zwei Gegenstände gleich groß sind, aber verschiedenes Gewicht haben, dann hat der leichtere Gegenstand eine geringere „Dichte". Dies gilt für alle Stoffe. Wenn ein Stoff eine geringere Dichte hat als eine Flüssigkeit, dann schwimmt er auf dieser.

Du brauchst

blau gefärbtes Wasser (Lebensmittelfarbe)

Sirup

Salatöl

großes Becherglas oder Glasvase

beliebige kleine Gegenstände

1 Fülle das Glas zu einem Viertel mit Sirup. Über einen umgedrehten Löffel gegossen, verteilt er sich besser.

2 Gieße langsam die gleiche Menge Salatöl in das Becherglas, anschließend die gleiche Menge gefärbtes Wasser.

3 Die drei Flüssigkeiten trennen sich und schwimmen übereinander. Lass nun die Gegenstände hineingleiten.

4 Die Gegenstände sinken in verschiedene Tiefen. Sie sinken so tief, bis sie eine Flüssigkeit erreichen, deren Dichte höher ist als ihre. Auf dieser Flüssigkeit schwimmen sie.

Wasser ist dichter als Salatöl, aber weniger dicht als Sirup.

Eine Weintraube ist dichter als Wasser, aber weniger dicht als Sirup.

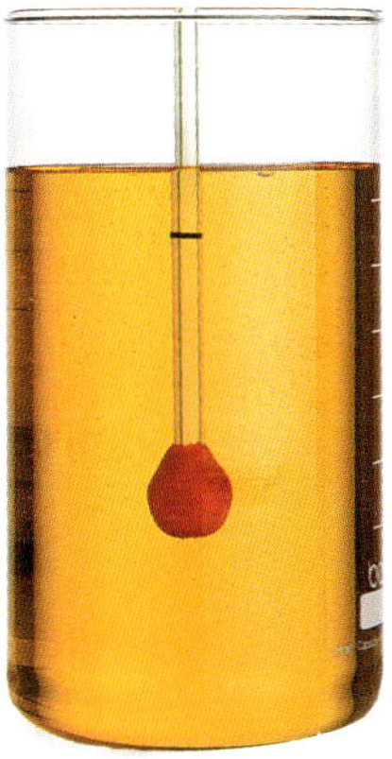

Hydrometer

Eine Knetgummikugel an einem Strohhalm ergibt ein „Hydrometer", das die Dichte misst. Die Höhe, in der es schwebt, hängt von der Dichte der Flüssigkeit ab. Je dichter die Flüssigkeit, desto höher steht das Hydrometer.

19 Regen messen

Regen kommt aus Wolken. Sie enthalten Abermillionen kleinster Wassertröpfchen. Diese können sich zu größeren Tropfen vereinigen und dann fallen sie als Regen zu Boden. Baue dir einen Pegel, um die Regenmenge, auch „Niederschlag“ genannt, zu messen.

Du brauchst

Lineal und Filzstift

Messbecher

kleine, durchsichtige Plastikflasche

Schere

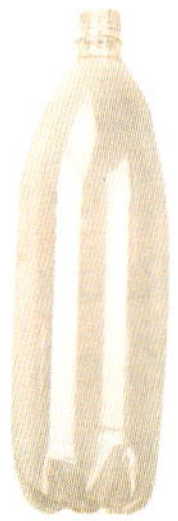
große, durchsichtige Plastikflasche

1 Schneide beide Flaschen dort ab, wo ihre Wände gerade werden. Die Kanten müssen glatt sein.

2 Fülle den Messbecher bis zur 50-ml-Marke. Gieße das Wasser in die kleine Flasche. Markiere den Pegel.

3 Wiederhole Schritt 2 mehrmals. So erhältst du mehrere Maßlinien auf der Flasche.

4 Leere die kleine Flasche aus. Stelle sie in die große Flasche. Der abgeschnittene Teil der großen Flasche wird ein Trichter: Lege ihn umgekehrt in die Öffnung.

Lies die Regenmenge ab und leere die Flasche aus. Stelle sie wieder in die große Flasche.

5 Stelle die Flaschen ins Freie, auf einen Tisch oder auf eine Mauer, wo sie Regen abbekommen.

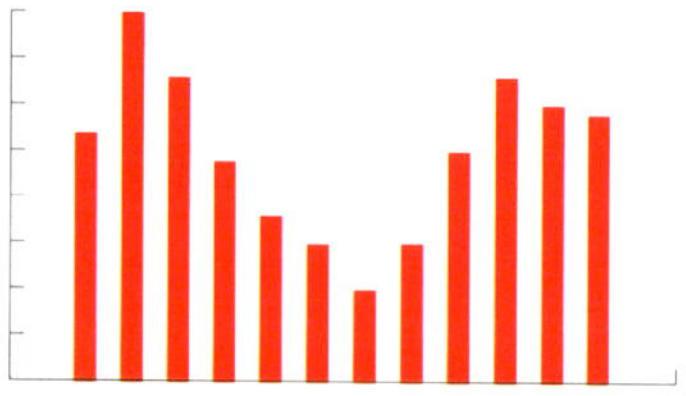

Diagramm der Regenmengen in 12 Monaten

6 Zähle die Regenmenge für jede Woche und für jeden Monat zusammen. Zeichne dann ein Diagramm, das den Niederschlag für mehrere Wochen, Monate oder sogar für ein Jahr anzeigt.

Wetterhäuschen

Dieses Häuschen kann voraussagen, wie das Wetter sein wird. Der Mann kommt bei feuchter Luft heraus. Das deutet auf Regen hin. Bei trockener Luft kommt die Frau heraus. Das lässt trockenes Wetter erwarten.

20 Ist Wasser hart?

Wasser kann „hart“ sein. Das bedeutet, es enthält Mineralstoffe, die sich in Leitungen und Kochtöpfen z.B. als Kalk absetzen können. Seife schäumt in hartem Wasser schlecht. Prüfe wie hart das Leitungswasser in deinem Haus ist!

Du brauchst

Leitungswasser

zwei Gläser mit Schraubverschluss

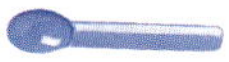

Löffel

Pipette

kleines, offenes Glas

destilliertes Wasser

Flüssigseife

1 Destilliertes Wasser ist nicht hart. Mische es mit etwas Flüssigseife in dem kleinen Glas.

2 Gieße in das eine Schraubglas destilliertes Wasser und in das andere die gleiche Menge Leitungswasser.

3 Gib einen Tropfen Flüssigseife in das Glas mit Leitungswasser. Schraube den Deckel zu.

4 Schüttle das Glas. Wenn es nicht schäumt, wiederhole Schritt 3 und schüttle wieder. Zähle, wie viele Tropfen du brauchst, bis es schäumt.

Wenn das Leitungswasser mehr Seifentropfen braucht als das destillierte Wasser, dann ist es hart.

5 Wiederhole die Schritte 3 und 4 mit dem destillierten Wasser. Hat es zum Schäumen mehr oder weniger Tropfen gebraucht als das Leitungswasser?

Lösen und Ablagern

Wasser sickert durch unterirdisches Gestein und lost Mineralstoffe heraus, wodurch es „hart“ wird. Die Mineralstoffe können als Tropfsteine wieder abgelagert werden.

21 Bootsfahrt ohne Motor

Lass ein Schnellboot ohne Motor durch eine Schüssel sausen, indem du das Wasser berührst! Die „Oberflächenspannung“ hilft dir dabei.

Du brauchst

bunten Karton

Spülmittel

Bleistift

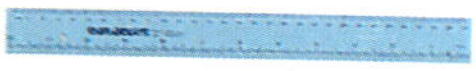

Lineal

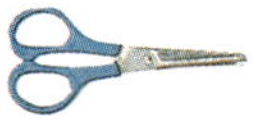

Schere

große, saubere Plastikschüssel

1 Zeichne den Umriss deines Bootes auf den Karton. Dieses Boot hier ist dreieckig.

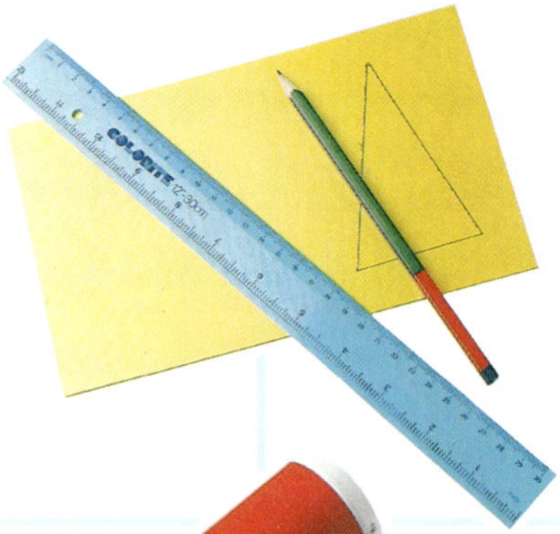

2 Schneide das Boot sorgfältig aus. Dann setze es aufs Wasser und lass es schwimmen.

3 Gib einen kleinen Tropfen Spülmittel auf eine Fingerspitze.

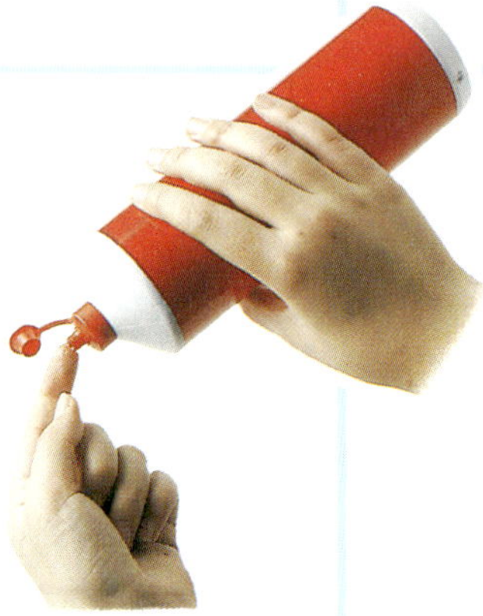

4 Tauche den Finger hinter dem Boot ins Wasser. Das Boot saust nach vorne weg.

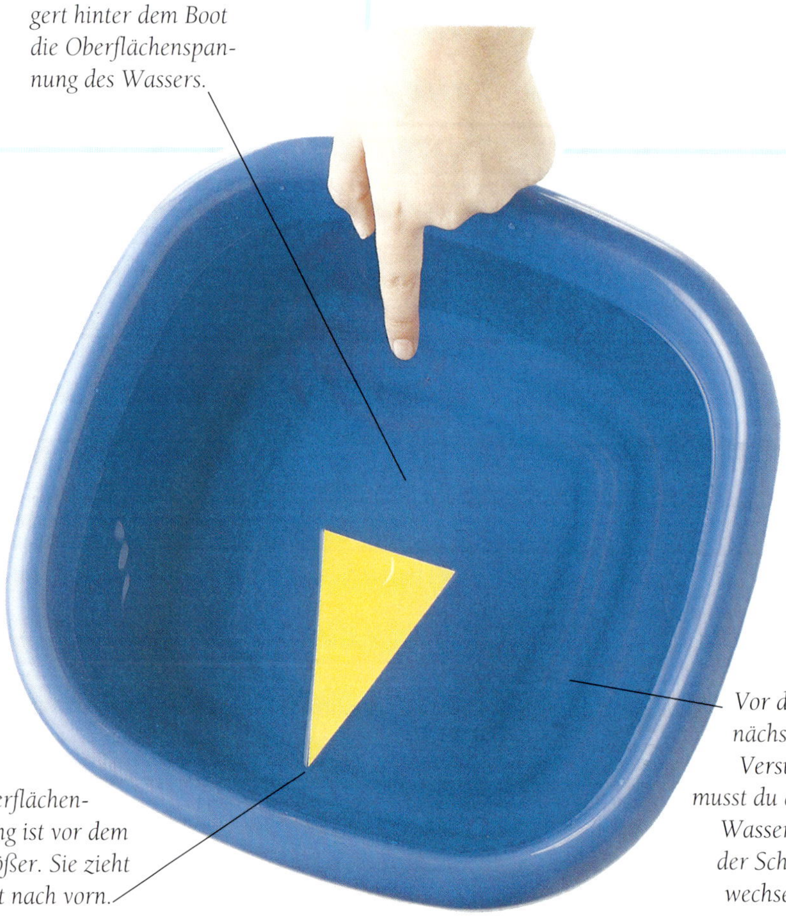

Das Spülmittel verringert hinter dem Boot die Oberflächenspannung des Wassers.

Die Oberflächenspannung ist vor dem Boot größer. Sie zieht das Boot nach vorn.

Vor dem nächsten Versuch musst du das Wasser in der Schale wechseln.

Schwimmendes Metall

Lege ganz sachte eine Büroklammer aufs Wasser – die Klammer schwimmt! Die Oberflächenspannung des Wassers ist stark genug, um kleine, leichte Gegenstände zu tragen.

22 Sieh, wie Pflanzen trinken

Pflanzen brauchen Wasser zum Leben, genau wie du. Wenn du ihnen gefärbtes Wasser gibst, kannst du verfolgen, wie es durch die Stängel in die Blätter und Blüten aufsteigt.

Du brauchst

vier Gläser

verschiedenfarbige Tinte oder Lebensmittelfarbe

frische weiße Blumen

Schere

1 Gieße etwas Tinte oder Lebensmittelfarbe in jedes Glas. Gib Wasser hinzu.

2 Schneide die Stängel schräg an. Spalte einen Stängel der Länge nach.

3 Stelle in jedes Glas eine Blume. Der gespaltene Stängel wird in zwei Gläser getaucht.

4 Lass die Blumen in einem warmen Raum stehen. Allmählich verändern sie ihre Farbe.

gelbgrünliche Blüte

rote Blüte

Rotes Wasser wird durch den Stängel in die Blütenblätter befördert.

Jeder Teil des gespaltenen Stängels bringt eine andere Farbe in die Blüte.

5 Die Blume mit dem gespaltenen Stängel färbt sich je zur Hälfte mit einer anderen Farbe. Der eine Teil des Stängels bringt rotes Wasser, der andere blaues.

rote und grüne Blüte

Durstige Blätter

Stecke einen Zweig mit Blättern in ein Glas Wasser. Gieße etwas Pflanzenöl dazu und markiere den Pegel am Glas. Beobachte einige Tage lang, wie der Pegel sinkt. Weil das Öl verhindert, dass Wasser verdunstet, kannst du sicher sein, dass alles verschwundene Wasser durch den Stängel in die Blätter aufgesogen worden ist.

Heiß und kalt

Heißer Tee und kalte Eiskreme haben sehr verschiedene Temperaturen – aber bei beiden ist Wärme mit im Spiel. Der Unterschied kommt daher, dass kalte Gegenstände weniger Wärme enthalten als heiße. Wärme entsteht durch Feuer oder durch Sonnenbestrahlung. Dein Körper wandelt Nahrung in Wärme um.

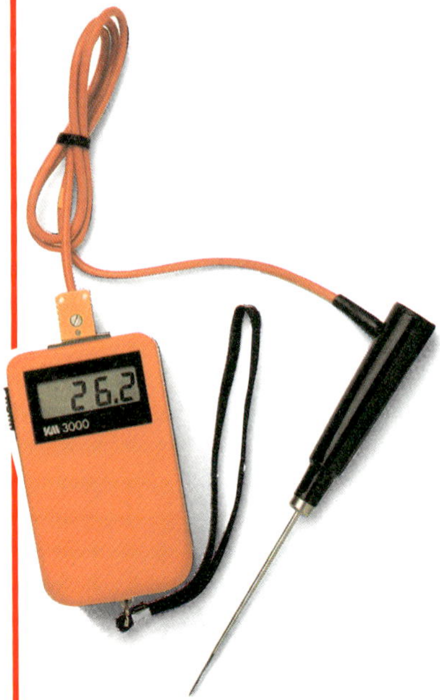

Wie heiß?
Ein Thermometer misst die „Temperatur“, das heißt die Wärmemenge eines Gegenstandes. Die Temperatur wird in „Grad“ gemessen. Dieses Thermometer zeigt 26,2 Grad an.

Feuer und Flamme
Starke Erwärmung bringt manche Dinge zum Brennen. Das ist z.B. bei einem Waldbrand der Fall. Die Flammen erzeugen Hitze (Wärme), sodass noch mehr Bäume zu brennen beginnen und der Waldbrand sich ausbreitet.

Ein Feuerball
Die Sonne ist eine sehr große Kugel aus heißen Gasen. Sie ist so heiß, dass sie glüht. Dabei sendet sie sichtbares Licht und unsichtbare Wärmestrahlen aus. Licht und Wärme kommen durch den Weltraum bis zur Erde.

Warm bleiben
Bei kaltem Wetter trägst du warme Kleidung. Sie hält die von deinem Körper erzeugte Wärme fest, so dass du nicht frierst.

Kühl bleiben
Bei warmem Wetter trägst du leichte Kleidung. Sie lässt die von deinem Körper erzeugte Wärme durch, sodass du dich nicht überhitzt.

23 Baue ein Thermometer

Du kennst sicher Thermometer, die eine dünne, mit Flüssigkeit gefüllte Röhre haben. Die Röhre weist eine in Grad unterteilte Skala auf. Der Flüssigkeitspegel in der Röhre zeigt an der Skala die Temperatur an.

Du brauchst

1 Fülle die Flasche zu etwa drei Viertel mit kaltem Wasser. Gib ein paar Tropfen Lebensmittelfarbe hinzu.

2 Stecke einen Strohhalm in die Flasche, so dass er im Wasser steht. Befestige ihn dann mit der Knete am Flaschenhals.

Die Knete muss luftdicht abschließen.

3 Puste sachte in den Strohhalm. Das Wasser steigt darin auf. Höre auf zu pusten, wenn das Wasser ein Stück weit über der Knete steht.

Die schwarze Marke zeigt die Ausgangstemperatur.

4 Falte den Karton, und schneide zwei Doppelschlitze hinein. Schiebe den Strohhalm durch die Schlitze. Markiere den Pegel schwarz.

Die rote Marke zeigt die höhere Temperatur an (wärmer).

Bei Erwärmung dehnt sich die Luft in der Flasche aus. Sie drückt auf das Wasser, das in den Strohhalm hinein ausweichen kann

5 Stell das Thermometer an einen warmen Ort. Der Pegel steigt. Markiere ihn rot.

Die blaue Marke zeigt die niedrigere Temperatur an (kälter).

Bei Abkühlung zieht sich die Luft in der Flasche zusammen und saugt dabei das Wasser aus dem Strohhalm.

6 Stell das Thermometer in den Kühlschrank. Der Pegel sinkt. Markiere ihn blau.

24 Das Perlenrennen

Einige Stoffe leiten Wärme besser als andere. Zeige, wie gut einige Dinge Wärme leiten. Gute Wärmeleiter nehmen die meiste Wärme auf.

Du brauchst

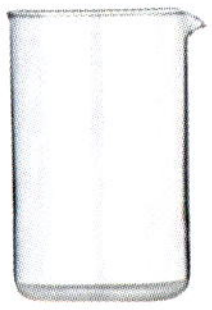
Becherglas

Perlen

Butter oder Margarine

Holzlöffel

Strohhalm

Metalllöffel

Plastiklöffel

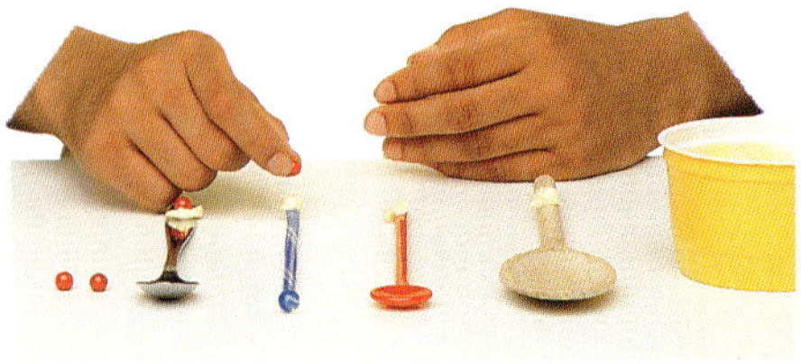

1 Klebe mit etwas Butter je eine Perle in gleicher Höhe auf den Strohhalm und die drei Löffel. Stelle alle vier in das Glas.

2 Gieße heißes Wasser hinein. Die Gegenstände nehmen Wärme auf, die Butter schmilzt, die Perlen rutschen nach unten. Welche kommt zuerst an? Sie saß auf dem besten Wärmeleiter.

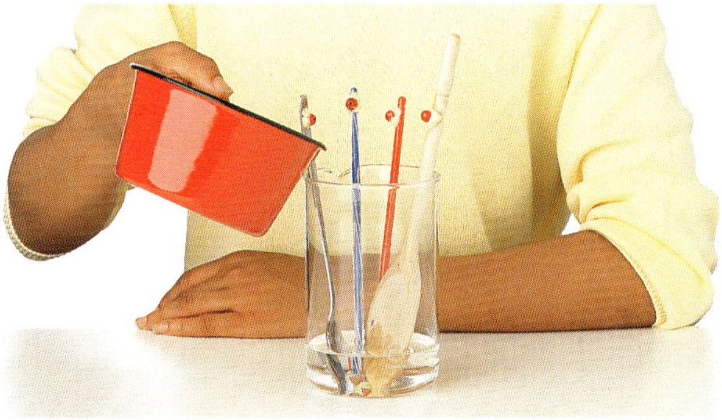

25 Wärmeausbreitung

Heizungswärme wird im Raum verteilt, weil Luft sie aufnimmt und sich dann ausbreitet. Der Vorgang heißt „Konvektion". Er spielt sich auch in erwärmten Flüssigkeiten ab.

Du brauchst

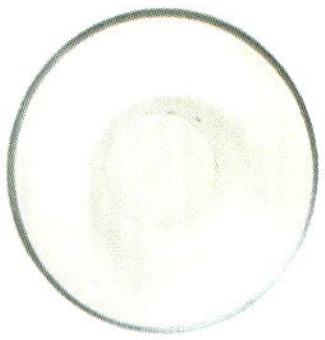
feuerfeste Glasschale

Pipette

Teelicht

zwei Holzklötze

Lebensmittelfarbe

Pflanzenöl

1 Stelle das Teelicht zwischen die Holzklötze. Bitte einen Erwachsenen die Kerze anzuzünden.

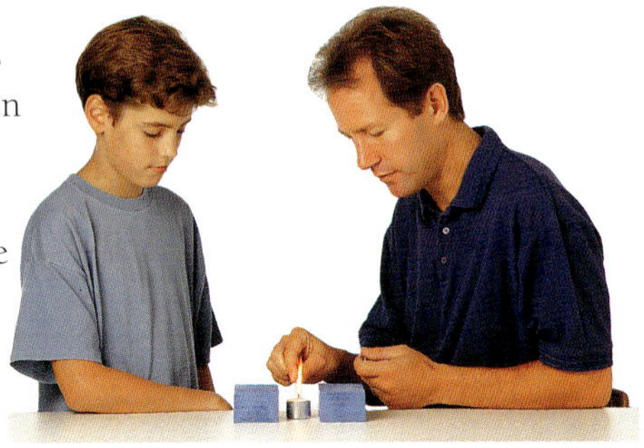

2 Gieße Öl in die Schale und stelle sie auf die Holzklötze. Setze mit der Pipette ein paar Tropfen der Farbe auf den Boden der Schale.

3 Es entsteht eine Strömung aus warmem Öl. Sie zieht Tropfen der Lebensmittelfarbe mit sich.

26 Baue einen Heißluftballon

Wärme kann man zum Fliegen nutzen! Erhitzte Luft steigt auf und heiße Luft kann einen großen Ballon schweben lassen. Du kannst selbst einen Heißluftballon bauen.

Du brauchst

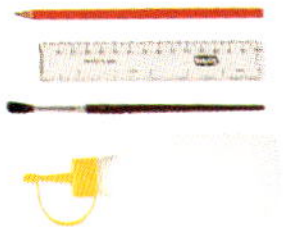

Kleber, Lineal, Bleistift und Bürste

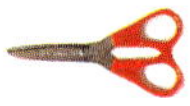

Schere

Faden

Ring aus festem Papier

gelbes Tonpapier, so vorbereitet

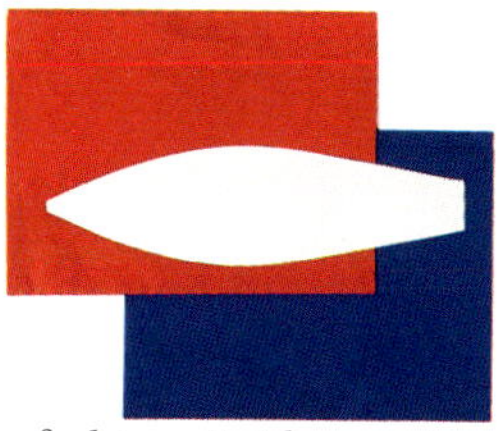

farbiges Seidenpapier und Pappschablone

1 Schneide mithilfe der Schablone acht Papierbahnen aus.

2 Klebe die Papierbahnen zusammen. Klebe den Papierring in die Öffnung des Ballons.

3 Falte und klebe den Karton zu einem Würfel. Stich Löcher in die oberen Ecken.

4 Stich auch Löcher in den Papierring und binde den Würfel mit Fäden daran fest.

Sei vorsichtig, damit das Seidenpapier nicht reißt.

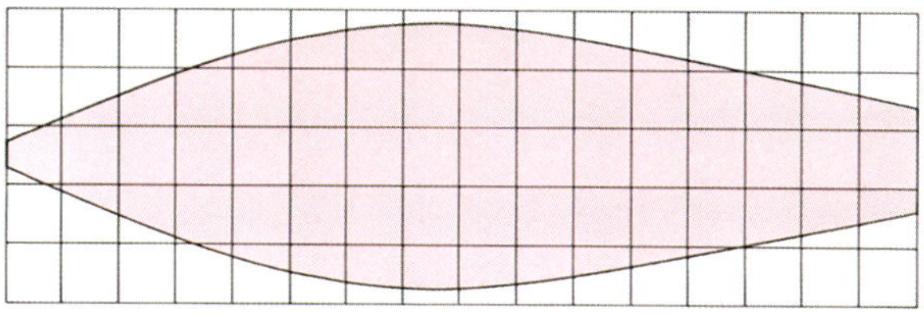

Nimm ein Stück Karton, das 60 bis 90 cm lang ist. Schneide den rosa markierten Umriss als Schablone aus.

5 Jetzt ist dein Ballon fertig. Halte ihn über einen Fön und blase warme Luft hinein. Lass den Ballon los: Er steigt von allein auf.

Auf und davon

Unter einem echten Heißluftballon hängt ein großer Korb. Über dem Korb ist ein Gasbrenner, der heiße Luft in den Ballon bläst. Die heiße Luft im Ballon ist leichter als die kalte Luft der Umgebung und deshalb steigt der Ballon nach oben. Die ersten Fluggeräte, die Menschen gebaut haben, waren Ballons.

27 Wärme speichern

Heiße Getränke geben Wärme ab. Daher werden sie schnell kalt. Baue einen Wärmespeicher und speichere darin warmes Wasser. Der Speicher hindert die Wärme am Entweichen, deshalb bleibt das Wasser darin länger warm.

Du brauchst

Klebeband

großen Korken

Aluminiumfolie

Schraubglas (groß)

Schraubglas (klein)

Trinkglas

warmes Wasser

Schere

1 Wickele zwei Schichten Aluminiumfolie um das kleine Schraubglas. Die glänzende Folienseite muss nach innen zeigen. Nimm Klebeband zum Befestigen.

Die glänzende Seite soll zum Glas hin zeigen.

2 Gieße warmes Wasser in das kleine Schraubglas und in das Trinkglas.

Der Schraubdeckel hindert die erwärmte Luft am Entweichen.

3 Lege den Korken in das große Schraubglas. Stelle das kleine Glas darauf. Schraube den Deckel auf das große Glas.

Luft und Kork sind schlechte Wärmeleiter. Sie „isolieren" das kleine Schraubglas.

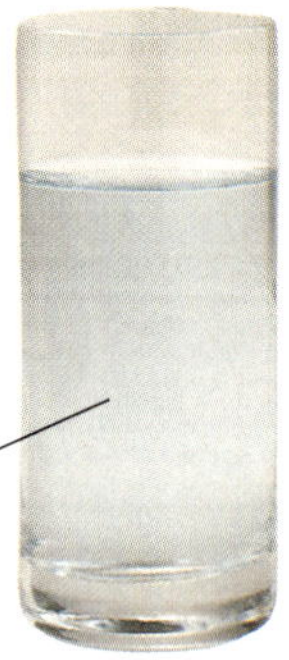

Das Trinkglas gibt nach allen Seiten Wärme ab.

Im Trinkglas kühlt das Wasser viel schneller ab.

Im kleinen Glas bleibt das Wasser länger warm.

4 Nimm das kleine Schraubglas nach zehn Minuten heraus. Das Wasser darin ist deutlich wärmer als das im Trinkglas.

Hitzebarriere

Eine Thermosflasche hält Getränke kühl oder warm. Wie dein Wärmespeicher besteht sie aus zwei Behältern mit dichten Verschlüssen. Der innere Behälter hat eine Doppelwand mit einem luftleeren Raum („Vakuum") dazwischen. Wärme kann nur sehr langsam in die Flasche gelangen oder aus ihr entweichen.

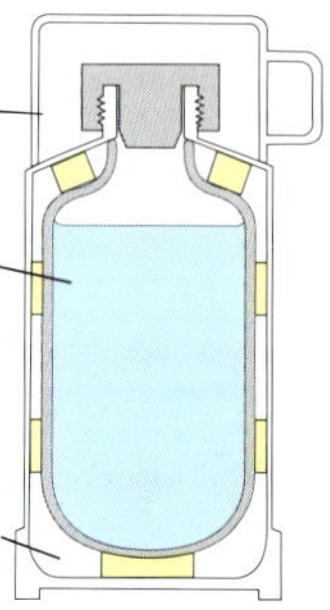

28 Feuer löschen

Zünde eine Kerze an und lösche sie wie von Geisterhand! Das ist möglich, weil Feuer nur brennt, solange es Sauerstoff aus der Luft bekommt. Wenn du die Sauerstoffversorgung unterbrichst, verlischt das Feuer.

Du brauchst

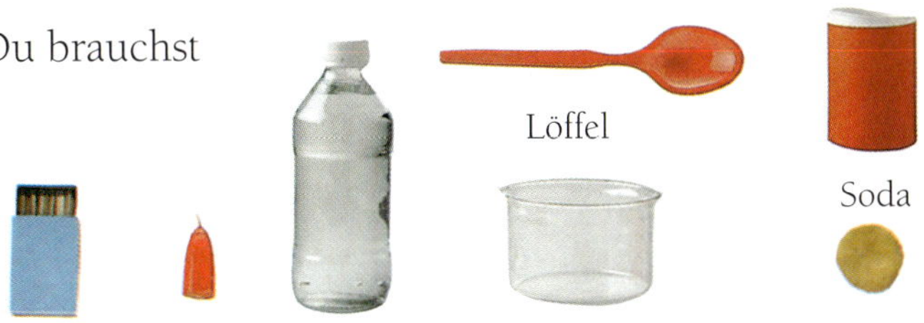

Löffel
Soda
Streichhölzer Kerze Essig Glasschale Knetmasse

1 Setze die Kerze auf ein Stück Knetmasse am Boden des Glases.

2 Verstreue etwas Soda um die Kerze herum.

Die Kerzenspitze muss unterhalb des Glasrandes sein.

3 Bitte einen Erwachsenen die Kerze mit einem Streichholz anzuzünden.

4 Träufle etwas Essig auf das Soda. Es beginnt zu schäumen.

Die Kerzenflamme verbraucht Sauerstoff aus der Luft.

Der Schaum darf die Flamme nicht erreichen.

Soda und Essig bilden Kohlendioxid, ein unsichtbares Gas.

5 Warte noch einen Moment. Plötzlich verlischt die Kerzenflamme. Wieso?

Unsichtbares Kohlendioxid sammelt sich im Glas an und erreicht die Flamme. Sie erhält keinen Sauerstoff mehr und verlischt.

Feuer bekämpfen
Die Feuerwehr bekämpft ein Feuer mit Wasser, Schaum oder Kohlendioxid. Mit jedem dieser Mittel wird die Luftzufuhr für das Feuer unterbrochen. Ohne den Sauerstoff aus der Luft kann das Feuer nicht weiterbrennen.

Das Streichholz verlischt, sobald es in das unsichtbare Gas eintaucht.

6 Versuche die Kerze wieder anzuzünden. Es ist unmöglich!

29 Schneiden, ohne zu zerteilen

Schneide durch einen Eiswürfel, und er bleibt ganz! Für diesen tollen Trick brauchst du kein Messer, sondern nur ein Stück Draht.

Du brauchst

Gabel aus Metall

dünnen Draht

Plastikflasche mit Wasser

Aluminiumfolie

Klebeband

Eiswürfel

schweres Buch

1 Klebe die Gabel an eine Tischkante. Lege das Buch auf den Griff der Gabel.

Die Gabel darf nicht verrutschen.

2 Forme eine Drahtschlaufe und befestige sie unter dem Flaschenverschluss.

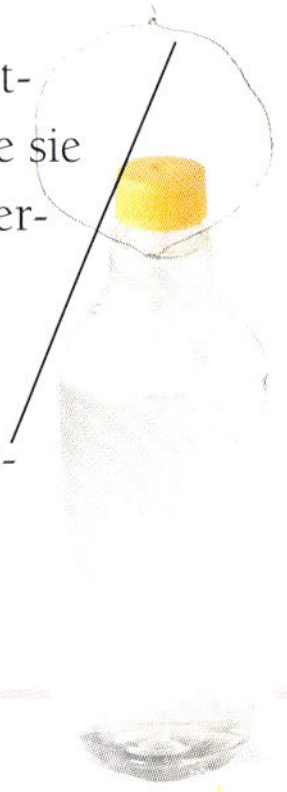
Knote die Drahtenden fest zusammen.

3 Lege ein Stück Alufolie auf die Gabel und darauf dann den Eiswürfel.

4 Lege den Draht über den Eiswürfel. Das Gewicht der Flasche zieht am Draht und er drückt auf das Eis.

Der Draht drückt so stark auf das Eis, dass es schmilzt.

Dort, wo der Draht nicht mehr einschneidet, gefriert das Wasser wieder.

5 Langsam schneidet der Draht in den Eiswürfel ein.

Schlittschuhlaufen

Schlittschuhläufer gleiten schnell übers Eis. Ihr Gewicht drückt die Kufen aufs Eis und es schmilzt. Dadurch entsteht unter den Kufen ein dünner Wasserfilm, auf dem man leicht dahingleiten kann.

6 Sieh dir den Eiswürfel an, nachdem der Draht ganz hindurchgegangen ist: Der Würfel ist noch ganz!

30 Eiskreme herstellen

Mache eine leckere Eiskreme, ohne die Zutaten in den Kühlschrank zu stellen. Nach diesem alten Rezept hat man früher Eiskreme zubereitet.

Du brauchst

Sahne

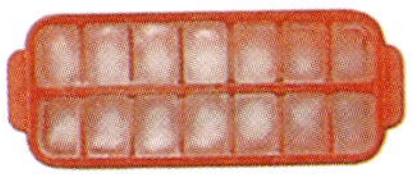
Eiswürfel

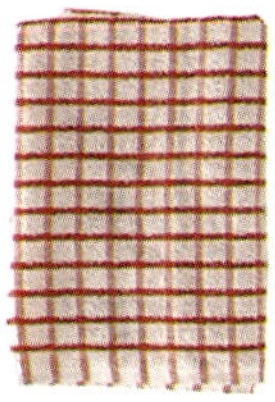
Geschirrtuch

Kakaopulver

Esslöffel

Salz

Glas

große Schüssel

Milch

1 Mische einen Löffel Kakaopulver, zwei Löffel Milch und einen Löffel Sahne im Glas.

2 Lege mehrere Eiswürfel in die Schüssel und streue viel Salz darüber.

3 Stelle das Glas mit der Eiskrememischung auf die Eiswürfel in der Schüssel.

4 Lege noch mehr Eiswürfel, die du mit Salz bestreust, um das Glas herum.

Salz lässt das Eis schmelzen und zugleich wird das Eis dadurch kälter.

5 Decke das Handtuch über die Schüssel. Lass die Eiskrememischung eine Stunde lang stehen. Rühre sie alle fünf Minuten um.

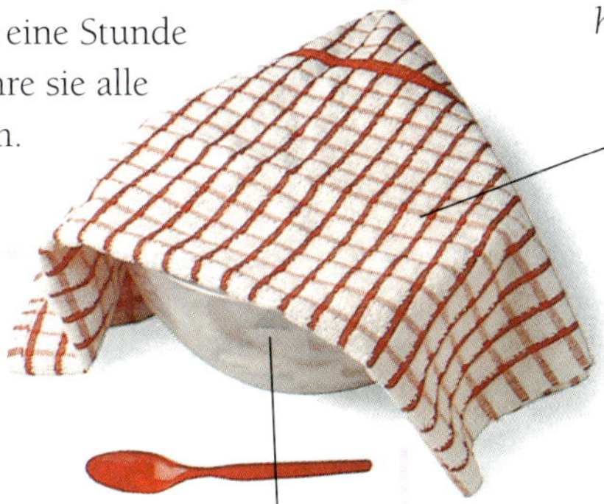

Das Handtuch verhindert, dass Wärme von außen in die Schüssel gelangt.

Um zu schmelzen, braucht das Eis Wärme. Die holt es sich von der Eiskrememischung, die dadurch so kalt wird, dass sie gefriert.

6 Nimm das Glas aus der Schüssel und koste deine selbst gemachte Schokoladeneiskreme.

Eiszapfen

Eiszapfen entstehen, wenn Wasser über die Kante einer kalten Oberfläche tropft. Die Oberfläche entzieht dem Wasser Wärme, wodurch es gefriert. Wenn weitere Tropfen hinabgleiten und ihre Wärme abgeben, wächst der Eiszapfen langsam.

Licht

Die Sonne sendet Lichtstrahlen aus. Auch Lampen und Kerzen tun dies. Die Lichtstrahlen treffen auf Gegenstände, werden von ihnen verändert und zurückgeworfen („reflektiert"). Diese Lichtstrahlen gelangen in dein Auge, sodass du dann die Gegenstände sehen kannst. Dein Auge und dein Gehirn bauen aus der Wahrnehmung von Licht Bilder auf.

Gebrochen und gebogen?
Der Stift, der im Wasserglas steht, ist selbstverständlich gerade. Er sieht wie durchgebrochen aus, weil das Wasser den Weg der Lichtstrahlen, die von dem Stift ausgehend deine Augen erreichen, verändert.

Zu klein, um gesehen zu werden?
Mit einem Mikroskop kannst du winzige Lebewesen und Gegenstände erkennen. Das Bild im Mikroskop zeigt den Gegenstand viel größer, als er in Wirklichkeit ist.

Spiegelbilder
In einem Spiegel kannst du die Abbilder von Gegenständen sehen. Gewölbte Spiegel, wie zum Beispiel der vordere und der hintere, erzeugen vergrößerte und verkleinerte Bilder.

Blitzschnell
Ein Blitzlicht sendet genug Licht aus, um auch im Dunkeln ein Foto machen zu können. Von der Kamera bis zu dem Mädchen braucht das Licht nur zwei Milliardstel Sekunden!

31 Schattenspiele

Du kannst geisterhafte Schatten an die Wand werfen! Dabei wirst du sehen, dass Licht sich gerade ausbreitet. Schatten entstehen dadurch, dass Gegenstände im Weg des Lichtes stehen.

Du brauchst

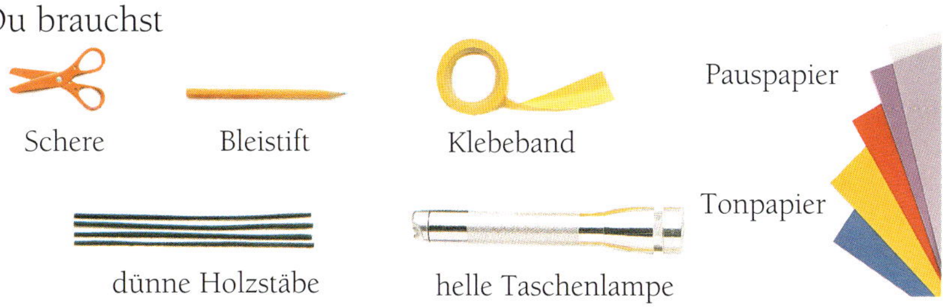

1 Zeichne ein paar Geister auf das Pauspapier. Erfinde selbst welche oder male sie aus Büchern ab.

2 Übertrage die Zeichnungen vom Pauspapier auf das Tonpapier.

3 Schneide die Geister vorsichtig aus und klebe sie jeweils an das Ende eines Holzstabes.

4 Halte die Geister vor eine Wand. Leuchte die Figuren mit einer Taschenlampe an und an der Wand werden die riesigen Schatten der Geister erscheinen!

Ein großer schwarzer Schatten tanzt an der Wand.

Die Lichtstrahlen, die auf den Karton treffen, erreichen die Wand nicht. Die Wandfläche hinter dem Karton bleibt dunkel. Die dunkle Fläche ist der Schatten. Er hat dieselbe Form wie der Karton, weil die Lichtstrahlen sich geradlinig ausbreiten.

Lichtstrahlen aus der Taschenlampe beleuchten die Wand.

Sonnenzeit

Die Sonnenuhr zeigt an, wie spät es ist. Ein schräg angebrachter Stab wirft einen Schatten auf eine Reihe von Linien, die die Uhrzeit angeben. Mit dem Lauf der Sonne am Himmel wandert der Schatten über die Linien. An der Lage des Schattens auf und zwischen den Linien lässt sich die Uhrzeit ablesen.

32 Um die Ecke sehen

Baue ein Periskop, ein Gerät, mit dem du um Ecken und über Mauern sehen kannst! Ein Periskop arbeitet mit Spiegeln, die Lichtstrahlen reflektieren.

Du brauchst

Diese beiden Seiten müssen gleich lang sein.

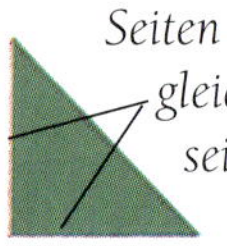

dreieckiges Kartonstück

zwei kleine Spiegel

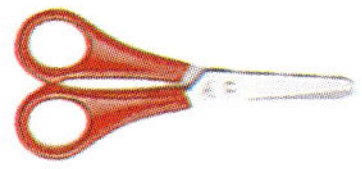

Schere

quadratischen Getränkekarton

Filzstift

1 Zeichne mithilfe des dreieckigen Kartons zwei schräge Linien auf eine Seite des Getränkekartons. Die Linien sollen so lang sein wie ein Spiegel.

2 Schneide entlang jeder Linie vorsichtig einen Schlitz in den Karton.

3 Bringe auf die gleiche Weise zwei Schlitze auf der anderen Seite des Getränkekartons an.

Die Schlitze auf dieser und der jeweils gegenüberliegenden Seite müssen genau auf der gleichen Höhe sein.

4 Schiebe die Spiegel vorsichtig in die Schlitze. Sie sollten fest sitzen, damit sie nicht herausfallen.

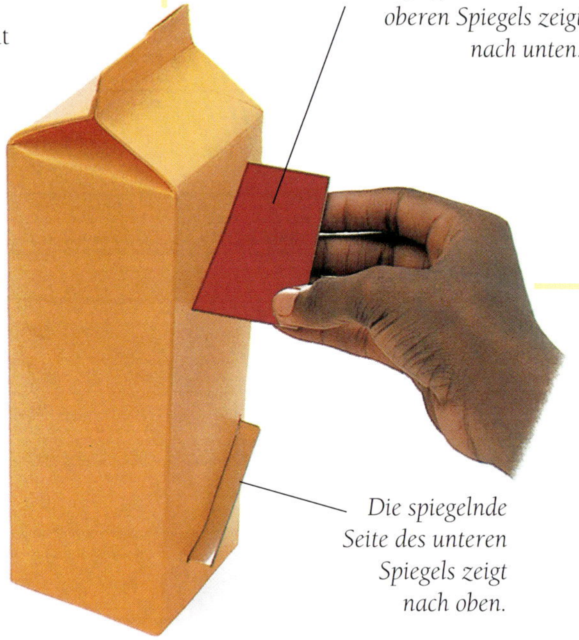

Die spiegelnde Seite des oberen Spiegels zeigt nach unten.

Die spiegelnde Seite des unteren Spiegels zeigt nach oben.

5 Zeichne vor dem oberen Spiegel ein großes Quadrat auf den Karton und schneide es aus.

6 Bohre vor dem unteren Spiegel mit einem Bleistift ein kleines Loch in die Rückseite des Kartons. Jetzt ist dein Periskop fertig.

Bohre das Loch so, dass es sich vor dem unteren Spiegel befindet.

7 Wenn du in das Loch blickst, kannst du um Ecken und über Hindernisse sehen.

Lichtstrahlen gelangen durch die quadratische Öffnung auf den oberen Spiegel. Er leitet sie zum unteren Spiegel, auf den du blickst.

Der untere Spiegel wirft die Lichtstrahlen in dein Auge. Du siehst das Bild, das der obere Spiegel von der Umgebung aufnimmt.

Was gibt es da oben?

Der Kapitän eines tauchenden U-Bootes möchte wissen, ob sich an der Wasseroberfläche Schiffe nähern. Das U-Boot fährt ein langes Periskop aus und der Kapitän macht einen Rundblick. Das Periskop leitet die Lichtstrahlen von oberhalb der Wasseroberfläche über einen Spiegel durch ein langes Rohr nach unten. Dort kann man auf dem zweiten Spiegel das Bild der Umgebung betrachten.

33 Baue ein Kaleidoskop

Mit Spiegeln und Perlen kannst du ein Kaleidoskop bauen. Du brauchst es nur zu schütteln und schon entstehen farbenprächtige Muster, eins schöner als das andere.

Du brauchst

spitzen Bleistift

Taschenlampe

Klebeband

Perlen

Schere

Tonpapier und Pauspapier

drei kleine Spiegel

1 Klebe die drei Spiegel mit dem Klebeband zu einer dreieckigen Röhre zusammen.

Die spiegelnden Seiten zeigen nach innen.

2 Zeichne den Umriss der Spiegelröhre auf die Pappe.

3 Schneide das Dreieck aus. Bohre mit dem Bleistift ein Loch in die Mitte.

4 Klebe das Dreieck auf eine Seite der Spiegelröhre.

5 Klebe Pauspapier über die andere Seite der Spiegelröhre. Achte darauf, dass es fest angeklebt ist.

6 Wirf ein paar Perlen durch das Loch. Dein Kaleidoskop ist jetzt fertig.

7 Blicke durch das Loch in das Kaleidoskop, während du es mit der Taschenlampe von hinten beleuchtest. Du siehst mehrere Abbildungen der Perlen, die gemeinsam ein buntes Muster bilden. Wenn du das Kaleidoskop schüttelst, ändert sich das Muster.

Die Spiegel werfen jeweils ein Abbild der Perlen zurück und aus den Spiegelbildern entsteht ein Muster.

Wie oft gibt es dich?

Mehr als einmal, wenn du dich zwischen zwei Spiegel stellst! Dann kannst du dich viele Male sehen, weil die Spiegel dein Abbild wechselseitig zurückwerfen.

34 Doppelt sehen

Mithilfe von Wasser kannst du aus einem Knopf scheinbar zwei machen! Lichtstrahlen ändern ihre Richtung, wenn sie von einem Stoff in einen anderen übertreten. Das nennt man „Lichtbrechung“. Deshalb erscheint auch ein gerades Lineal geknickt, wenn es in einem Glas voll Wasser steht.

Du brauchst

Glas Krug Wasser Knopf

1 Wirf den Knopf in das Glas. Er sollte möglichst in der Mitte des Glases liegen.

2 Gieße Wasser in das Glas, bis es halb voll ist.

Der Knopf darf nicht schwimmen.

3 Blicke von schräg oben in das Glas. Es scheint, als lägen zwei Knöpfe darin!

Vom Knopf gehen zwei „Gruppen“ von Lichtstrahlen aus, die unterschiedlich gebrochen werden: Du siehst ihn doppelt.

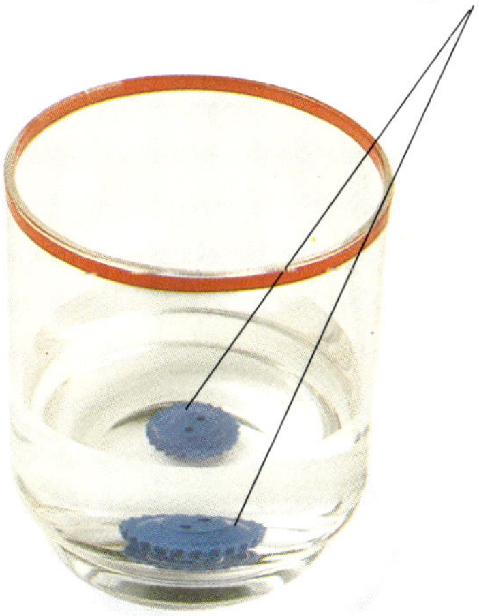

35 Baue eine Taschenlampe

Das Licht, das wir verwenden, um die Dunkelheit zu erleuchten, wird elektrisch erzeugt. Ohne Elektrizität hätten wir heute kein Licht in unseren Wohnungen und keine Straßenbeleuchtung. Wer eine Taschenlampe hat, trägt seine eigene Lichtquelle mit sich. Ein Druck auf den Knopf, und ein Lichtstrahl erhellt die Nacht. Auch die Taschenlampe braucht Elektrizität, die aus Batterien kommt.

Du brauchst

1 Schneide die Flaschenspitze ab. Stich mit dem Bleistift zwei kleine Löcher in die Seite.

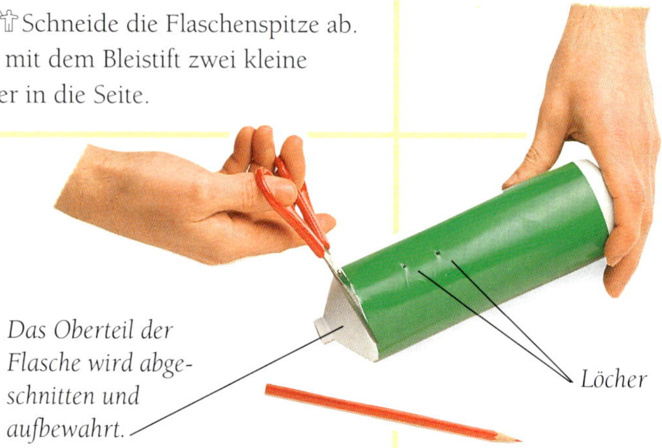

2 Beklebe die Innenseite der abgeschnittenen Flaschenspitze mit Aluminiumfolie. Die glänzende Seite muss nach außen zeigen.

3 Schraube zwei der Klingeldrähte unter den Schrauben des Glühbirnensockels fest.

4 Klebe die Batterien zusammen. Der Pluspol der unteren Batterie muss den Minuspol der oberen berühren. Klebe den dritten Klingeldraht am Boden (Minuspol) der unteren Batterie fest.

5 Klebe einen der Drähte vom Glühbirnensockel an das Oberteil (Pluspol) der oberen Batterie.

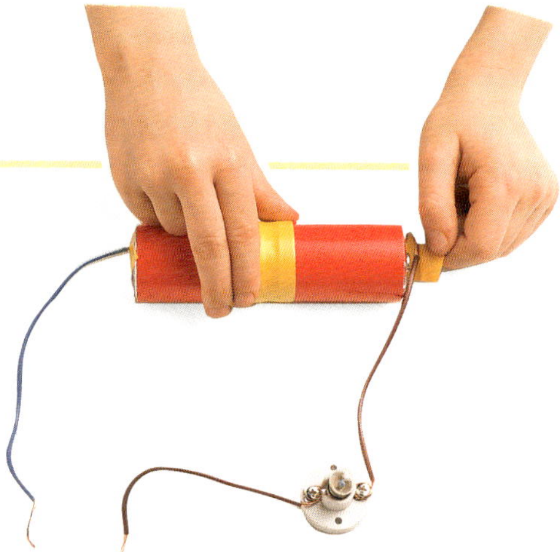

6 Stecke den Draht von der unteren Batterie durch das untere Loch. Stopfe Watte in die leere Flasche und schiebe die Batterien hinein.

Stopfe Watte um die Batterien, damit sie fest sitzen.

7 Stecke den Draht vom Glühbirnensockel durch das obere Loch. Wickle beide Drähte um die Briefklammern. Drücke die Klammern fest in die Löcher.

8 Lege den Glühbirnensockel auf die Batterien. Schiebe die Flaschenspitze über die Glühbirne, sodass diese durch das Loch ragt. Klebe die Flaschenspitze fest.

9 Biege die Büroklammer um und schiebe ein Ende unter die untere Briefklammer. Dies ist dein Schalter.

Wenn du den Schalter herunterdrückst und damit die obere Briefklammer berührst, fließt Strom durch die Drähte zur Glühbirne.

Helle Birne

In einer Glühbirne gibt es einen dünnen Spiraldraht, den Glühfaden. Wenn Strom durch ihn fließt, dann wird er glühend heiß und leuchtet. Ein Gas in der Glühbirne verhindert, dass der Glühfaden schmilzt.

Glühfaden

10 Drücke das obere Ende der Briefklammer auf die obere Büroklammer: Die Lampe leuchtet!

Die Glühbirne leuchtet, sobald sie Strom erhält.

Das Licht wird von der Aluminiumfolie reflektiert.

36 Baue ein Geisterhaus

Mit ein paar Batterien und Glühbirnen kannst du eine Pappschachtel in ein Geisterhaus verwandeln. Ein Knopfdruck genügt, und schon leuchten Gespenster und riesige Spinnen auf.

Du brauchst

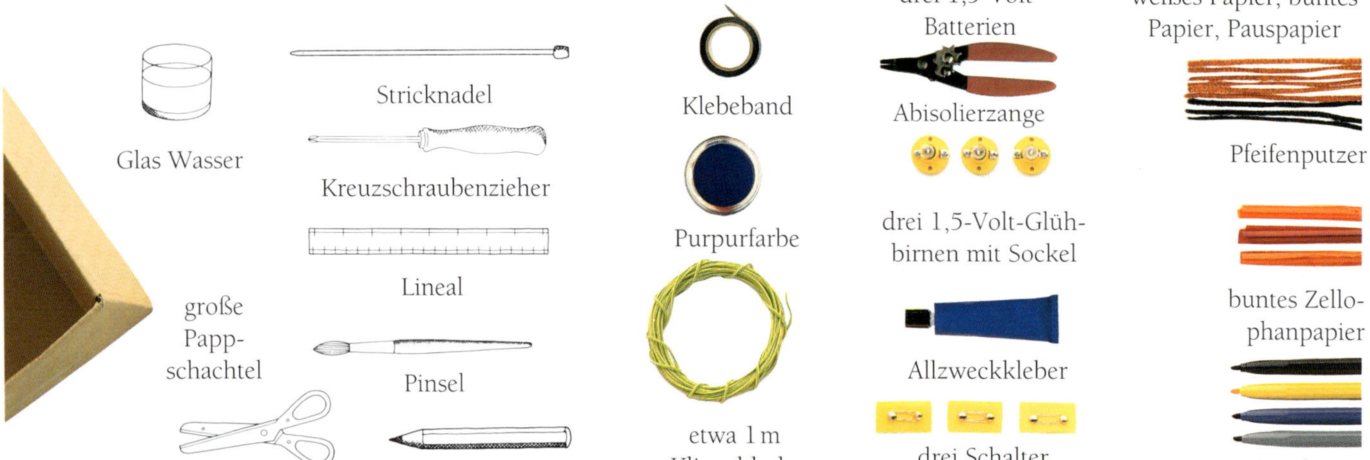

- drei 1,5-Volt-Batterien
- weißes Papier, buntes Papier, Pauspapier
- Glas Wasser
- Stricknadel
- Kreuzschraubenzieher
- Lineal
- große Pappschachtel
- Pinsel
- Schere
- Bleistift
- Klebeband
- Purpurfarbe
- etwa 1 m Klingeldraht
- Abisolierzange
- drei 1,5-Volt-Glühbirnen mit Sockel
- Allzweckkleber
- drei Schalter (*Exp. 87*)
- Pfeifenputzer
- buntes Zellophanpapier
- Filzstifte

1 Klappe die Bodenteile um und klebe sie fest. Klebe die langen Teile des Deckels zusammen und schneide die kurzen Teile ab. Bemale die Innenseiten des Kartons violett.

2 Schneide sechs kurze und drei lange Drahtstücke ab. Entferne die Isolierung an den Enden. Bohre mit der Stricknadel hinten und seitlich je ein Loch in die Pappschachtel.

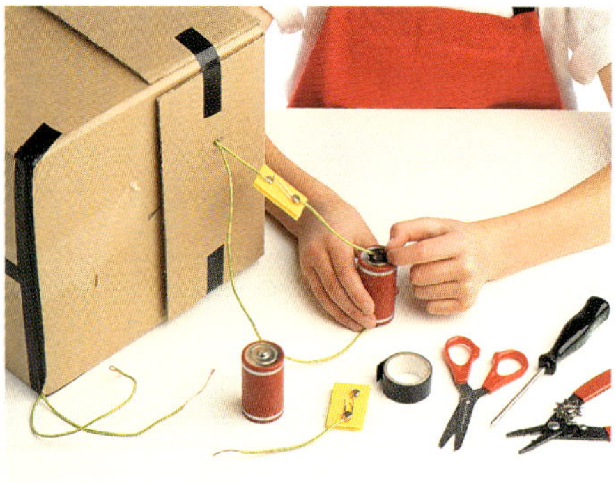

3 Stecke die Drähte von innen durch die Löcher und verbinde sie wie in Experiment 87 (S. 104) mit den Schaltern und den Batterien.

4 Schneide folgende Dinge aus und male sie an: eine Tür, eine Treppe, ein Wandbild, einen Kamin, Möbel.

5 Bemale ein abgeschnittenes Pappstück und schneide einen Bogen aus. Klebe für den Kamin Flammen aus Zellophan darauf.

6 Platziere die Tür und den Kamin vor zwei der Glühbirnen in der Schachtel. Klebe dann die Möbel in die Schachtel.

7 Zeichne Gespenster und Spukgestalten auf das bunte Papier und schneide sie aus.

8 Halbiere vier Pfeifenputzer, das gibt acht Spinnenbeine. Umwickele sie in der Mitte mit einem ganzen Pfeifenputzer, das gibt den Spinnenkörper.

Geisterhaftes Leuchten

Diese Forscherin arbeitet mit unsichtbarem „ultraviolettem" Licht. Sie kann damit einen Stoff in dem Glaskästchen erkennen. Ihr weißes Hemd leuchtet im ultravioletten Licht auf. Dieses Licht wird gern in Diskotheken benutzt, um die Tänzer „leuchten" zu lassen.

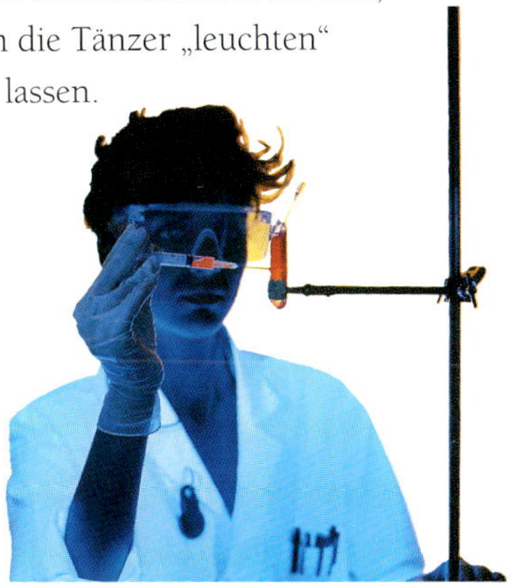

9 Klebe die Gespenster und Spinnen ein. Ein Gespenst kommt vor die dritte Glühbirne. Ein Druck auf die Schalter lässt das Geisterhaus aufleuchten!

Eine Birne leuchtet hinter dem roten Gespenst.

Klebe die Schalter seitlich und hinten am Haus fest.

Von jedem Schalter geht ein kurzer Draht zu einer Batterie.

Eine andere Birne lässt die Flammen im Kamin leuchten.

Diese Batterie liefert Strom für die dritte Glühbirne hinter der Tür.

37 Baue eine Kamera

Um zu verstehen, wie eine Kamera funktioniert, kannst du dir ein einfaches Modell bauen. Als Objektiv, mit dem das Bild erzeugt wird, nimmst du ein Vergrößerungsglas.

Du brauchst

Klebeband

leere Schachtel mit Öffnung

Vergrößerungsglas

Pauspapier

Pappröhre

Stift

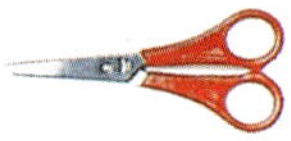
Schere

1 Zeichne mithilfe der Pappröhre auf die Rückseite der Schachtel einen Kreis.

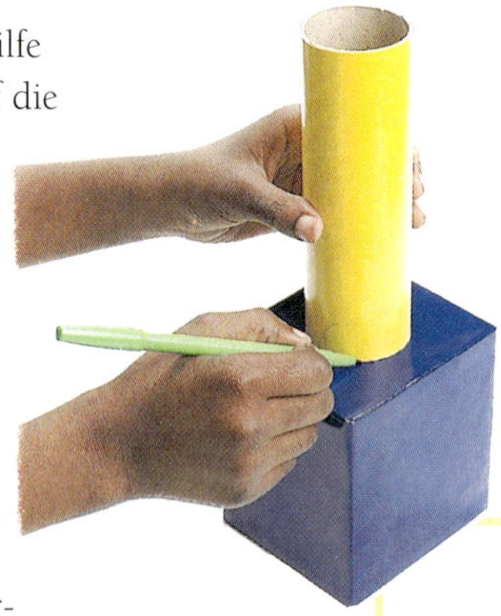

2 Schneide den Kreis sorgfältig aus.

3 Schiebe die Pappröhre in das Loch. Du musst sie verschieben können.

4 Klebe das Vergrößerungsglas fest auf das Ende der Pappröhre.

5 Klebe Pauspapier vor die Öffnung der Schachtel. Jetzt ist die Modellkamera fertig.

Fotografieren
Bei einer richtigen Kamera werden statt des Vergrößerungsglases und des Pauspapiers ein Objektiv und ein Film verwendet. Beim Fotografieren fällt Licht durch das Objektiv, das ein auf dem Kopf stehendes, seitenverkehrtes Bild auf den Film wirft. Das Entwickeln des Films macht das Bild sichtbar.

6 Halte die Kamera vor einen hellen Gegenstand. Ein Abbild davon erscheint auf dem Pauspapier.

Schiebe die Röhre vor und zurück, bis das Bild scharf ist.

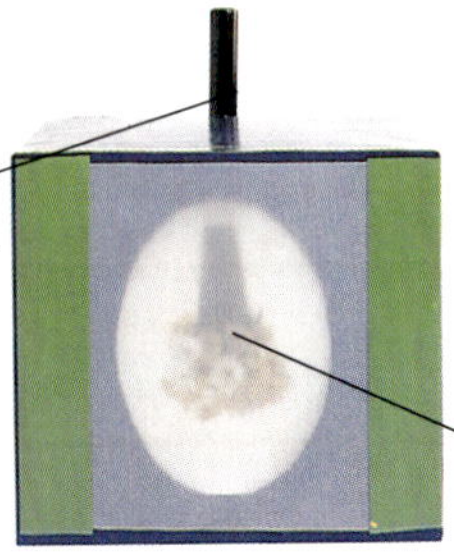

Das Vergrößerungsglas dient als Objektiv. Es bricht die ankommenden Lichtstrahlen und wirft ein Bild auf das Pauspapier.

Das Bild ist seitenverkehrt und steht auf dem Kopf.

38 Licht erzeugt Bilder

Mit einfachen Mitteln kannst du selbst eine fotografische Aufnahme machen. Du brauchst dazu weder eine Kamera noch eine besondere Ausrüstung. Ein paar Hilfsmittel sowie ein paar Gegenstände, von denen du Aufnahmen machen willst, genügen.

Du brauchst

Packung Fotopapier

Lampe

schwarzes Papier

Schere

Bleistift

kleine, flache Gegenstände

1 Zeichne ein paar Figuren auf das schwarze Papier und schneide sie aus.

Umrisse von Mond und Sternen machen sich sehr gut.

2 Verdunkle das Zimmer und nimm einen Bogen Fotopapier aus der Schachtel. Lege nun das schwarze Papier und die kleinen Gegenstände darauf.

Bevor du das Papier aus der Packung nimmst, musst du das Zimmer so gut wie möglich verdunkeln.

3 Stelle die Lampe so auf, dass sie das Papier beleuchtet. Schalte die Lampe ein und warte mehrere Minuten, ohne etwas zu berühren.

Berühre nicht die Lampe und die Gegenstände.

Fotoautomat
Ein Fotoautomat macht Bilder auf einen Streifen Fotopapier. Im Inneren des Automaten ist eine Vorrichtung, die mit bestimmten Chemikalien die Bilder entwickelt.

4 Nimm die Gegenstände vom Fotopapier. Es bleibt ein Abbild von ihnen zurück!

Dort, wo Licht auf das Fotopapier fällt, wird es schwarz.

Die Flächen, die abgedeckt waren, bleiben weiß.

5 Das Fotopapier wird langsam überall schwarz, da nun das Licht die ganze Papierfläche bestrahlen kann.

Farben

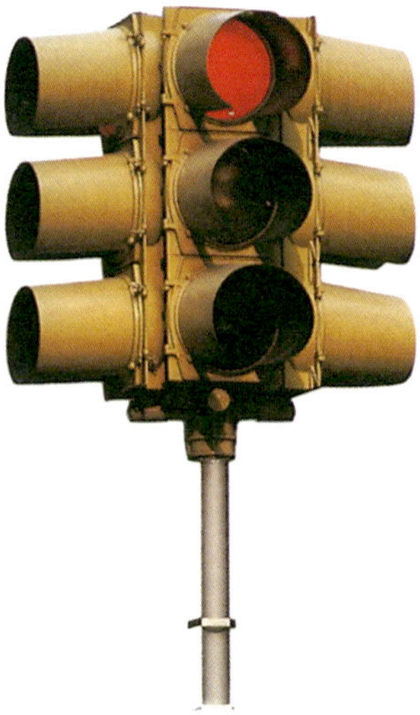

Stell dir eine Welt ohne Farbe vor! Es wäre wie in einem alten Schwarzweißfilm. Farbe bringt Schönheit in unsere Welt. Es gibt wunderbare Farben in der Natur und wir selbst verwenden Farben für unsere Kleidung und Wohnungseinrichtung. Farbe ist im Licht enthalten, das von den Gegenständen auf unser Auge trifft. Wenn uns ein Gegenstand rot erscheint, dann deshalb, weil er rotes Licht zu uns schickt. Unser Auge kann viele Farben wahrnehmen.

Farbsignale
Wir ordnen Farben Bedeutungen zu. Bei Verkehrsampeln z. B. bedeutet Rot „stehen bleiben" und Grün „gehen".

Bunter Bogen
Ein Regenbogen entsteht, wenn das Sonnenlicht Regentropfen durchquert. Die Tropfen trennen das weiße Sonnenlicht in ein farbiges Band auf. Einen Regenbogen kannst du nur sehen, wenn die Sonne hinter dir steht.

Tarnfarben
Einige Tiere, wie dieses grüne Chamäleon, sind so gefärbt, dass sie sich von ihrer Umgebung kaum abheben. Das schützt sie vor ihren Feinden.

Farbenpracht
Manche Tiere, wie diese wunderschönen Schmetterlinge, sind auffallend bunt gefärbt. Die Färbung kann dazu dienen Artgenossen anzulocken oder Feinde abzuschrecken.

39 Regenbogen

Du kannst einen Regenbogen erzeugen, ohne dass es regnet. Das „weiße“ Licht enthält alle Farben des Regenbogens. Wasser kann weißes Licht in diese Farben aufspalten.

Du brauchst

Spiegel

Glas Wasser

Knetgummi

helle Taschenlampe

flache Glasschale

weißen Karton

1 Gieße die Glasschale halb voll Wasser.

2 Stelle den Spiegel schräg in die Schale. Befestige ihn gut mit der Knete.

3 Beleuchte mit der Taschenlampe den Teil des Spiegels, der sich unter Wasser befindet.

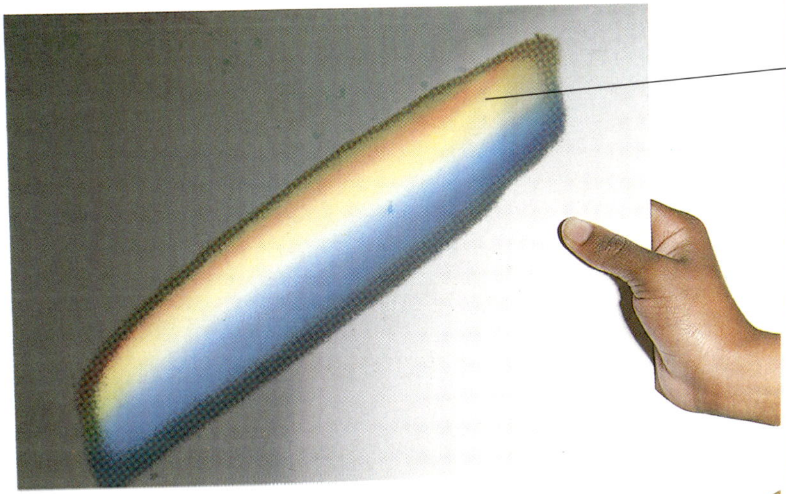

Beim Eintreten und Austreten aus dem Wasser wird das weiße Licht der Lampe in ein farbiges Band zerlegt.

4 Halte den weißen Karton über die Schale. Ein Regenbogen wird sichtbar! Wie viele Farben hat er? Es kann sein, dass du die Taschenlampe und den Karton ein wenig hin und her bewegen musst, ehe du den Regenbogen siehst.

Der Spiegel wirft das Licht der Taschenlampe auf den weißen Karton.

Im Regenbogen

Wenn du einen Regenbogen betrachtest, dann siehst du Sonnenlicht! Die im weißen Sonnenlicht enthaltenen Farben werden beim Durchgang durch die Regentropfen verschieden stark „gebrochen“. Deshalb siehst du sie als Band nebeneinander.

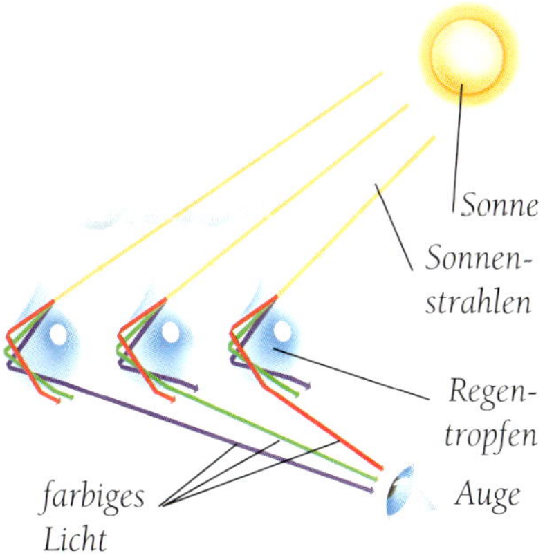

40 Sonnenuntergang

Wenn die Sonne untergeht, scheint sich ihre Farbe zu ändern. Von Weiß über Gelb wechselt sie zu Orange und Rot. Warum das so ist, erfährst du bei diesem Experiment.

Du brauchst

Milch

Glas mit Wasser

Taschenlampe

Löffel

1 Leuchte mit der Taschenlampe durch das klare Wasser. Das Licht erscheint weiß, so wie die Sonne, wenn sie hoch am Himmel steht.

2 Gieße etwas Milch in das Wasser.

3 Rühre das Wasser langsam um, sodass sich die milchige Trübung gleichmäßig verteilt.

4 Leuchte mit der Taschenlampe durch das milchige Wasser. Das Licht erscheint orangefarben, so wie die untergehende Sonne!

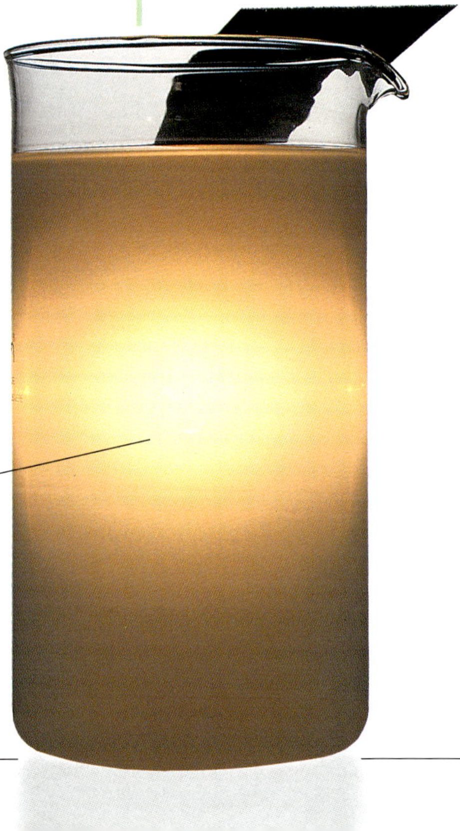

Die im Wasser verteilte Milch filtert einige Farben aus. Nur orangefarbenes und rötliches Licht werden durchgelassen.

Rosiger Morgen, feuriger Abend

Morgens und abends steht die Sonne niedrig am Himmel. Ihr Licht muss deshalb einen längeren Weg durch die Lufthülle der Erde bis zu unserem Auge zurücklegen. Winzige Gas- und Staubteilchen in der Luft filtern auf diesem langen Weg einen Teil des Lichts aus. Nur Orange und Rot bleiben übrig.

41 Verborgene Farben entdecken

Saugfähiges Papier kann aus Lebensmittelfarben und Tinten einzelne Farbstoffe isolieren. Das ist möglich, weil einige Farbstoffe schneller aufgesogen werden als andere.

Du brauchst

Pipette

Papierklemmen

verschiedene Tinten und Lebensmittelfarben

Löschpapier

kleine Gläser

Stäbchen

1 Mische in jedem Glas verschiedene Tinten und Lebensmittelfarben.

Die Flüssigkeiten werden dunkel, wenn sich die Farben vermischen.

2 Nimm die Papierklemmen und befestige Löschpapierstreifen an dem Stäbchen. Nimm die Pipette und gib von jeder Farbmischung einen Tropfen auf einen Löschpapierstreifen.

Rot, Orange und Blau

Grün, Gelb und Blau

Braun und Blau

Blau, Purpur und Braun

3 Putze die Gläser und gieße in jedes Glas etwas sauberes Wasser. Hänge die Löschpapierstreifen so in das Wasser, dass sie die Wasseroberfläche gerade erreichen. Die Farbmischungen auf jedem Streifen beginnen zu wandern und werden dabei in die einzelnen Farbstoffe aufgetrennt.

Farbenherstellung

Jede Farbe enthält eigentlich mehrere einzelne Farben — sie sind nur verborgen. Farben werden hergestellt, indem man verschiedene Farbstoffe, die „Pigmente“, vermischt. Unterschiedliche Mischungen ergeben verschiedene Farben.

42 Farbmischungen

Farbfotos in Büchern zeigen alle Farbtöne. Und doch braucht man dafür nur drei bunte Farben und Schwarz! Du kannst selbst zwei oder drei Farben mischen, um jeden beliebigen Farbton herzustellen.

Du brauchst

Schere

durchsichtige blaue, gelbe und rote Plastikbögen

1 Schneide die Plastikbögen in mehrere Streifen gleicher Breite.

2 Lege einen gelben und einen blauen Streifen auf einer weißen Unterlage über Kreuz. Wo die Streifen sich decken, wird die Fläche grün.

3 Lege einen roten Streifen über den gelben: Es erscheint Orange! Ordne die Streifen zu einem quadratischen Muster an.

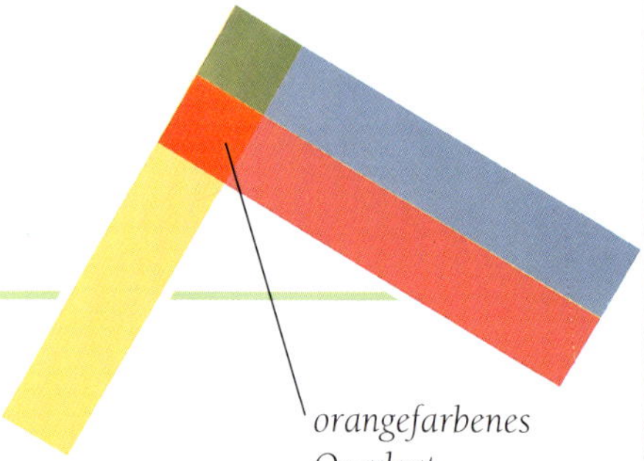

4 Lege einen weiteren roten Streifen so an, dass er den blauen überlappt. Es entsteht ein violetter Ton.

5 Lege weitere Streifen unterschiedlicher Farben an. Rot, Blau und Gelb mischen sich zu neuen Farben.

43 Drehung löscht Farben aus

Normales weißes Licht scheint keine Farbe zu haben. Und doch sind alle Farben des Regenbogens darin enthalten! Wenn du eine farbige Scheibe drehst, wirst du dies verstehen.

Du brauchst

die Farben Violett, Indigo, Blau, Grün, Gelb, Orange und Rot

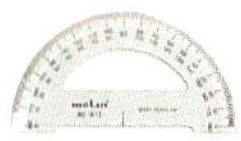

Winkelmesser

spitzen Bleistift

Malpinsel

Wasser zum Malen

1 Schneide aus weißem Karton eine runde Scheibe aus. Markiere sieben gleiche Sektoren. Bemale jeden mit einer anderen Farbe.

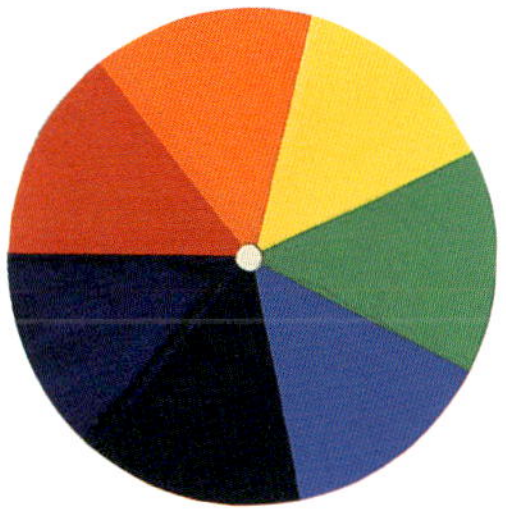

2 Stich den Bleistift mit der Spitze durch die Scheibenmitte. Drehe die Scheibe. Die Farben verschwimmen zu einem gelblichen bis weißen Farbton.

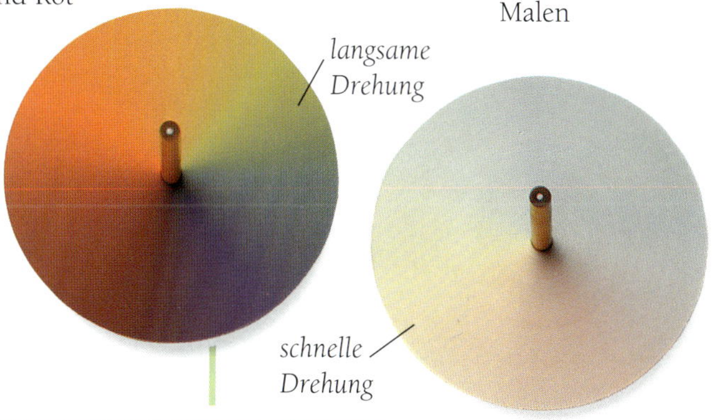

langsame Drehung

schnelle Drehung

44 Farbwechsel

Beleuchtete Gegenstände werfen Licht zurück — aber nicht die gesamte Lichtmenge! Nimm buntes Zellophanpapier als Farbfilter, sodass nur bestimmte Farben von einem Gegenstand zu dir gelangen können.

Du brauchst

rotes und grünes Zellophanpapier

Taschenlampe

schwarzen Karton mit Aussparung an Frontseite und Deckel

rote Spielkarte

gelbe Banane

grünen Apfel

1 Lege die Gegenstände in die Kiste. Decke grünes Zellophan über die obere Öffnung und leuchte mit der Taschenlampe von der Seite hinein.

Die roten Herzen werfen kein grünes Licht zurück. Deshalb erscheinen sie schwarz.

Das grüne Zellophan lässt nur grünes Licht durch.

Die gelbe Banane und der grüne Apfel werfen beide grünes Licht zurück.

2 Nimm jetzt rotes Zellophan als Abdeckung. Die roten Herzen verschwinden! Der grüne Apfel wird schwarz und die gelbe Banane erscheint rot.

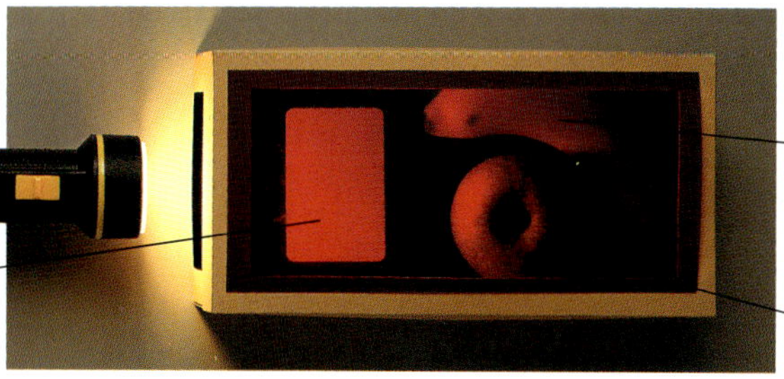

Das rote Zellophan lässt nur rotes Licht durch.

Im Gelb der Banane sind auch etwas Rot und etwas Grün enthalten.

Die weiße Spielkarte wirft alle Farben zurück, weshalb sie jetzt rot aussieht.

Der grüne Apfel wirft gar kein rotes Licht zurück.

45 Farbtest

Wie durch Zauberei kann eine Flüssigkeit plötzlich ihre Farbe verändern! Diesen Farbwechsel kannst du als Test dafür benutzen, ob eine Flüssigkeit eine Säure oder eine Lauge ist.

Du brauchst

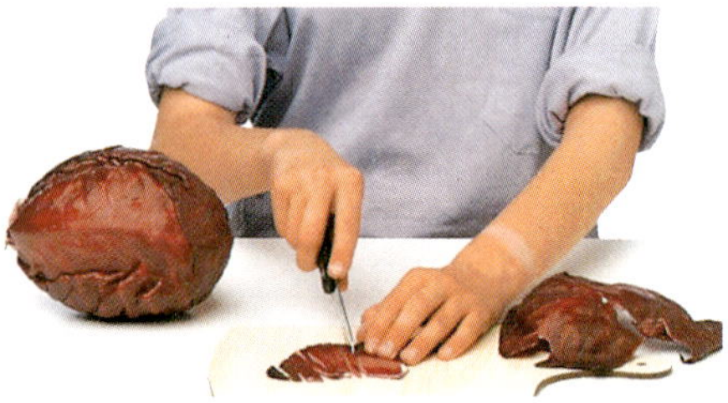

1 Schneide den Rotkohl vorsichtig in kleine Stücke.

2 Erhitze destilliertes Wasser im Topf. Gib den Rotkohl hinzu.

3 Gieße das abgekühlte Rotkohlwasser durchs Sieb in das große Glas.

4 Schütte ein wenig Rotkohlwasser in jedes der kleinen Gläser.

5 Teste Zitronensaft, Essig und Weinstein. Alle drei sind sauer: Sie färben das Rotkohlwasser rot.

6 Gib destilliertes Wasser zum Rotkohlwasser. Es bleibt bläulich-violett. Destilliertes Wasser ist weder eine Säure noch eine Lauge.

7 Wenn du Soda ins Rotkohlwasser gibst, wird es blau. Soda ist leicht alkalisch. Leitungswasser kann ähnlich wirken.

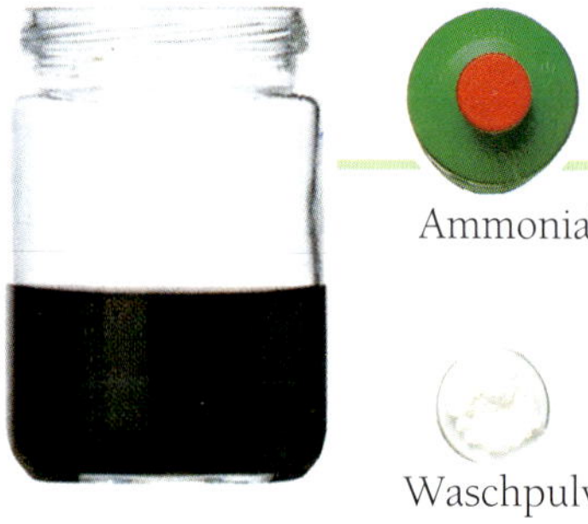

8 Teste etwas Ammoniak und Waschpulver. Diese starken Laugen machen das Rotkohlwasser grün.

Farbvarianten

Die Farbe von Hortensien hängt davon ab, ob der Boden, auf dem sie wachsen, sauer oder alkalisch ist. Auf saurem Boden werden sie blau, auf alkalischem werden sie rosa.

46 Unsichtbare Tinte

Mit unsichtbarer Tinte kannst du geheime Botschaften verschicken! Der Empfänger kann die Schrift sichtbar machen, indem er die Farbe des Papiers verändert.

Du brauchst

Jodtinktur

kleines Glas

Pipette

kleine Glasschale

Pinsel

Zitronen

weißes Papier

1 Drücke etwas Zitronensaft in die Glasschale aus.

2 Gieße etwas Wasser in das Glas. Bitte einen Erwachsenen die Jodtinktur hinzuzugeben.

Die Flasche mit Jod muss gut verschlossen und sicher aufbewahrt werden.

3 Tauche den Pinsel in den Zitronensaft und schreibe damit deine Nachricht auf.

Lass den Zitronensaft trocknen.

4 Bestreiche das Papier mit der Mischung aus Jod und Wasser.

Stärke nachweisen
In Papier ist ein wenig Stärke enthalten. Sie wird durch Jod violett. Du kannst prüfen, ob Lebensmittel Stärke enthalten. Tropfe etwas Jod auf eine Lebensmittelprobe, z.B. auf Brot. Wenn das Lebensmittel violett wird, dann enthält es Stärke. Du darfst die Probe nach dem Versuch nicht mehr essen!

5 Die Jodlösung lässt die unsichtbare Schrift auf dem Papier erscheinen.

Jod färbt das Papier violett.

Der Zitronensaft verhindert den Farbwechsel. Daher bleibt die Schrift weiß.

Du kannst deine Botschaft verschlüsseln, indem du Zahlen statt Buchstaben verwendest.

47 Schöne Muster drucken

Du kannst selbst schöne bunte Muster drucken. Die Farben gelangen in ähnlicher Weise aufs Papier wie beim Buchdruck.

Du brauchst

1 Gib die Posterfarben auf die Palette.

2 Mische ein wenig Leinsamenöl oder Spiritus mit jeder Farbe.

3 Nimm mit dem Pinsel eine Farbe auf und verteile sie vorsichtig im Wasser.

4 Füge dann die nächste Farbe hinzu. Vermische die Farben zu einem Muster.

5 Lege ganz vorsichtig ein Blatt Papier auf die Wasseroberfläche.

6 Hebe das Papier langsam vom Wasser ab und lege es auf eine glatte Fläche.

7 Lass das Papier trocknen. Es trägt nun das Farbmuster, das auf der Wasseroberfläche war.

Das gefärbte Öl mischt sich nicht mit Wasser und wird unverändert vom Papier aufgesogen.

ein Muster aus Rot und Blau

ein Muster aus Rot und Gelb

ein Muster aus Gelb und Blau

Farbdruck
Farbdruckmaschinen haben Walzen, über die Druckfarben auf das Papier gepresst werden. Das Papier läuft durch die Walzen und nimmt dabei die Druckfarbe an. Jede Walze druckt eine andere Farbe.

48 Farben aus dem Nichts

In einem durchsichtigen Stück Plastik können Farben erscheinen, wenn du durch eine bestimmte Art von Sonnenbrille blickst. Weißes Licht enthält alle Farben. Die Sonnenbrille filtert einige dieser Farben aus, während sie andere passieren lässt.

Du brauchst

polarisierte Sonnenbrille

Plastikhülle einer Kassette oder CD

Lampe

1 Richte die Lampe auf die Plastikhülle. Schalte die Lampe ein.

2 Setze die Sonnenbrille auf und sieh die Plastikhülle an.

3 Du siehst Farbstreifen in der Plastikhülle! Das Plastik verändert das von der Lampe kommende weiße Licht und die Sonnenbrille lässt nur bestimmte Anteile davon durch, die du als Farben siehst.

Brechungspunkt
Polarisationsfilter wirken ähnlich wie Sonnenbrillen. Man benutzt sie, um Schwachstellen in Plastikteilen zu erkennen. Durch ein Polarisationsfilter sieht man farbige Streifen an den Stellen, wo das Plastik brechen könnte.

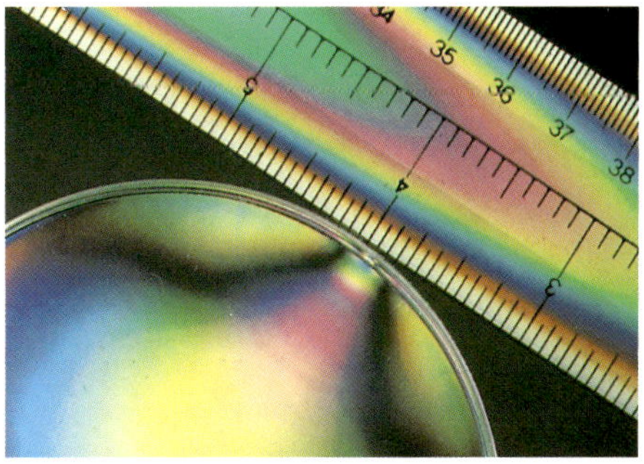

Wachstum

Am Anfang ihres Lebens sind alle Pflanzen und Tiere klein. Um wachsen zu können, brauchen sie Nahrung. Pflanzen können ihre Nahrung aus Luft, Wasser und Sonnenlicht selbst herstellen. Sie bilden daraus Äste und Blätter, Blüten und Früchte. Die Blätter und die Früchte können wiederum Nahrung für Menschen und Tiere sein.

Weltrekordler
Diese Bäume sind die größten Lebewesen der Erde. Es sind Riesenmammutbäume, die bis zu 110 m hoch werden. Ihr Leben beginnen sie wie alle Pflanzen als kleine Samen.

Pflanzenmaterial
Viele nützliche Dinge sind aus Pflanzenmaterial hergestellt, so etwa Baumwollkleidung oder Papier (Holz).

Knospen
Stelle ein paar knospentragende Zweige ins Wasser. Bald schon werden Blätter und Blüten aus den Knospen schießen. Die Zweige auf dem Foto sind von einer Kastanie.

Nahrung
Manche Pflanzen können wir gleich als Nahrungsmittel verwenden wie dieses Obst und Gemüse. Andere Pflanzen hingegen müssen erst zu Lebensmitteln, z. B. Brot und Zucker, verarbeitet werden.

Lebewesen
Alle Lebewesen bestehen aus winzigen Teilen, den Zellen. Mit einer starken Lupe kann man bei manchen Pflanzen die Zellen erkennen. Versuche es an einer Moospflanze wie der auf dem Bild.

49 Was Samen brauchen

Samen sind scheinbar leblos und doch wachsen aus ihnen plötzlich Pflanzen! Sie brauchen dafür drei Dinge: Wasser, Sauerstoff und Wärme.

Du brauchst

Wasser

drei tiefe Untertassen

Papierhandtücher

Schüssel mit Wasser

Bohnen

1 Schütte die Bohnen in die Schale mit Wasser und lass sie über Nacht quellen.

2 Lege Papierhandtücher in die Untertassen, eventuell zusammgefaltet.

3 Befeuchte das Papierhandtuch auf der ersten Untertasse mit nur wenig Wasser.

4 Lege auf jedes Handtuch ein paar Bohnen.

5 Gieße so viel Wasser in die zweite Untertasse, dass die Bohnen davon bedeckt sind.

Gieße jeden Tag so viel Wasser nach, dass die Bohnen davon bedeckt bleiben.

6 Lass die Untertassen ein paar Tage lang an einem warmen Platz stehen.

Den trockenen Bohnen fehlt Wasser, deshalb keimen sie nicht.

Die von Wasser bedeckten Bohnen beginnen zu keimen, aber das Wasser verhindert den Zutritt von Luft. Deshalb wachsen die Bohnen nicht weiter.

Halte das Papier feucht. Gieße bei Bedarf etwas Wasser nach.

Diese Bohnen wachsen, weil sie alles haben, was sie brauchen: Wasser aus dem feuchten Papier, Sauerstoff aus der Luft und Wärme.

Nutzpflanzen

Ein Bauer sät die Getreidesamen aus. Die Samen brauchen zunächst Wasser, damit sie keimen können, und später benötigen die jungen Pflanzen das Wasser zum Wachsen. Falls es nicht regnet, müssen die Samen und die jungen Pflanzen bewässert werden. Auf dem Bild wird ein Feld gerade beregnet.

50 Wie Pflanzen wachsen

Die meisten Pflanzen beginnen ihr Leben unterirdisch. Aber es gibt eine Möglichkeit zu beobachten, wie eine Pflanze keimt: Du kannst eine Bohne in einem Glas keimen lassen und alles genau verfolgen!

Du brauchst

Wasser

trockene Bohne

Löschpapier oder Papierhandtuch

hohes Glas

1 Rolle das Löschpapier zusammen und stecke es in das Glas. Schiebe die Bohne zwischen Glas und Papier. Befeuchte das Löschpapier und stelle das Glas an einen warmen Platz.

Die Bohne sollte vor dem Versuch einen Tag lang in Wasser gelegen haben.

2 Nach ein paar Tagen schiebt sich eine Wurzel aus der Bohne und wächst nach unten. Sie sucht nach Wasser, das die Bohne zum Wachsen benötigt.

Das Papier muss immer feucht sein. Gieße also rechtzeitig Wasser nach.

3 Ein grüner Spross streckt sich aus der Bohne nach oben und wächst in die Höhe. Er sucht nach Licht, das die Energie zum Wachsen liefert. Nach unten wachsen weitere Wurzeln.

Zuerst nutzt die Bohne ihren eigenen Nährstoffvorrat, später die Lichtenergie.

Wurzeln wachsen nach unten

Lass eine Bohne einen Tag lang in Wasser quellen, dann stecke einen Draht hindurch. (Bitte einen Erwachsenen dir dabei zu helfen.) Befestige den Draht am Deckel eines Schraubglases. Stecke feuchte Watte in das Glas und schraube dann den Deckel auf. Lege das Glas auf die Seite und lass es ein paar Tage liegen, bis eine Wurzel zu wachsen beginnt. Drehe dann das Glas und warte einige Tage und du wirst sehen, dass die Wurzel ihre Richtung ändert: Sie wächst erneut nach unten!

Die Wurzel wächst wieder nach unten, nachdem das Glas gedreht wurde.

51 Ein Pflanzenlabyrinth

Lass eine Pflanze ihren Weg durch ein Labyrinth suchen! Dieser Versuch zeigt, dass Pflanzen sich dem Licht zuwenden. Sie brauchen die Energie des Lichts.

Du brauchst

zwei Bögen Karton

Kanne Wasser

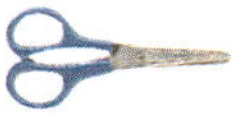

Schere

Topf mit Blumenerde

Stangenbohne

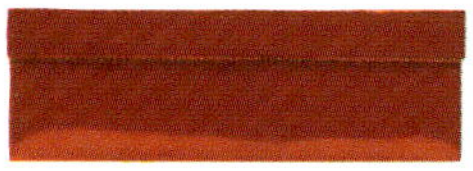

Schuhkarton

1 Schneide eine große Öffnung in eine Schmalseite des Schuhkartons.

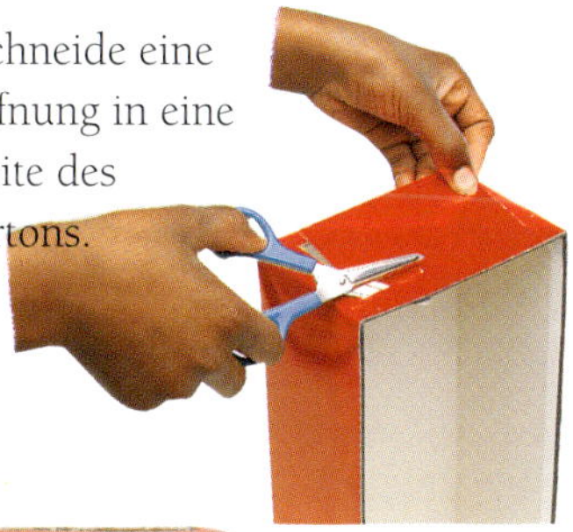

2 Schneide Öffnungen in die beiden Pappbögen.

3 Pflanze die Bohne in den Topf und gieße sie.

Lege die Bohne zuvor einen Tag lang in Wasser.

4 Passe nun einen der Pappbögen in den Schuhkarton ein. Stelle den Topf darunter.

5 Verschließe den Schuhkarton mit dem Deckel. Stelle den Karton an einen warmen, hellen Platz.

6 Setze das zweite Kartonstück ein, wenn der Keimling wächst.

7 Die Pflanze wendet sich immer der Lichtquelle zu und wächst durch die Öffnungen der beiden Kartonbögen.

Die junge Pflanze wächst immer in die Richtung, aus der das Licht einfällt.

Hohe Bäume

Licht ist lebenswichtig. Bäume wachsen sehr hoch, damit ihre Blätter nicht im Schatten anderer Pflanzen stehen. In einem dichten Wald kann es jedoch schwierig werden genug Licht zu bekommen. Am Waldboden ist es oft dämmerig und schattig, aber einige Pflanzen haben sich auch daran angepasst.

52 Ein Steckling wächst

Einige Pflanzen kann man zerteilen und aus jedem Teil wächst eine neue Pflanze! Die abgeschnittenen Teile heißen „Stecklinge“, weil man sie in Erde steckt.

Du brauchst

Plastiktüte

Gummiring

Gartenschere

Topf mit feuchter Blumenerde

Geranie

1 Bitte einen Erwachsenen einen Seitentrieb der Geranie abzuschneiden. Er sollte Blätter haben, aber keine Blüte.

2 Pflanze diesen Steckling in den Topf. Ziehe die Plastiktüte darüber.

Sichere die Tüte mit dem Gummiring.

3 Im Laufe der nächsten Woche wird aus deinem Steckling eine kleine Geranienpflanze werden. Du musst die Erde immer leicht feucht halten.

53 Pflanzen erzeugen Gas

Die Energie des Lichts dient den Pflanzen dazu Nährstoffe aufzubauen. Sie erzeugen hierbei Sauerstoff, der in die Luft oder ins Wasser abgegeben wird.

Du brauchst

weites Marmeladenglas

Wasserpflanze

Trichter

Reagenzglas

1 Tauche das Glas, die Wasserpflanze, den Trichter und das Reagenzglas in einem Eimer voll Wasser unter. Dann ordne die Teile so wie auf dein Bild an. Hebe die ganze Anordnung aus dem Eimer. Das Reagenzglas bleibt voll Wasser.

Die Wasserpflanze erzeugt Sauerstoff. Er sammelt sich oben im Reagenzglas.

2 Stelle die Anordnung ins Licht. Die Wasserpflanze gibt Gasbläschen ab, die aufsteigen!

Sauerstoff zum Leben

Fische atmen Sauerstoff, der im Wasser gelöst ist. Deshalb ist es wichtig, in einem Aquarium grüne Pflanzen zu haben: Sie geben Sauerstoff ans Wasser ab. Grüne Pflanzen an Land geben Sauerstoff an die Luft ab. Der Vorgang, durch den Pflanzen Nährstoffe und Sauerstoff erzeugen, heißt „Fotosynthese“.

54 Pflanzen erzeugen Stärke

Die Bezeichnung für die Nährstoffe der Pflanzen ist „Stärke“. Sie wird in den Blättern erzeugt. Prüfe nach, ob sich in den Blättern einer Geranie Stärke befindet.

Du brauchst

Schale

Jod und eine Pipette

Klebeband

Schere

Methyl-Spiritus

Stieltopf

Becher

schwarze Plastikfolie

Pinzette

1 Umhülle einige Blätter ganz mit der schwarzen Plastikfolie. Lass die Geranie für zwei Tage an einem hellen Platz stehen. Pflücke dann ein verhülltes und ein unverhülltes Blatt ab.

Durch das Plastik gelangt kein Licht. Das Blatt verbraucht seinen Vorrat an Stärke und kann keine neue erzeugen.

2 Erhitze Wasser im Topf. Erwärme den Spiritus im Glasbecher. Tauche beide Blätter erst in das heiße Wasser, lege sie dann in den Spiritus.

Das Chlorophyll wird durch das heiße Wasser und den Spiritus entfernt. Die Blätter werden bleich.

3 Die Blätter sind nun fast weiß. Tropfe Jod darauf. Das zuvor unverhüllte Blatt wird schwarz, das verhüllte Blatt nicht.

Der Stoff, der Blätter grün färbt, ist das Blattgrün oder „Chlorophyll“. Es hilft mit bei der Erzeugung von Stärke.

Dieses grüne Blatt ist nicht behandelt worden. Es enthält noch Chlorophyll.

Dies ist das zuvor verhüllte Blatt. Es enthält keine Stärke mehr und wird durch Jod nicht schwarz gefärbt.

Dies ist das unverhüllte Blatt. Durch das Jod wird es bläulich-schwarz.

55 Ein Garten in der Flasche

Eine große Glasflasche kann zu einem Gewächshaus umfunktioniert werden. Pflanzen wie Farne und Moose, die an schattigen, feuchten Standorten gedeihen, werden sich in einem Flaschengarten wohl fühlen. Er versorgt sie mit allem, was sie zum Leben brauchen: Wasser, Luft, Licht und Wärme.

Du brauchst

1 Fülle eine Schicht Kies in die Flasche und bedecke sie mit ein wenig Holzkohle.

2 Schichte nun eine dicke Lage Torferde darauf und drücke sie mit einem Schwamm fest.

3 Grabe kleine Löcher in die Erde und pflanze in jedes Loch einen Farn.

4 Fülle nach dem Pflanzen jedes Loch wieder mit Erde auf und drücke sie leicht fest.

5 Für die Moose machst du kleine Mulden in die Erde. Achte darauf, dass das Glas sauber bleibt.

6 Lege den Zweig zwischen die Pflanzen. Gieße deinen Flaschengarten, bis die Erde feucht ist.

7 Stelle den Flaschengarten an einen hellen Platz, aber nicht in direktes Sonnenlicht. Wenn die Erde trocken wird, sprühe etwas Wasser darauf.

8 Zur Pflege deines Gartens gehört es, dass du abgestorbene Blätter und Sprosse vorsichtig abschneidest und entfernst.

9 Halte den Garten die meiste Zeit mit einem Korken verschlossen. Wenn sich am Glas Wassertropfen bilden, dann nimm den Korken ab. Wenn die Tropfen verschwunden sind, setze den Korken wieder auf.

Unter Glas

In Gewächshäusern gedeihen auch Pflanzen, die im Freien eingehen würden. Das Gewächshaus schützt sie vor Kälte. Sonnenlicht gelangt ungehindert durch das Glas und liefert den Pflanzen die Energie, die sie zum Wachsen brauchen. In kühlen Ländern hat man oft sehr große Gewächshäuser in den botanischen Gärten angelegt. Dort können die Besucher auch solche Pflanzen bewundern, die aus viel wärmeren Gegenden der Erde stammen.

10 Zur Vermehrung bilden Moose Sporenkapseln an kleinen Stielen. Farne bilden Sporenhäufchen an der Unterseite ihrer Blätter.

Die Sporenhäufchen der Farne sitzen an den Unterseiten ihrer Blätter.

Flechten sind Lebensgemeinschaften aus einer Pilz- und einer Algenart.

Die braunen Pünktchen sind Sporenkapseln von Moosen.

Sinne

Als „Sinne“ bezeichnet man die Fähigkeiten zu sehen, zu hören, zu riechen, zu schmecken und zu tasten. Du benutzt deine Sinne, um die Welt um dich herum wahrzunehmen. Die Sinne helfen dir deine Handlungen zu steuern und zu überleben. Deine Augen liefern dir z.B. ein Bild von der Umwelt und davon, was gerade in ihr geschieht.

Sprechende Hände
Um mit jemanden zu „sprechen“, der nicht hören kann, verwendet man Zeichensprache. Das Sehen muss hier das Hören ersetzen: Ein tauber Mensch beobachtet die Zeichen und versteht dadurch, was ihm „gesagt“ wird.

Eindrucksvoll
Unsere Sinne vermitteln uns eindrucksvolle Erlebnisse, z.B. Lichtspiele und Geräusche bei einem Popkonzert.

Am Ball
Beim Spielen muss man gut sehen, gut hören und gut tasten können. Ein guter Spieler nutzt all diese Sinne: Er reagiert rasch auf den Anblick oder auf das Geräusch des Balles, er fängt ihn sicher und wirft ihn genau.

Ein verlockender Anblick
Mit den Augen und mit den Händen wählen wir unsere Nahrung aus, z.B. aus diesem Angebot von Gemüse auf einem Markt. Das Essen genießen wir, indem wir die Nahrung schmecken und riechen.

56 Wie hört das Ohr?

Ein Geräusch, das dein Ohr erreicht, löst darin ein Signal aus, das an dein Gehirn geleitet wird. Es entwickelt daraus den Eindruck eines Tones. Ein Modell hilft dir dies zu verstehen.

Du brauchst

Papprӧhre

Taschenlampe

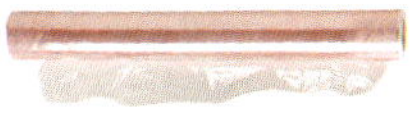
Frischhaltefolie

Bogen Karton

Gummiring

Knetgummi

Klebeband

Blatt Papier

1 Stülpe die Folie über das eine Ende der Papprӧhre. Befestige sie mit dem Gummiring.

Die Folie muss elastisch sein.

2 Rolle das Blatt Papier zu einer Tüte zusammen, die unten offen ist. Klebe es fest, damit es nicht wieder aufgeht.

3 Schiebe die Tüte mit dem schmalen Ende in die Papprӧhre. Klebe Tüte und Papprӧhre zusammen.

4 Stell den Karton auf einen Tisch. Lege die Röhre vor den Karton. Leuchte mit der Taschenlampe auf die Folie, sodass das Licht auf den Karton gelenkt wird.

Befestige den Karton mit Knetgummikugeln.

Im Innern des Ohres

Geräusche versetzen das Trommelfell in Schwingung. Es überträgt die Schwingungen auf kleine Knöchelchen. Diese leiten die Schwingung weiter an Gänge, die mit Flüssigkeit gefüllt sind. Von dort leiten feine Nerven entsprechende Signale an das Gehirn.

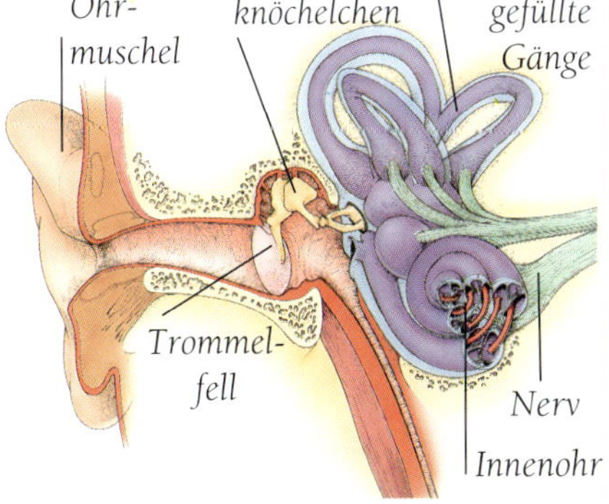

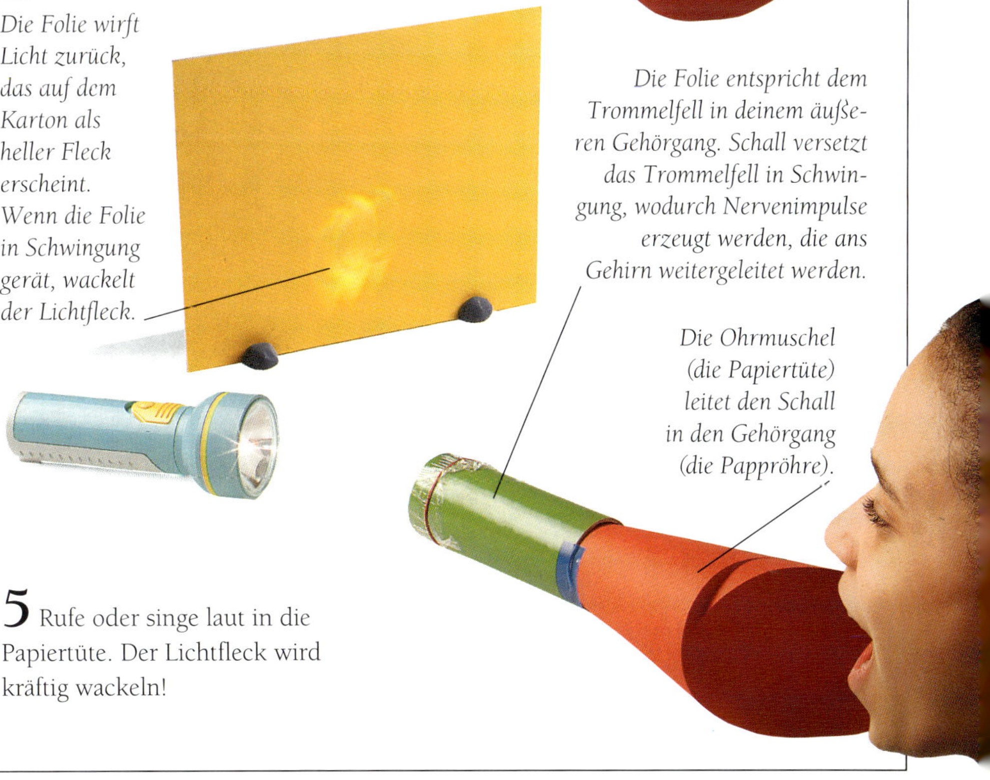

Die Folie wirft Licht zurück, das auf dem Karton als heller Fleck erscheint. Wenn die Folie in Schwingung gerät, wackelt der Lichtfleck.

Die Folie entspricht dem Trommelfell in deinem äußeren Gehörgang. Schall versetzt das Trommelfell in Schwingung, wodurch Nervenimpulse erzeugt werden, die ans Gehirn weitergeleitet werden.

Die Ohrmuschel (die Papiertüte) leitet den Schall in den Gehörgang (die Papprӧhre).

5 Rufe oder singe laut in die Papiertüte. Der Lichtfleck wird kräftig wackeln!

57 Wie sieht das Auge?

Mit einem Vergrößerungsglas und einer Kugelvase kannst du ein Modell deines Auges bauen. Es wird dir zeigen, wie im Auge Bilder erzeugt werden.

Du brauchst

Klebeband

Knetgummi

Papiertaschentuch

Karton

Vergrößerungsglas

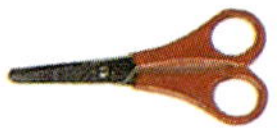
Schere

Taschenlampe

Kugelvase

1 Klebe das Taschentuch vorn auf die Vase.

2 Nimm Knetgummi als Ständer für das Vergrößerungsglas und stelle es vor der Vase auf.

3 Falte den Karton und schneide die Hälfte einer Figur aus.

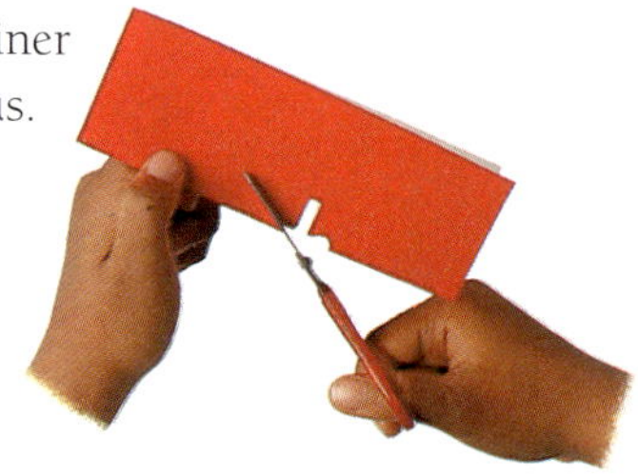

4 Stelle den Karton vor das Vergrößerungsglas.

Die Linse im Auge wirkt wie ein Vergrößerungsglas.

Die Kugelvase stellt deinen Augapfel dar.

Das Papiertaschentuch entspricht der Netzhaut in deinem Augapfel.

Das Vergrößerungsglas bündelt die Lichtstrahlen und erzeugt ein Abbild.

Das Abbild wird auf die Netzhaut geworfen. Sie sendet entsprechende Nervensignale ans Gehirn, wo der bildliche Eindruck entsteht.

Die Taschenlampe beleuchtet die Gestalt vor dem Modellauge.

5 Leuchte mit der Taschenlampe auf die Gestalt. Auf dem Taschentuch erscheint ein auf dem Kopf stehendes Abbild. Verschiebe das Vergrößerungsglas, bis das Abbild scharf ist.

Eingang ins Auge

In der Augenmitte befindet sich die Pupille. Durch sie gelangt Licht in das Auge. Die Pupille kann größer oder kleiner werden. So kann die Lichtmenge, die ins Auge fällt, reguliert werden. Bei Dämmerlicht ist die Pupille größer und lässt mehr Licht durch.

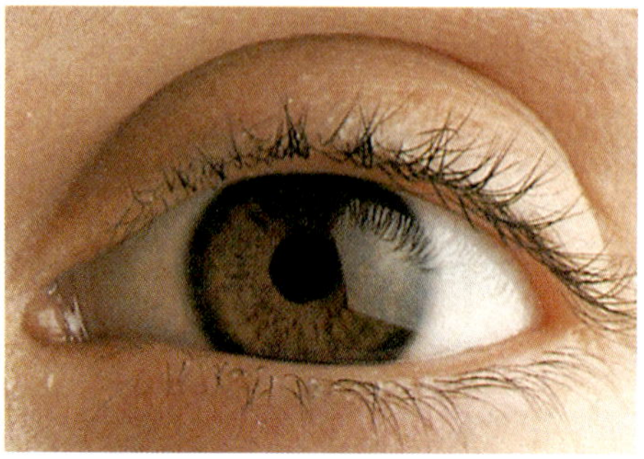

58 Zwei Bilder zugleich sehen

Du kannst deine Augen überlisten und nur ein Bild sehen, wo eigentlich zwei vorhanden sind! Dieses Experiment zeigt, wie die bewegten Bilder im Kino und im Fernsehen entstehen.

Du brauchst

Schere

Zirkel

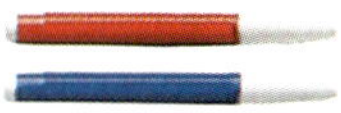
Farbstifte

zwei Gummiringe

weißen Karton

1 Male mit dem Zirkel einen Kreis auf den Karton und schneide ihn aus.

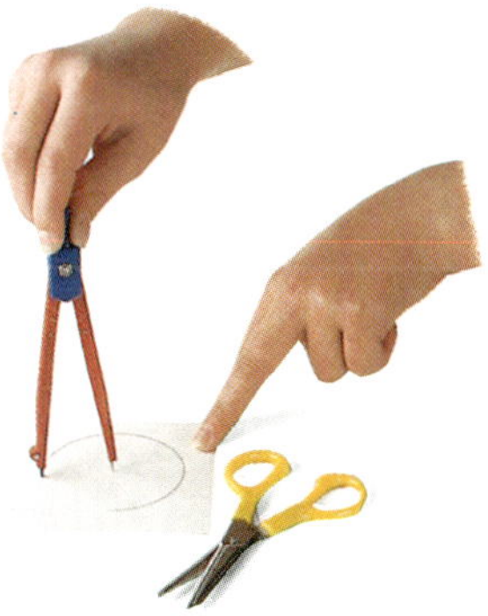

2 Male mit einem Farbstift einen Ring auf den Karton. Mache zwei gegenüberliegende Löcher in den Rand.

3 Drehe den Karton um und zeichne mit dem anderen Farbstift ein Kreuz.

4 Ziehe einen Gummiring durch jedes Loch.

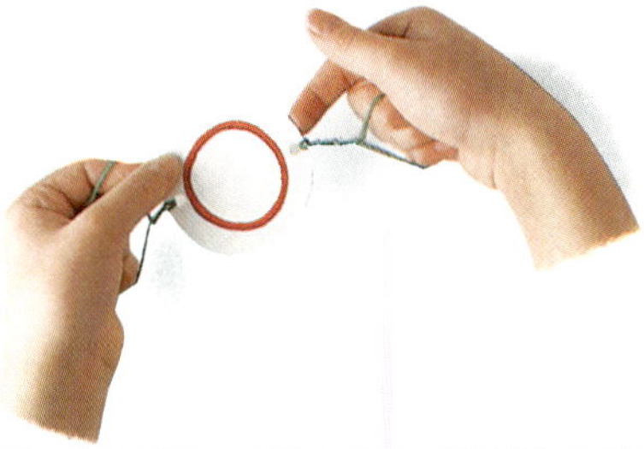

5 Drehe die Gummiringe auf, indem du sie festhältst und den Karton drehst.

6 Lass den Karton los. Während er herumwirbelt, siehst du das Kreuz mitten im Kreis!

Der Karton wirbelt so schnell herum, dass das Auge die Bilder nicht einzeln wahrnehmen kann: Es scheint sich nur um ein Bild zu handeln.

Im Gehirn wird der Eindruck eines Gegenstandes noch für eine kurze Zeit registriert, nachdem das Auge diesen schon nicht mehr sieht.

Bewegte Bilder

Filme bestehen aus lauter starren Einzelbildern. Das nächste Bild ist jeweils ein klein wenig anders als das vorige. Die Bilder erscheinen ganz schnell hintereinander auf dem Bildschirm. Unser Auge nimmt sie daher nicht als einzelne, feste Bilder wahr, sondern als fließende Bewegung.

59 Der Wackeltest

Wenn wir Entfernungen einschätzen wollen, brauchen wir dafür beide Augen. Der Wackeltest wird dir dies beweisen.

Du brauchst

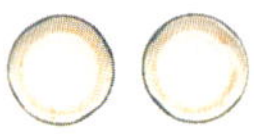
zwei Marmeladendeckel

blanken Draht

Schere

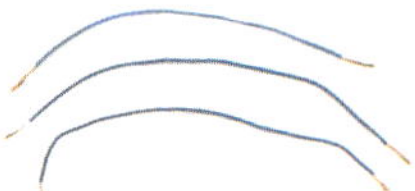
drei Stück Klingeldraht mit blanken Enden

Glühbirne mit Sockel

Knetgummi

Klebeband

Batterie

Schraubendreher

1 Fülle die Deckel mit Knetgummi und stecke den gebogenen, blanken Draht hinein.

2 Nimm ein Stück Klingeldraht und verbinde ein Ende des blanken Drahtes mit der Batterie.

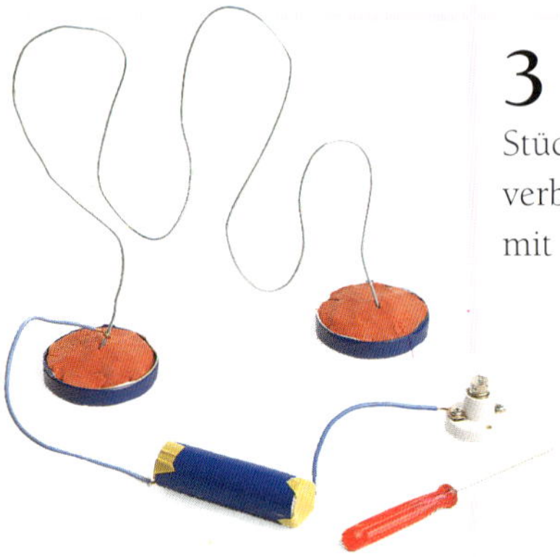

3 Nimm das zweite Stück Klingeldraht und verbinde die Batterie mit der Glühbirne.

4 Nimm das dritte Stück Klingeldraht und verbinde ein Ende mit der Glühbirne. Biege das andere Ende zu einer Schlaufe.

Beute im Blick

Eulen haben große, nach vorn gerichtete Augen. Damit können sie erkennen, in welcher Entfernung sich die Beute befindet. Ebenso wie die Eule braucht auch der Mensch beide Augen, um festzustellen, wie nah oder fern ein Gegenstand ist. Jedes Auge sieht den Gegenstand aus einer anderen Richtung. Dadurch kann das Gehirn den Gegenstand lokalisieren.

5 Führe die Schlaufe um den gebogenen, blanken Draht. Versuche mit der Schlaufe am blanken Draht entlangzufahren, ohne diesen zu berühren. Wenn du ihn berührst, leuchtet die Glühbirne auf. Lass erst beide Augen offen, dann nur eines. Was ist leichter?

60 Vertauschte Ohren

Aus allen Richtungen gelangen Geräusche an unser Ohr. Weil wir zwei Ohren haben, können wir feststellen, von wo der Schall kommt. Du kannst deine Ohren aber überlisten!

Du brauchst

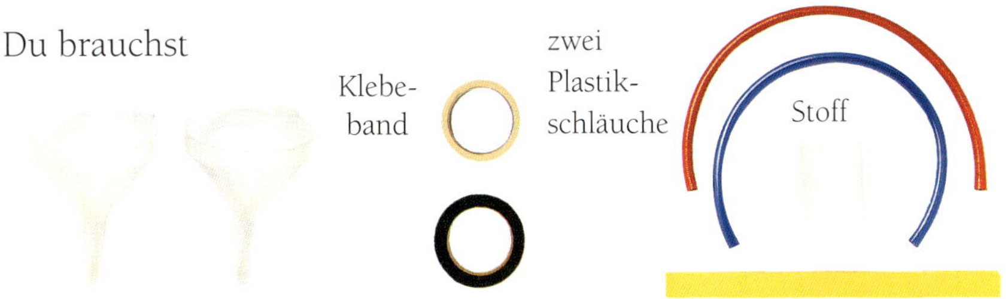

zwei Plastiktrichter, Klebeband, Isolierband, zwei Plastikschläuche, Stoff, Holzstab

1 Stecke auf jeden Trichter einen Plastikschlauch. Befestige die Schläuche auf dem Holzstab, so wie auf dem Bild dargestellt. Stecke dir die Enden der Plastikschläuche in die Ohren – aber vorsichtig!

2 Bitte einen Freund an dir vorbeizugehen und dabei Geräusche zu machen. Der Schall scheint den entgegengesetzten Weg zu gehen wie dein Freund!

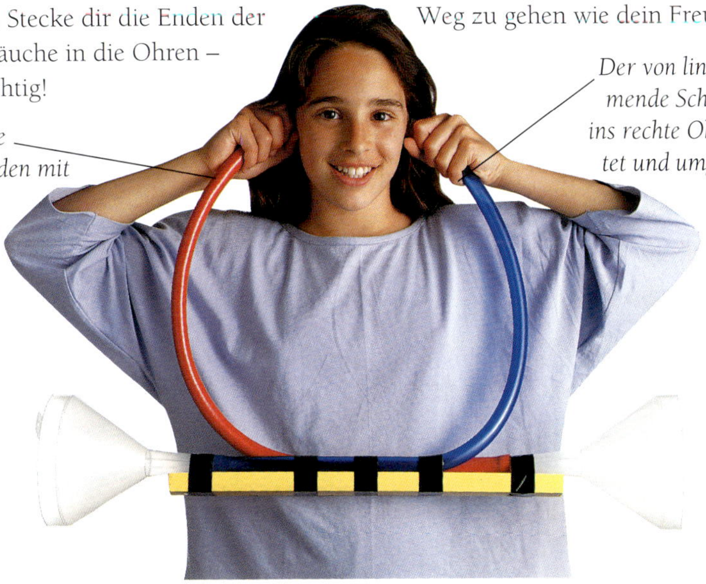

Umhülle die Schlauchenden mit etwas Stoff.

Der von links kommende Schall wird ins rechte Ohr geleitet und umgekehrt.

Echo-Ortung

Fledermäuse orientieren sich mit Schall. Sie stoßen Töne aus, die für menschliche Ohren nicht zu hören sind (Ultraschalltöne). Die Töne werden von Gegenständen zurückgeworfen und die Fledermäuse erkennen an diesen Echos den Ort, die Größe und die Beschaffenheit der Gegenstände. Diese Echo-Ortung funktioniert so gut, dass Fledermäuse im Dunkeln Insekten fangen können.

61 Eine Landkarte der Zunge

Die Zunge kann nur vier Geschmackswahrnehmungen unterscheiden. Der Geschmackssinn ist auf verschiedene Bereiche der Zunge verteilt.

Du brauchst

Pipette, Löffel, Papier, Wasser, Zitrone, Tee, Kaffee, Zucker, Salz, vier Gläser, Pinsel

1 Löse Zitronensaft, Zucker, Salz sowie Tee oder Kaffee in je einem Glas Wasser auf. Tropfe jede Lösung an verschiedenen Stellen auf die Zunge eines Freundes. Frage ihn, wo er was geschmeckt hat.

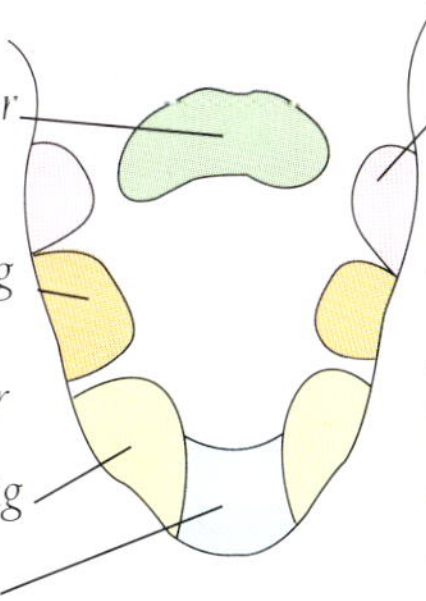

2 Zeichne eine Landkarte der Zunge mit den Regionen der Geschmackswahrnehmung.

62 Prüfe deinen Tastsinn

Sobald etwas deine Haut berührt, spürst du das. Die Form oder die Größe des Gegenstandes wirst du aber meist nicht erkennen. Prüfe, wie fein dein Tastsinn ist.

Du brauchst

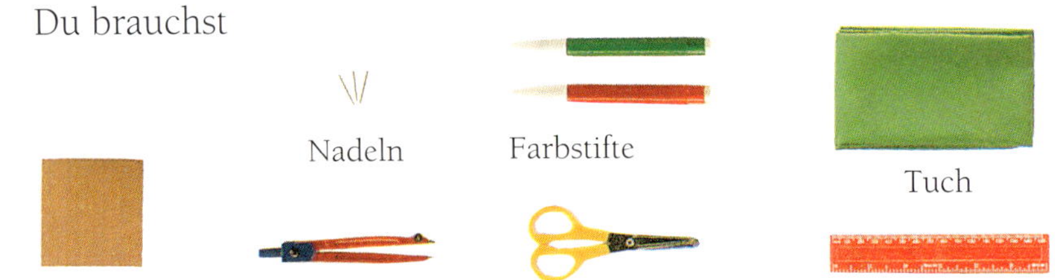

1 Benutze Lineal und Zirkel, um auf den Karton drei ineinander liegende Kreise zu zeichnen.

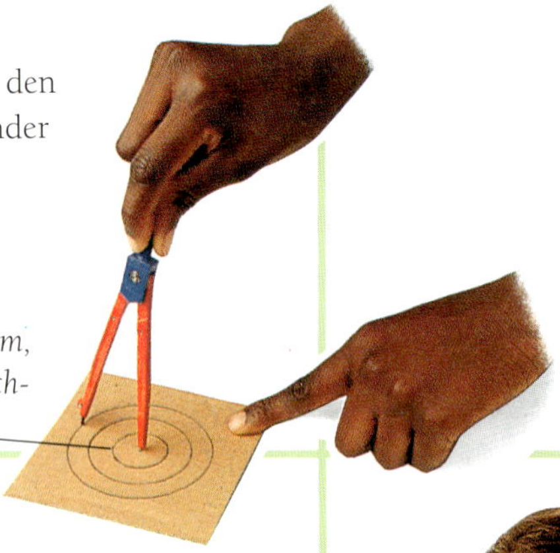

Die Kreise sollen 3 cm, 6 cm und 9 cm Durchmesser haben.

Die drei Kreise geben die drei Zonen deines Prüfgerätes an.

mittlere Zone

innere Zone

äußere Zone

2 Schneide dein Prüfgerät am Rand der äußeren Zone aus. Male die drei Zonen an.

3 Bitte einen Freund dir die Augen zu verbinden.

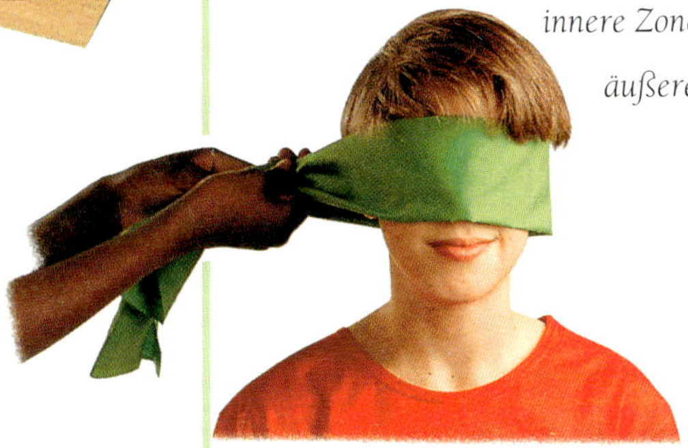

4 Dein Freund soll ein paar Nadeln in die innere Zone stecken.

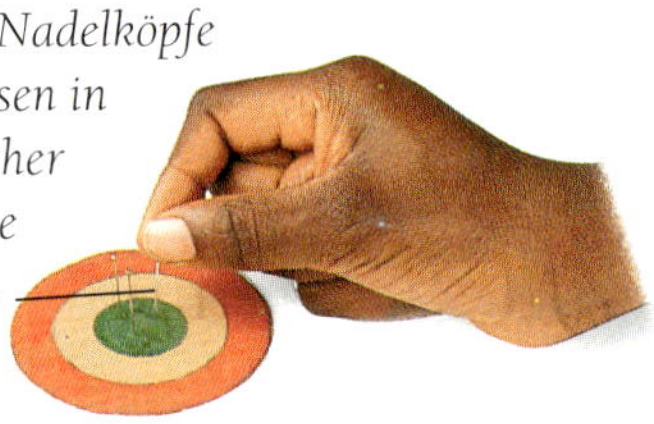

Die Nadelköpfe müssen in gleicher Höhe sein.

Der Karton darf die Haut nicht berühren.

5 Dein Freund soll die Nadelköpfe sachte auf deinen Arm drücken. Wie viele Nadeln spürst du? Macht denselben Versuch, wenn die Nadeln in der mittleren und in der äußeren Zone verteilt sind. Prüfe nach deinem Arm auch die Handfläche und die Fingerspitzen.

Die Fingerspitzen haben ein feines Tastgefühl. Du kannst jede einzelne Nadel in der inneren Zone spüren.

Die Handfläche ist weniger empfindlich. Du kannst die Nadeln in der mittleren Zone noch voneinander unterscheiden, aber nicht mehr die in der inneren Zone.

Am Arm ist der Tastsinn schwach ausgeprägt. Du kannst nur die Nadeln in der äußeren Zone voneinander unterscheiden.

63 Prüfe deine Reaktion

Die Sinnesorgane informieren uns darüber, welche Ereignisse um uns herum passieren. Manchmal müssen wir auf ein Ereignis schnell reagieren. Du kannst herausfinden, wie gut deine Reaktion ist!

Du brauchst

Bleistift

Schere

Kleber

Farbstifte

weißes Papier

30 cm langes Lineal

1 Zeichne den Umriss des Lineals auf das Papier. Schneide den Streifen aus und markiere sechs gleich lange Abschnitte.

2 Male die Abschnitte bunt an. Klebe den Streifen dann auf das Lineal.

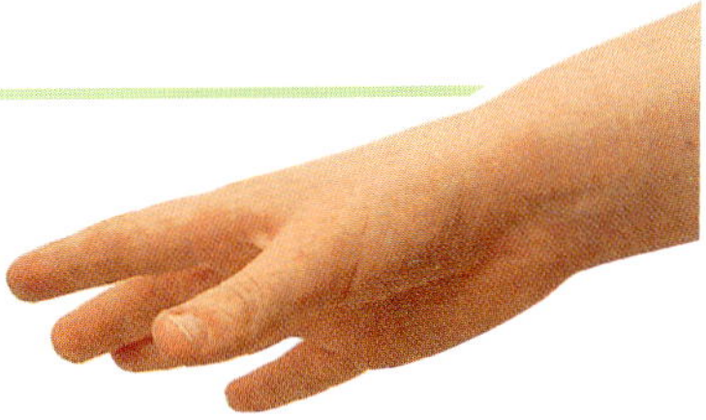

3 Ein Freund soll das Lineal nun so halten, dass dessen unteres Ende zwischen deinem Daumen und deinem Zeigefinger ist.

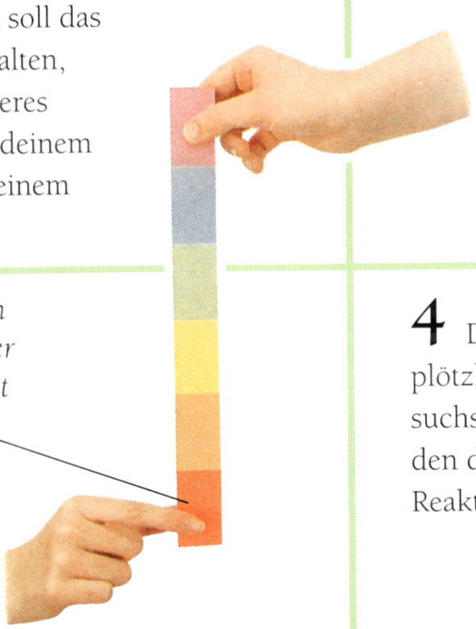
Halte Daumen und Zeigefinger etwa 1 cm weit auseinander.

4 Dein Freund soll das Lineal plötzlich loslassen und du versuchst es zu fassen! Der Abschnitt, den du erwischst, zeigt deine Reaktionsgeschwindigkeit an.

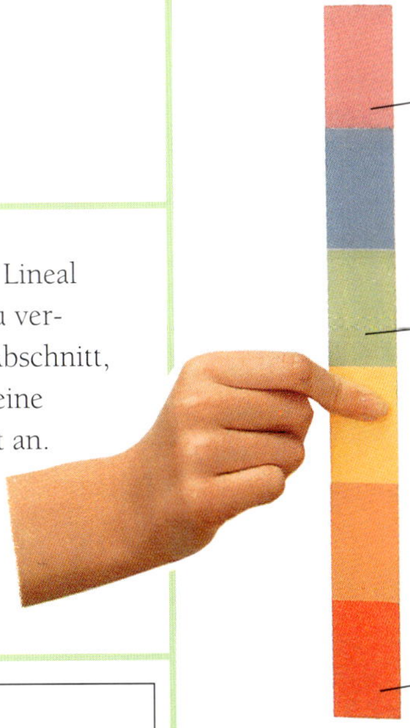
langsame Reaktion
mittlere Reaktion
schnelle Reaktion

Schnelle Reaktionen
Wenn ein junges Kätzchen eine Bewegung bemerkt, dann springt es auf den Gegenstand zu und will ihn jagen, so wie erwachsene Katzen Beute jagen. Tiere haben meistens sehr schnelle Reaktionen. Sie sind lebenswichtig für sie, wenn es darum geht Nahrung zu erbeuten oder einem Feind zu entkommen.

Die Reaktionszeit ist die Zeit zwischen der Wahrnehmung eines Signals und dem Beginn deiner Bewegung.

Schall und Musik

Töne und Geräusche sind unsere ständigen Begleiter. Unsere Sprache ist eine Abfolge von Tönen. Bestimmte Tonfolgen, wie z.B. Musik, bereiten uns große Freude. Andere Töne, wie etwa Sirenengeheul, warnen uns vor Gefahren. Es gibt unbeschreiblich viele verschiedene Töne und Geräusche: Sie alle werden verursacht durch Schallwellen.

Schallsignale
Sehr oft verwenden wir Töne als Signale. Mit einer Pfeife kann man in einem Spiel die Signale „Halt" oder „Weitermachen" geben.

Schallbilder
Dies ist ein Bild eines ungeborenen Babys im Bauch der Mutter! Das Bild wurde mit Schallwellen aufgenommen, die unser Ohr nicht hören kann, dem „Ultraschall".

Schallgeschwindigkeit
Wenn dir ein Luftballon in der Hand platzt, dann hörst du den Knall sofort. Schallwellen breiten sich nämlich mit großer Geschwindigkeit aus (340 Meter in der Sekunde). Das ist etwas schneller, als die meisten Flugzeuge fliegen können.

Gesang im Meer
Viele Tiere erzeugen Töne, um sich Botschaften zu übermitteln. Wale „singen" und ihre Töne breiten sich im Wasser über hunderte von Kilometern aus.

Musik
Musik macht Spaß – gleich, ob man nur zuhört, singt oder selbst musiziert. Auch mit selbst gebauten Instrumenten wie dieser Trommel kann man richtig Musik machen. In der Anleitung Nr. 69 auf Seite 82 wird erklärt, wie man eine Trommel baut.

64 Schallwirkungen sehen

Wenn etwas einen Ton erzeugt, dann schwingt es schnell hin und her: Es vibriert. Die Vibrationen werden auf die Luft übertragen, die in Schwingungen versetzt wird. Wir nehmen diese als Schallwellen wahr. Du kannst nachweisen, dass Töne Schwingungen erzeugen.

Du brauchst

Gummiring

Plastikschüssel

Stieltopf

Plastiktüte oder -folie

ungekochten Reis

Schere

Kochlöffel

Klebeband

1 Schneide ein Stück Plastikfolie aus, das etwas größer ist als der Durchmesser der Schüssel.

2 Lege die Folie über die Öffnung der Schüssel und befestige sie mit dem Gummiring.

3 Klebe die überstehenden Teile der Folie mit Klebeband an die Schüssel.

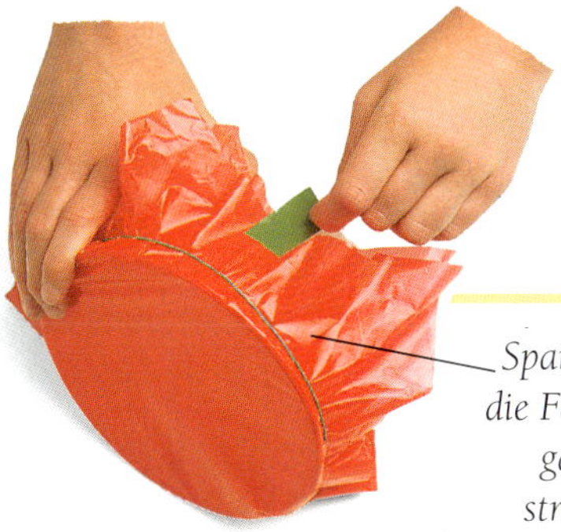

4 Streue ein paar Reiskörner auf die Folie.

5 Halte den Topf dicht an die Schüssel. Schlage mit dem Kochlöffel auf den Boden des Topfes. Die Reiskörner springen umher!

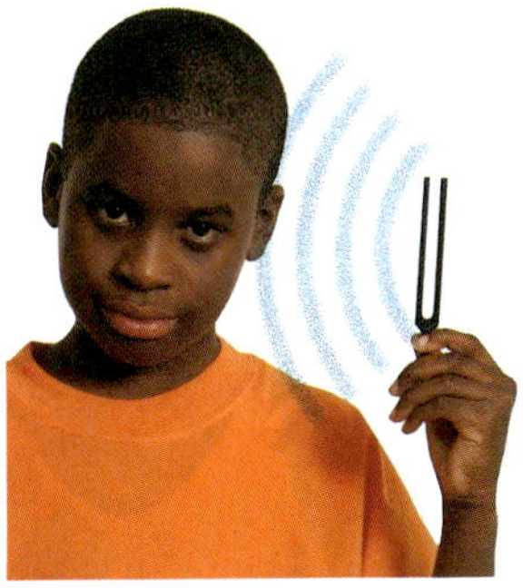

Schallwellen

Hier horcht ein Junge auf den Ton einer Stimmgabel. Die Stimmgabel sendet Schallwellen aus. Wären diese Luftschwingungen sichtbar, dann würden sie ähnlich aussehen wie die blauen Linien. Wenn du einen Ton hörst, erreichen in jeder Sekunde mehrere hunderttausend Luftschwingungen deine Ohren.

Die Reiskörner wackeln und springen auf dem Plastik. Von der Seite kann man dies besonders gut beobachten.

65 Baue eine Schallkanone

Sehr lauter Schall kann Gegenstände in Bewegung versetzen. Du kannst dies überprüfen, indem du Schallwellen auf ein Ziel abfeuerst und es zum Schwingen bringst.

Du brauchst

dünne Plastikfolie, Schere, Pappröhre, Karton, schmalen Papierstreifen, Bleistift, Gummiring, Klebeband

1 Zeichne mithilfe der Röhre einen Kreis auf das Papier.

2 Schneide den Kreis aus.

3 Stich mit dem Bleistift ein kleines Loch in die Kreismitte.

4 Klebe den Kreis auf die eine Röhrenöffnung.

5 Befestige die Plastikfolie mit dem Gummiring über der anderen.

6 Knicke den Papierstreifen im rechten Winkel um und klebe ihn auf einen Tisch.

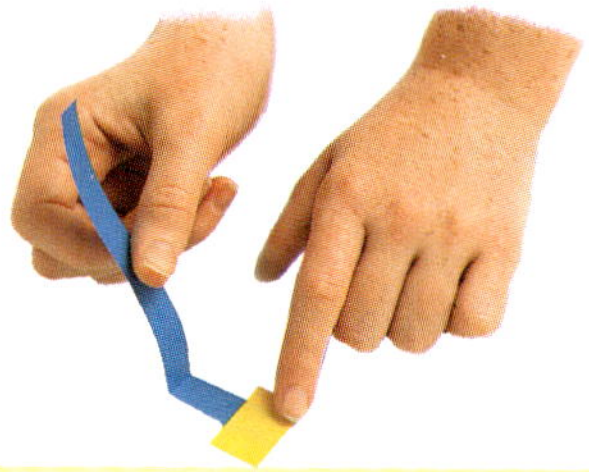

Lawinenschutz

Schall wird genutzt, um Lawinen auszulösen. Man sorgt so dafür, dass sich an gefährdeten Stellen gar nicht erst Schneemassen ansammeln. Mit „Schallkanonen" wird der Schnee in Vibrationen versetzt, bis er rutscht.

7 Halte die Röhre so, dass das Loch auf den Papierstreifen weist. Klopfe auf die Folie: Der Papierstreifen biegt sich um!

66 Sprechverbindung

Schallwellen können sich nicht nur durch die Luft ausbreiten, sondern auch durch andere Materialien. Du kannst dir ein Telefon bauen, um mit deinen Freunden zu sprechen.

Du brauchst

Klebeband, zwei Gummiringe, zwei Büroklammern, Schnur, Pauspapier, Bleistift, zwei Pappröhren

1 Stülpe einen Bogen Pauspapier jeweils über eine Öffnung jeder Röhre.

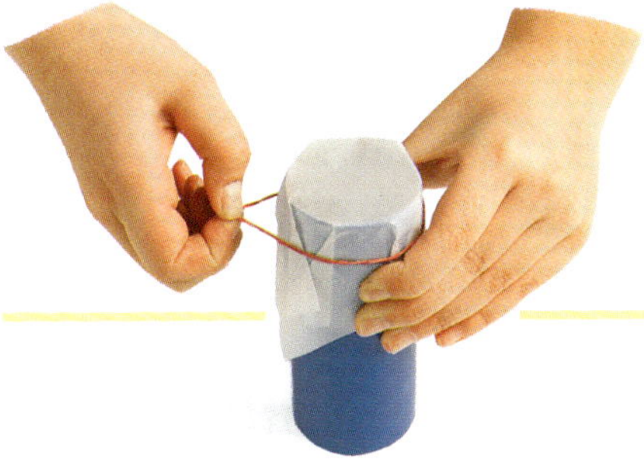

2 Spanne das Papier straff und klebe es an der Röhre fest.

3 Stich mitten in jede Papierfläche ein kleines Loch.

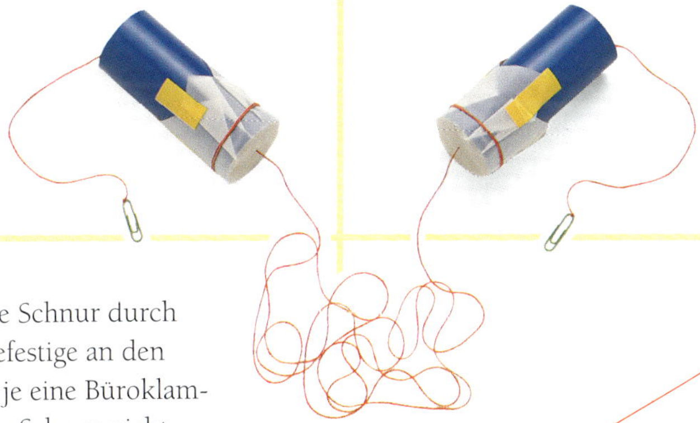

4 Fädele die Schnur durch die Löcher. Befestige an den Schnurenden je eine Büroklammer, damit die Schnur nicht wieder herausrutscht.

Die Schnur versetzt das Papier in Schwingungen. Dadurch wird die Stimme des Anrufers übertragen.

Schallwellen aus dem Mund versetzen das Papier und die Schnur in Schwingungen.

Die Schwingungen pflanzen sich durch die Schnur fort.

5 Du kannst die Röhren als Telefon benutzen und mit Freunden sprechen. Wichtig ist, dass die Schnur immer straff gespannt ist!

Töne im Kopf

Schlage eine Stimmgabel an einer Tischkante an und halte ihr unteres Ende an deinen Kopf. Du wirst den Ton nun sehr viel lauter hören! Die Knochen in deinem Kopf leiten den Schall besser als Luft dies kann.

67 Schall zurückwerfen

Manchmal hörst du Töne, die nicht auf direktem Weg zu dir gekommen sind. Sie sind erst auf einen anderen Gegenstand gestoßen und wurden von diesem reflektiert.

Du brauchst

tickende Armbanduhr

zwei Pappröhren

Teller

Korkuntersetzer

mehrere Bücher

1 Schichte zwei gleich hohe Bücherstapel auf.

2 Lege auf jeden Stapel eine Röhre.

3 Halte die Armbanduhr dicht an ein Ohr und prüfe, ob sie tickt.

4 Lege die Uhr in eine der Röhren hinein.

5 Horche am Ende der anderen Röhre. Du hörst kein Ticken, so lange, bis ein Freund einen Teller dicht an die hinteren Röhrenenden hält!

Schallwellen wandern durch die Röhre zum Teller.

Die Schallwellen werden von der harten Oberfläche des Tellers zurückgeworfen und wandern durch die zweite Röhre bis zu deinem Ohr.

Gute Akustik

Konzertsäle werden so gebaut, dass die von der Bühne kommenden Schallwellen an den Wänden des Saales zum Publikum hin reflektiert werden.

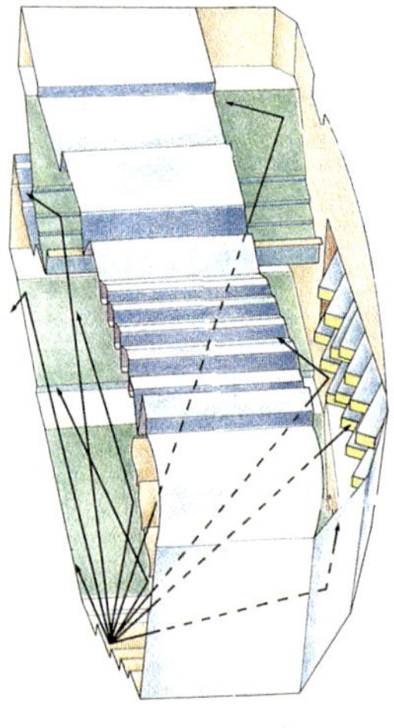

6 Dein Freund soll anstelle des Tellers einen Korkuntersetzer hinter die Röhren halten. Jetzt wirst du die Uhr nicht mehr hören.

Der weiche Kork wirft die Schallwellen nicht zurück.

68 Ein Knallhütchen

Nur mit einem Stück Papier kannst du einen lauten Knall verursachen! Du erzeugst eine sehr schnelle und starke Luftbewegung, die eine kräftige Schallwelle bildet. Diese breitet sich durch die Luft aus und du nimmst sie als lauten Knall wahr.

Du brauchst

ein Blatt festes Papier, etwa 40x30 cm groß

1 Falte das Papier in Längsrichtung einmal zusammen. Klappe es dann wieder auf.

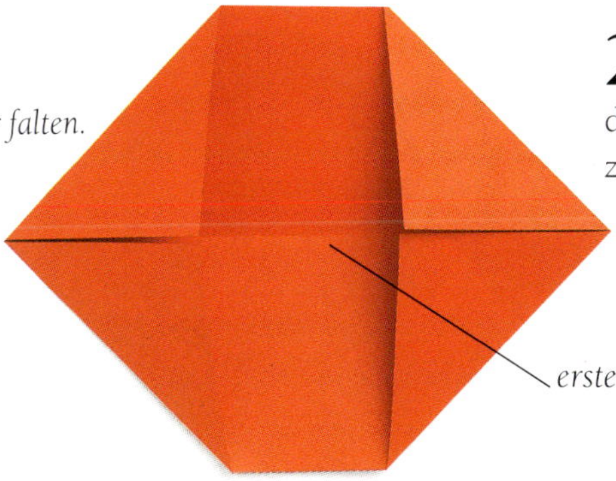

2 Schlage die Ecken bis zur ersten Falte um.

3 Klappe das Papier entlang der ersten Falte zusammen. Falte es nun einmal quer dazu, Ecke auf Ecke.

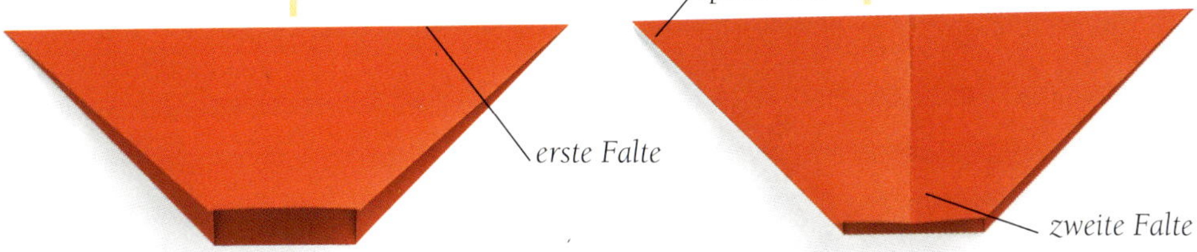

4 Klappe die zweite Falte wieder auf.

Blitz und Donner

Ein Blitz heizt die Luft schlagartig auf, sodass sie sich rasend schnell ausdehnt. Diese Luftwelle hören wir als kräftigen Donnerschlag.

5 Klappe die beiden spitzen Ecken nach unten.

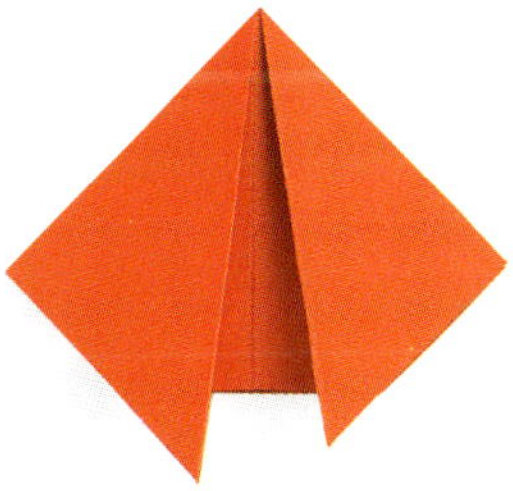

6 Klappe das Papier entlang der zweiten Falte halb um, sodass ein Dreieck entsteht.

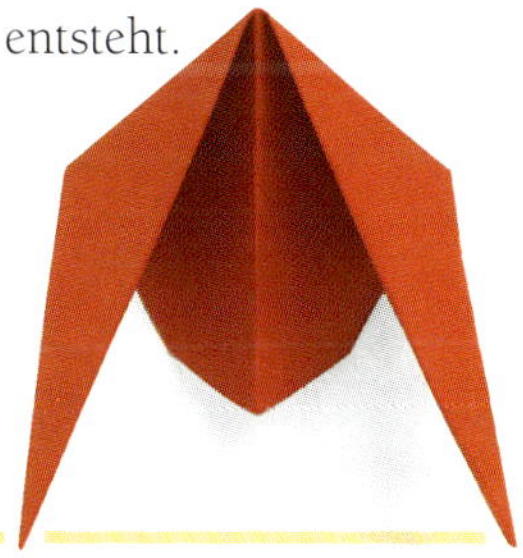

7 Nimm die beiden spitzen Ecken fest zwischen Daumen und Zeigefinger, hole aus und schlage kräftig nach unten: Es gibt einen lauten Knall!

Bei der Aktion springt ein Teil des eingefalteten Papiers nach vorn und erzeugt eine starke Luftwelle, die du als Knall hörst.

69 Schlage die Trommel

Mit einfachen Mitteln kannst du eine Blechtrommel und Bongotrommel bauen. Sie erzeugen verschiedene Töne, aber funktionieren auf gleiche Weise. Wenn du auf das Trommelfell schlägst, vibriert es. Die Schwingungen werden auf die Luft in der Trommel übertragen, es entsteht ein Ton.

buntes Papier

weißen Musselin (Baumwollstoff)

runde Keksdose

Du brauchst

Kordel mit Quasten

dünne Kordel (5 m lang)

Bleistift

Schere

Klebstoff auf Gummibasis

großen Luftballon

buntes Klebeband

zwei Plastikblumentöpfe

1 Klebe buntes Papier auf die Keksdose. Befestige die Kordel an gegenüberliegen Seiten der Dose.

2 Schneide den Hals des Luftballons ab. Spanne ihn über die Dose und klebe ihn fest. Fertig!

3 Nun zeichne auf dem Stoff zwei Kreise. Ziehe dann um jeden Kreis nochmals zwei größere Kreise.

4 Beklebe die Töpfe mit buntem Papier. Dann klebe die Topfböden fest zusammen.

5 Schneide aus dem Stoff die großen Kreise aus. Schneide ringsum Schlitze bis zum mittleren Kreis.

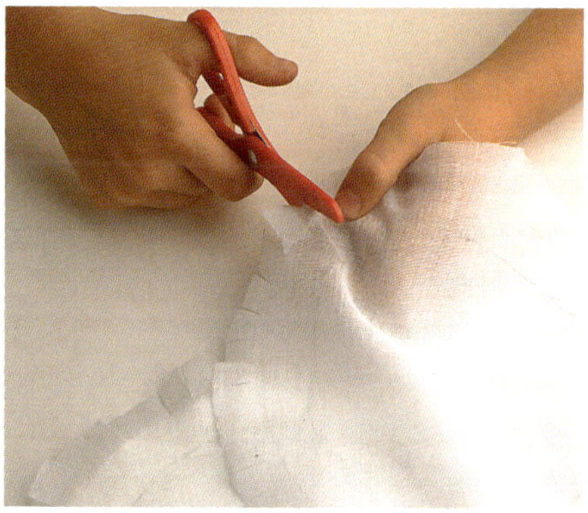

6 Falte die geschlitzten Teile um und klebe sie fest. Stich mit dem Bleistift 16 Löcher in den Rand.

Achte darauf, dass die Löcher in gleichem Abstand zueinander stehen.

7 Fädele die dünne Kordel durch die Löcher. Lege einen Stoffkreis auf jeden Topf. Verknote die Kordel fest.

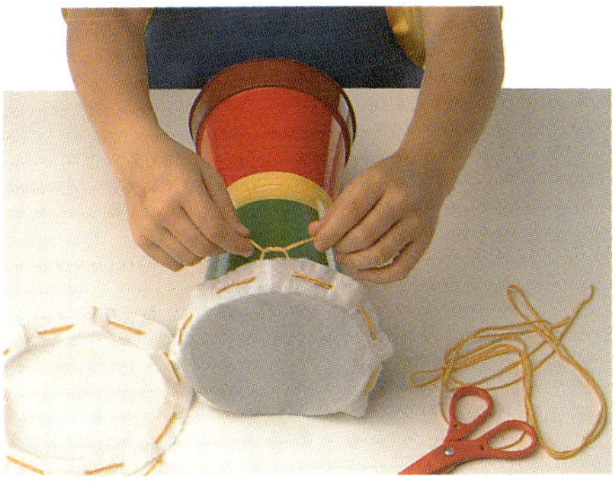

8 Den Rest der Kordel schlingst du im Zickzack abwechselnd um die Kordel der beiden Stoffkreise.

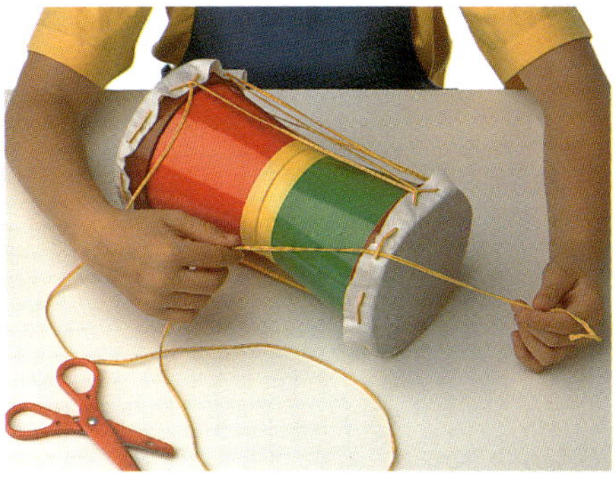

9 Streiche Klebstoff auf jeden Stoffkreis und ziehe alle Kordeln nochmal richtig fest.

Das Klebeband am Rand hält die Ballonhaut straff gespannt.

Quadrate aus buntem Papier und Klebebandstreifen.

Wird die Kordel fester gezurrt, dann wird der Stoff stärker gespannt. Dies gibt einen höheren Ton.

Schlag nicht zu stark auf die Trommelfelle. Sie könnten reißen.

Schlagzeug
Dies ist die übliche Ausrüstung eines Schlagzeugers. Sie umfasst mehrere Trommeln verschiedener Größe, einschließlich einer großen Trommel, die mit einem Fußpedal betätigt wird. Auch mehrere Becken gehören dazu.

10 Die Blechtrommel kannst du dir mit der Kordel um den Hals hängen. Zum Spielen der Trommel nimmst du am besten einen Bleistift. Die Bongotrommel hält man unter einem Arm oder zwischen den Knien fest. Sie wird mit den Fingern gespielt.

70 Spiele eine Melodie

Baue dir dein eigenes Xylofon. Das richtige Instrument besteht aus Holzstäben, die Töne erzeugen, wenn man darauf schlägt. Dein Xylofon entsteht aus Bleistiften.

Du brauchst

1 Schneide den Karton nach den abgebildeten Mustern zu. Male ihn bunt an. Klebe Filz in die Rillen.

2 Nimm den Anspitzer und mache die Bleistifte kürzer. Lege sie auf den Ständer.

3 Zum Spielen klebst du Perlen an Mikadostäbchen.

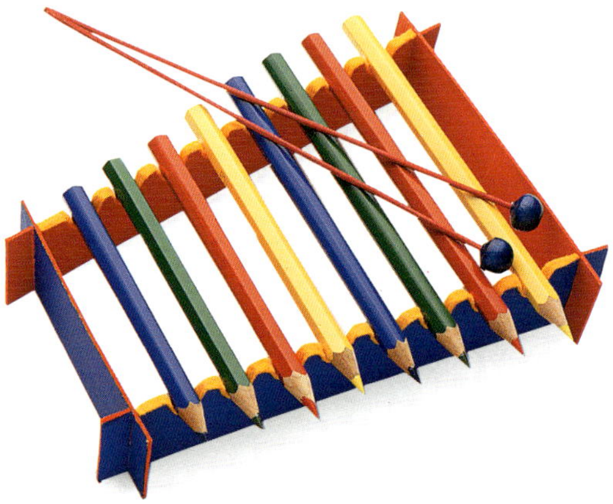

Die Längsseiten der Ständer sollen 21 cm lang sein und gekerbt wie auf dieser Abbildung.

Die längere Querseite des Ständers soll so aussehen wie hier und 15 cm lang sein.

Diese Muster sind kleiner als die Teile, die du brauchst. Richte dich nach den Größenangaben.

Die kürzere Querseite des Ständers soll 11 cm lang sein.

71 Flöte spielen

Mit mehreren Pfeifen kann man Musik machen. Man muss nur hineinpusten. Dadurch wird die Luft in Schwingung versetzt, was einen Ton ergibt. Die Tonhöhen entstehen durch die verschiedenen Pfeifenlängen.

Du brauchst

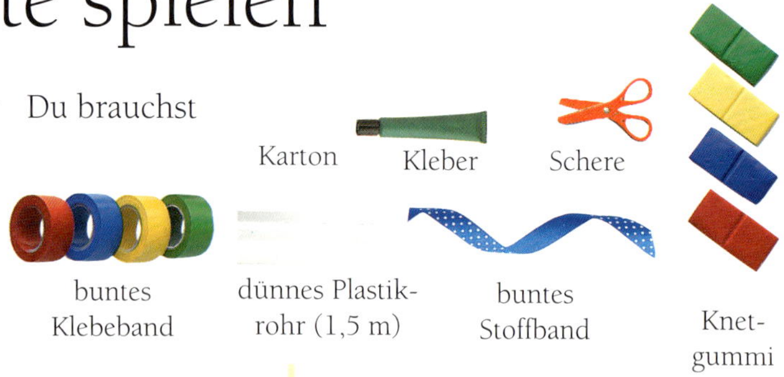

1 Schneide das Plastikrohr in Stücke, das folgende immer 1 cm länger als das vorige.

2 Klebe die Pfeifen der Größe nach zusammen. Klebe das Stoffband auf einen Kartonstreifen, dann klebe es quer über die Pfeifen.

3 Forme aus dem Knetgummi kleine Kugeln. Stopfe je eine Kugel in die untere Pfeifenöffnung.

Kürze Pfeifen ergeben höhere Töne.

Längere Pfeifen erzeugen tiefere Töne.

4 Halte die Pfeifenreihe an deine Unterlippe und blase hinein. Jede erzeugt einen anderen Ton. Versuche eine Melodie zu spielen.

72 Horn spielen

Aus einem Wasserschlauch und einem Trichter kannst du ein Horn bauen! Wenn du die Lippen fest zusammendrückst und kräftig in das Horn bläst, wird die Luft darin in Schwingungen versetzt, die einen Ton erzeugen.

Du brauchst

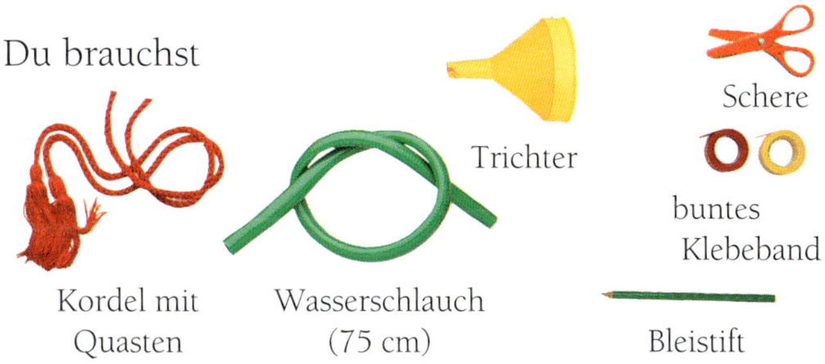

1 Verziere den Trichter mit Klebeband. Schiebe ihn dann in eine Schlauchöffnung hinein.

2 Lege eine Schlaufe und packe den Bleistift zur Stabilisierung in die Schlaufe. Umwickele das Ganze.

3 Verziere das Horn mit Klebeband und mit der Kordel. Jetzt kannst du darauf spielen.

Blase kräftig in das Mundstück.

Auf einem Horn kann man nur wenige Töne spielen. Du erzeugst sie, indem du die Lippen fester zusammenpresst oder sie mehr entspannst.

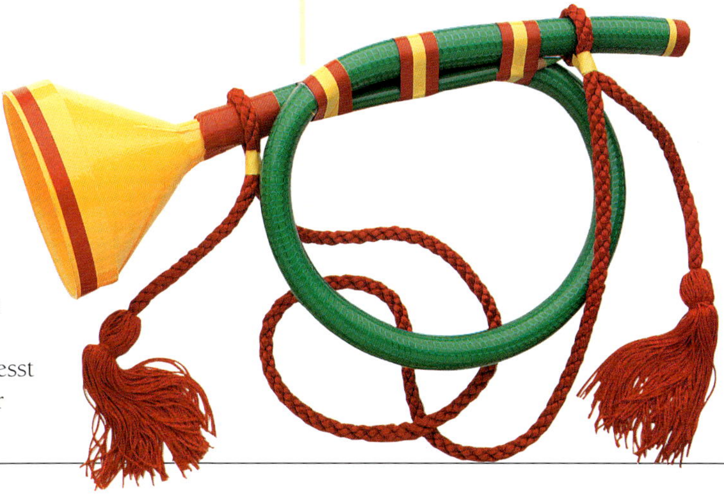

73 Baue dir ein Banjo

Ein Banjo hat vier straff gespannte Saiten. Es wird gespielt, indem man mit den Fingern die Saiten zupft. Die Saiten vibrieren dann sehr schnell und erzeugen dadurch Töne. Man kann die Saiten alle zugleich oder einzeln zupfen. Jede Saite kann verschieden hohe Töne erzeugen.

Du brauchst

1 Schneide an gegenüberliegenden Stellen zwei Schlitze unter den Rand der Dose. Die Holzlatte muss hindurchpassen.

2 Klappe die Ränder der Schlitze um und schiebe die Holzlatte hindurch. Befestige die Schlitzränder mit den Reißzwecken auf dem Holz.

3 Male das Holz und die Dose an und lackiere sie. In die Farbe für die Dose musst du Kleber mischen. Male Querlinien auf das Holz.

4 Schneide den Hals des Luftballons ab. Spanne den Ballon über die Öffnung. Klebe ihn an den Seiten fest und male ein Muster.

5 Schraube jeweils vier Ösenschrauben nebeneinander in die Enden der Holzlatte. Die Schrauben müssen in beide Richtungen drehbar sein.

6 Fertige aus Karton und Buntpapier zwei Stege mit dreieckigem Querschnitt an. Einen so breit wie die Latte, den anderen dreimal so lang.

7 Schneide von der Angelschnur vier gleich lange Saiten ab. Verknote die Saiten oben und unten an den Ösenschrauben.

8 Schiebe die beiden Stege unter die Saiten, so wie auf dem Bild dargestellt. Spanne die Saiten, indem du an den Ösenschrauben drehst.

9 Verziere das Banjo mit ein paar bunten Bändern, die du an den Ösenschrauben verknotest. Das Banjo ist nun einsatzbereit!

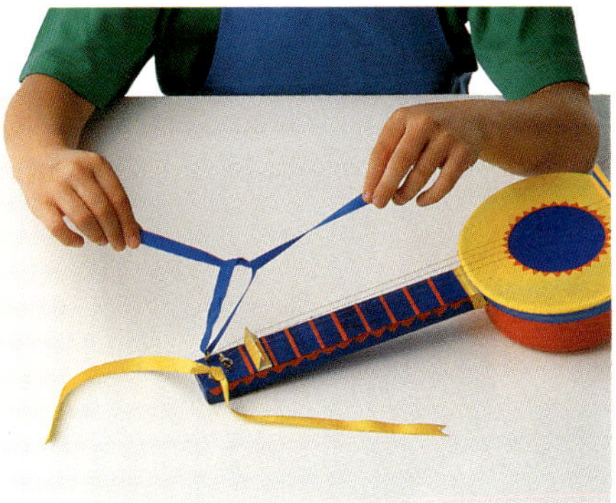

Die roten Linien zeigen, wo du beim Spielen auf die Saiten drücken sollst. Je näher an der Dose, desto höher der Ton.

Wird die Saite straffer gespannt, erzeugt sie einen höheren Ton. Wenn die Saite gelockert wird, wird der Ton tiefer.

Die Stege faltest du aus Karton, den du dann zusammenklebst. Schneide vier Kerben in jeden Steg. Durch sie laufen die Saiten.

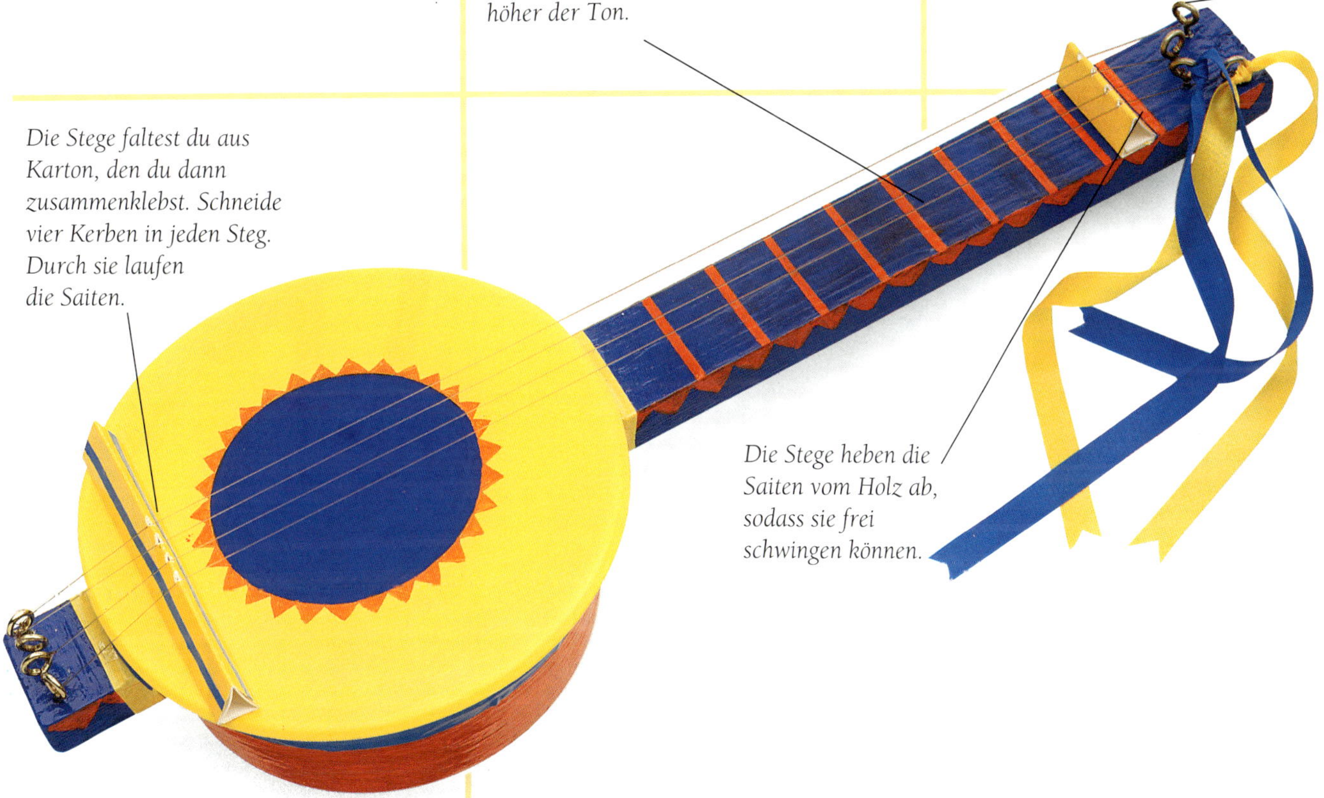

Die Stege heben die Saiten vom Holz ab, sodass sie frei schwingen können.

10 Durch Spannen der Saiten wird das Banjo gestimmt, sodass jede Saite einen anderen Ton erzeugt.

Flinke Finger

Eine Gitarre ist ganz ähnlich wie ein Banjo, außer dass sie sechs Saiten hat. Wenn man bei einer Gitarre oder bei einem Banjo auf eine Saite drückt, dann verkürzt man den Teil, der frei schwingen kann. Dadurch entsteht beim Zupfen ein anderer Ton.

Magneten

Magneten haben geheimnisvolle Kräfte. Sie können Gegenstände anziehen und andere Magneten abstoßen. Diese Kräfte treiben Elektromotoren an, die in vielen technischen Geräten, wie z.B. Haartrocknern oder Elektroloks, stecken. Mit Magneten werden in Fernsehgeräten, Radios und Kassettenrekordern Töne erzeugt. Computer verwenden Magneten, um Informationen zu speichern.

Magnetisches Mineral
Die ersten bekannten Magneten waren Stücke eines schwarzen Minerals, des „Magneteisensteins“. Er zieht Gegenstände wie diese Büroklammer an.

Nordlicht
Die Erde ist ein riesiger Magnet. Polarlichter entstehen, wenn winzige Teilchen aus dem Weltall in das Magnetfeld der Erde geraten.

Norden, Süden, Osten, Westen
Ein Kompass dient dazu, die Himmelsrichtungen zu bestimmen. Das Magnetfeld der Erde richtet eine Kompassnadel immer nach Norden aus.

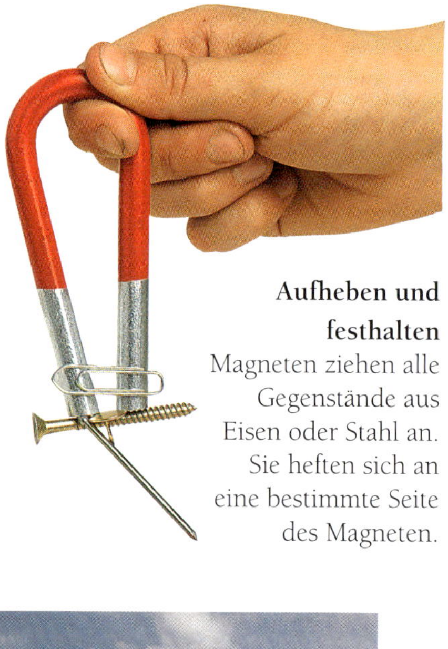

Aufheben und festhalten
Magneten ziehen alle Gegenstände aus Eisen oder Stahl an. Sie heften sich an eine bestimmte Seite des Magneten.

Musik mit Magneten
Tonbänder sind mit winzig kleinen Magneten beschichtet. Im Kassettenrekorder und im Kopfhörer sind ebenfalls Magneten eingebaut.

Heimflug
Tauben finden stets zu ihrem Heimatschlag zurück. Es gibt Hinweise darauf, dass sie das Magnetfeld der Erde zur Orientierung benutzen.

74 Schwebende Gegenstände

Mit der erstaunlichen Wirkung eines Magneten wirst du zum Schlangenbeschwörer und kannst einen Drachen aufsteigen lassen!

Du brauchst

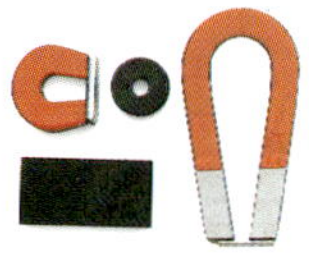

mehrere Magneten

Klebeband

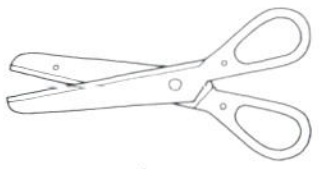

Schere

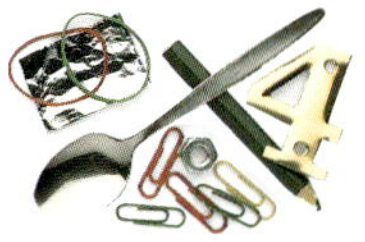

kleine Gegenstände, Büroklammern, Bleistift

Nähgarn

Kleber

Lineal

bunten Filz

Schnittmuster für die Schlange

1 Übertrage das Schlangenmuster auf Filz. Schneide die Schlange aus und verziere sie.

2 Binde ein Stück Nähgarn an eine Büroklammer. Befestige die Büroklammer am Kopf der Schlange.

3 Klebe das lose Ende des Nähgarns auf dem Tisch fest. Klebe einen Magneten an das Ende des Lineals.

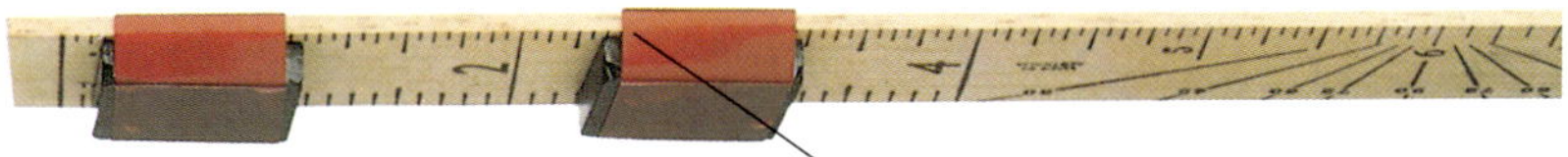

Der Magnet zieht die Büroklammer an. Hebe ihn an und der Faden wird straff.

4 Bewege das Lineal mit dem Magneten daran über der Schlange hin und her. Sie streckt sich hoch und tanzt wie bei einem Schlangenbeschwörer. Falls die Schlange sich nicht rühren sollte, verwende einen stärkeren Magneten. Du kannst auch andere Dinge aufsteigen lassen, z.B. diesen bunten Drachen.

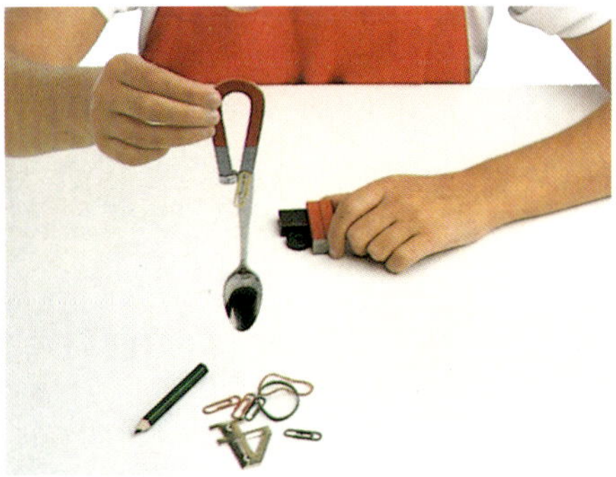

5 Halte einen Magneten dicht über die Gegenstände. Er zieht nur diejenigen aus Eisen oder Stahl an.

75 Magnetische Bootsfahrt

Die Magnetkraft geht durch Glas, Plastik, Wasser und Luft. Du kannst sie nutzen, um Boote durchs Wasser zu ziehen. Der Magnet muss dabei aber nah an das Boot herankommen. Bewege den Magneten langsam, sonst gelingt der Versuch nicht.

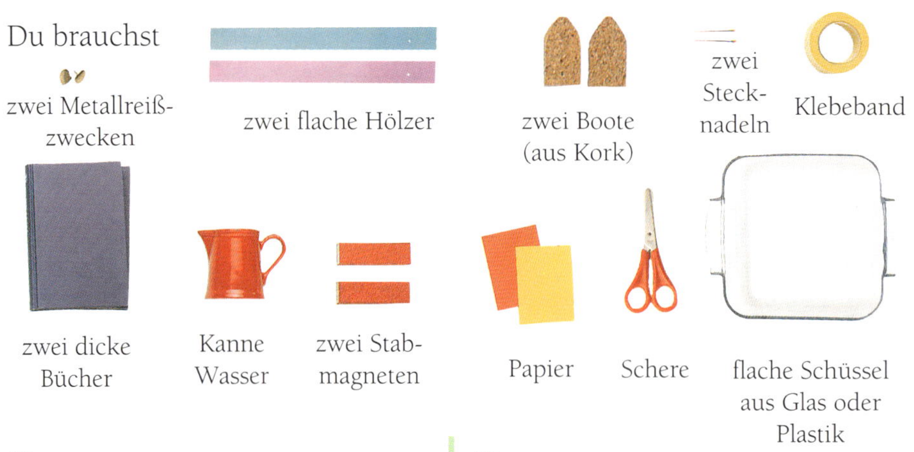

1 Drücke je eine Reißzwecke in die Korkboote.

2 Schneide zwei Papiersegel zurecht. Dreh die Boote um und befestige mit einer Nadel je ein Segel.

Die Reißzwecken sind unter, die Segel auf den Booten.

3 Lege die Bücher mit etwas Abstand nebeneinander. Stelle die Schüssel mit dem Wasser auf die Bücher.

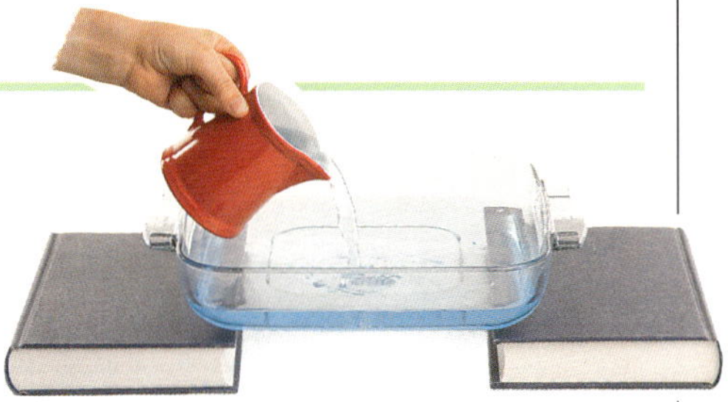

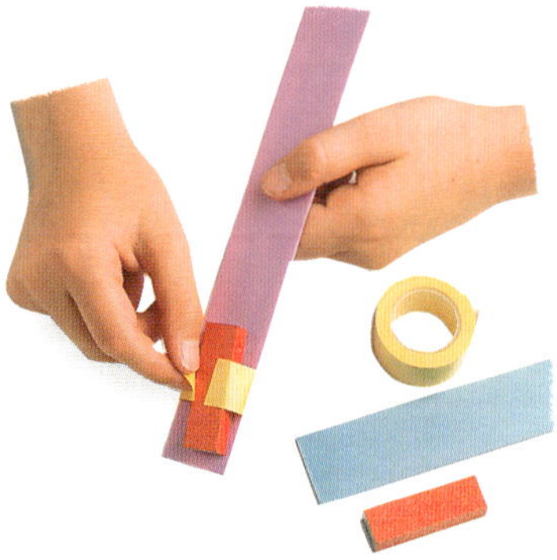

4 Klebe auf jedes Holz einen Magneten. Halte die Magneten unter die Schüssel und bewege damit die Boote.

Die Magnetkraft reicht durch die Schüssel und das Wasser und zieht die Reißzwecke an.

5 Halte ein Holz mit einem Magneten unter die Schüssel. Ein Freund soll das Gleiche tun. Nun könnt ihr eine Wettfahrt veranstalten.

Unterwassermagneten

Dieser Taucher kontrolliert gerade unter Wasser eine Bohrinsel. Die gelben Kabel, die er prüft, werden durch Magneten festgehalten. Die Magneten haften auch tief unter Wasser an dem Stahl der Bohrinsel.

76 Auto mit Magnetantrieb

Mit zwei Magneten kann man ein Modellauto vorwärts und rückwärts fahren lassen. Das ist möglich, weil die Magneten sich entweder anziehen oder abstoßen, wenn man sie nahe zusammenbringt. Anziehung und Abstoßung hängen davon ab, welche Magnetenden einander zugewandt sind.

Du brauchst

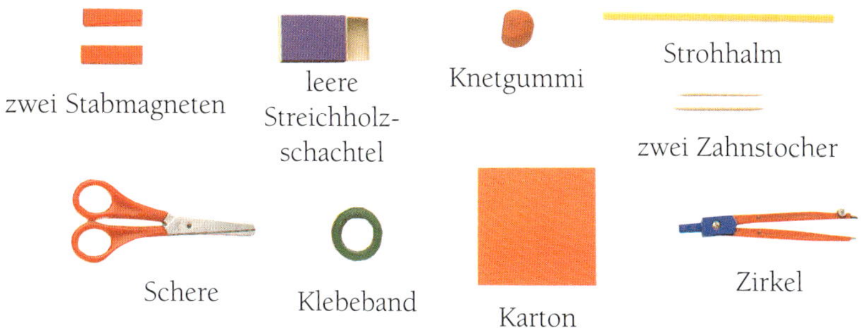

1 Klebe einen Magneten in der Schublade der Streichholzschachtel fest.

2 Schneide zwei Strohhalmstücke in der Länge der Schachtelbreite zu.

3 Klebe die Strohhalme auf die Hülle der Streichholzschachtel. Schiebe die Schublade hinein.

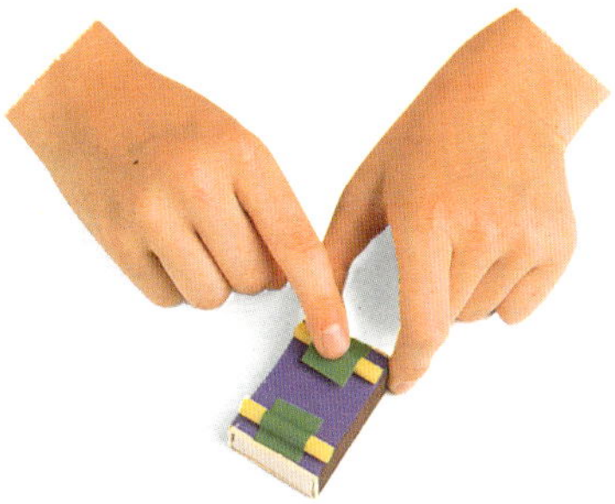

4 Zeichne mit dem Zirkel vier gleich große Kreise auf den Karton. Schneide sie sorgfältig aus.

5 Schiebe die Zahnstocher durch die Strohhalme. Stecke die Enden durch die Kartonscheiben.

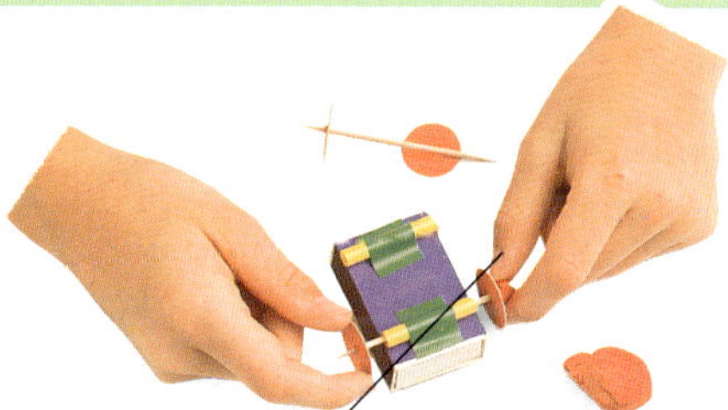

Überdecke die spitzen Enden mit Knetmasse.

Der Magnet im Wagen wird von dem Magneten in deiner Hand entweder angezogen oder abgestoßen.

Drehe den Magneten um: Der Wagen bewegt sich in die andere Richtung!

6 Stelle den Wagen auf einen Tisch. Halte den zweiten Magneten dicht an den Wagen. Der Wagen rollt auf den Magneten in deiner Hand zu oder er rollt von ihm weg.

77 Ein Magnetfeld orten

Jeder Magnet ist von einem unsichtbaren „Magnetfeld“ umgeben. Das ist der Bereich, in dem die Kräfte des Magneten wirken. Mit einem Trick wird das Magnetfeld sichtbar.

Du brauchst

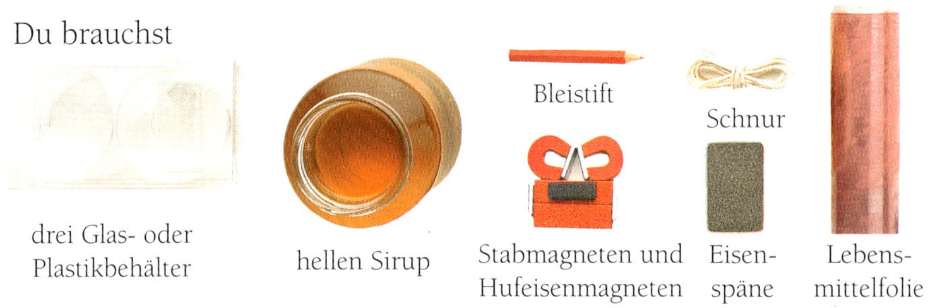

1 Schütte Eisenspäne in ein Glas mit Sirup. Rühre gut um, damit die Späne sich verteilen. Gieße dann etwas von der Mischung in zwei durchsichtige Behälter.

2 Stelle einen der Behälter auf zwei Stabmagneten. Die sich abstoßenden Enden müssen zueinander weisen. Lege die Hufeisenmagneten neben den zweiten Behälter.

3 Fülle den dritten Behälter mit der Mischung. Wickele einen Stabmagneten in die Folie und binde ihn mit der Schnur an einen Bleistift. Hänge den Magneten in den Behälter.

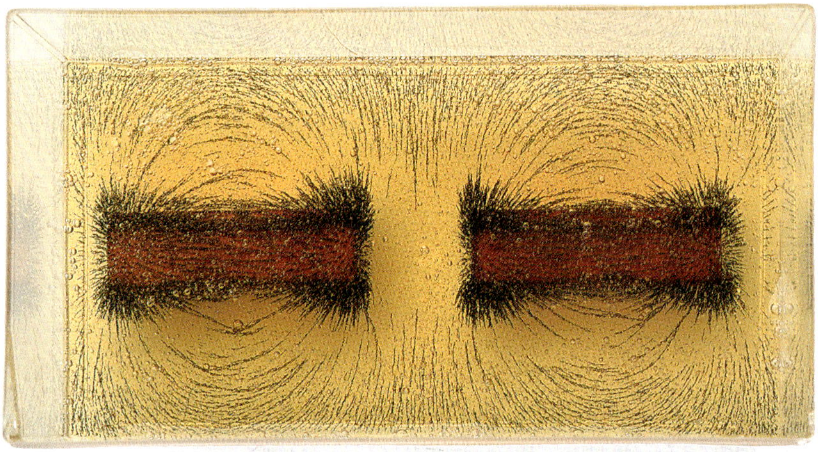

Was siehst du?
Die Eisenspäne ordnen sich im Magnetfeld zu einem Muster an, das die Wirkungskräfte des Magnetfeldes sichtbar macht. Das Muster der Eisenspäne zeigt, dass die beiden Magnetfelder in entgegengesetzte Richtungen wirken: Die beiden Stabmagneten stoßen sich in dieser Position ab.

Beide Hufeisenmagneten ziehen Eisenspäne an. Das Muster zeigt, wie die Magnetfelder sich bogenförmig von einem Ende des Magneten zum anderen erstrecken.

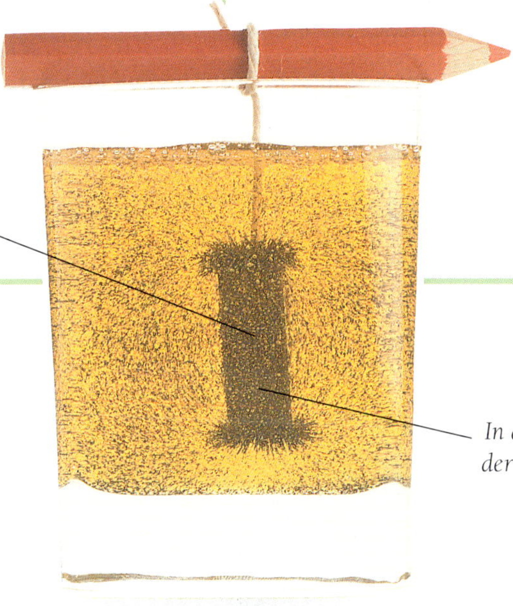

Ein Magnetfeld erstreckt sich in alle Richtungen. An dem Magneten, der im Sirup hängt, ist dies deutlich erkennbar. Das Muster sieht von allen Seiten gleich aus.

In der Folie wird der Magnet nicht klebrig vom Sirup.

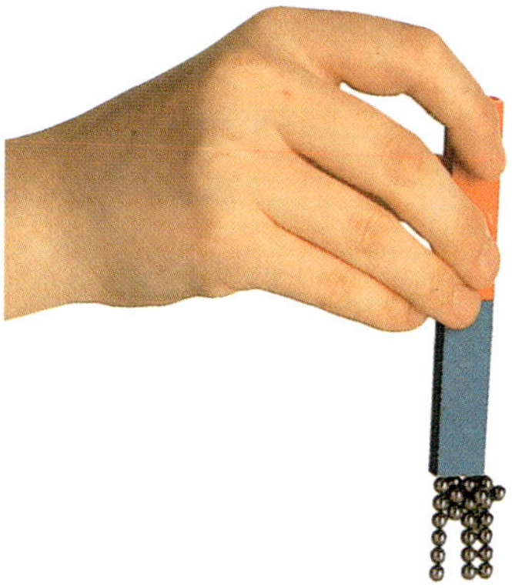

Magnetische Anziehung
Ein Magnet kann eine ganze Reihe kleiner Metallgegenstände anziehen. Das Magnetfeld macht aus jedem der Gegenstände einen kleinen Magneten, der den nächsten Gegenstand anzieht.

78 Vermischtes trennen

Normalerweise ist es unmöglich, zwei Pulver, die vermischt wurden, wieder zu trennen. Wenn aber eines der Pulver magnetisch ist und das andere nicht, geht es leicht.

Du brauchst

Teller mit Eisenspänen

Magnet

Teller mit Sand

1 Vermische die Eisenspäne mit dem Sand.

2 Rühre so lange, bis die Späne und der Sand gleichmäßig vermischt sind.

3 Halte einen Magneten an den Teller. Er wird die Eisenspäne herausziehen und den Sand zurücklassen.

79 Einen Kompass bauen

Die Erde ist ein riesiger Magnet mit einem Magnetfeld. Das Feld ist stark genug einen frei beweglichen Magneten zu drehen. Es richtet ihn auf den Nordpol aus.

Du brauchst

1 Zeichne mit dem Zirkel einen Kreis auf die Styroporplatte, schneide ihn aus und male ihn an.

Die Styroporscheibe muss in den Topf passen.

2 Drücke einen Kneteklumpen in die Mitte des Plastiktopfs. Stecke den Zahnstocher in die Knetmasse.

3 Streiche mit einem Magnetende 30-mal in derselben Richtung langsam über die Nadel.

Die Nadel wird magnetisiert.

4 Klebe die Nadel auf das Styropor. Fülle den Topf mit Wasser. Lege die Scheibe auf die aus dem Wasser ragende Zahnstocherspitze.

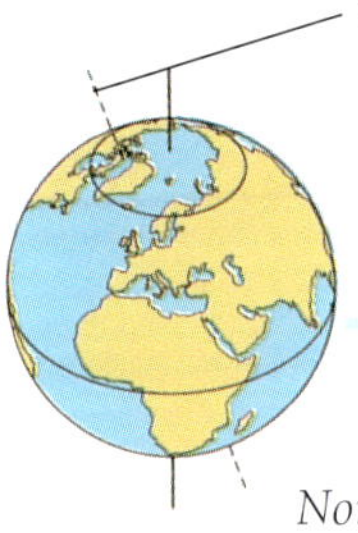

Ein Ende der magnetisierten Nadel ist ein Nordpol geworden. Der Südpol des Erdmagnetfeldes zieht den Nordpol der Nadel an.

Die Richtung finden
Eine Kompassnadel ist ein Magnet, der auf einem Drehzapfen sitzt. Wenn du den Kompass drehst, zeigt die Nadel trotzdem immer nach Norden. Die Nordrichtung findest du, wenn du entlang der Nadel blickst und das „N“ exakt unter der roten Nadelspitze liegt.

5 Die Scheibe schwimmt auf dem Wasser und dreht sich um die Zahnstocherspitze. Ein Ende der Nadel weist nach Norden. Vergleiche dies mit einem Kompass und markiere das Nordende.

80 Ein Elektromagnet

Elektrizität kann Metallgegenstände magnetisieren. Deren Magnetfelder sind aber nicht ständig vorhanden, sondern nur solange Strom fließt.

Du brauchst

Abisolierzange

Schere

Schalter
(*Exp. 87*)

langen Schraubendreher

Batterie mit 4,5 V

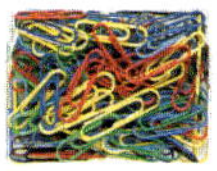

viele Büroklammern

Klebeband

2 m Klingeldraht

1 Entferne an den Enden des Drahtes die Isolierung. Klebe ihn am Griff des Schraubendrehers fest.

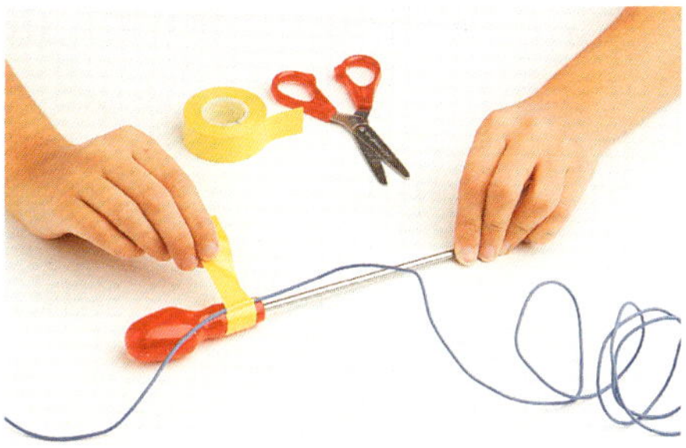

2 Wickle den Draht um den Schraubendreher. Klebe die letzte Umwicklung fest.

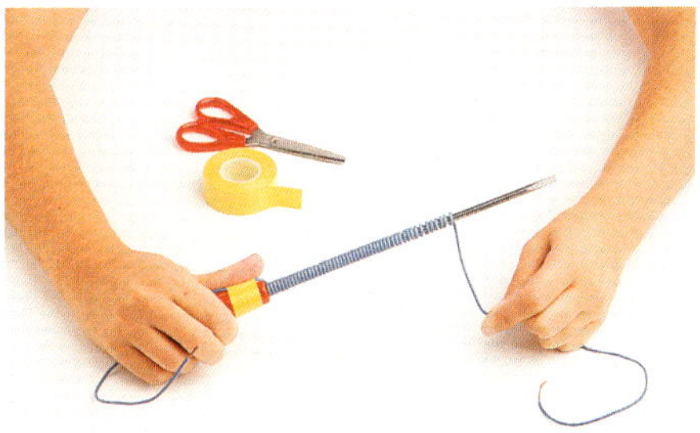

3 Verbinde den Draht und ein weiteres kleines Drahtstück mit der Batterie und dem Schalter (vgl. Bild).

4 Der Schraubendreher ist nun ein Elektromagnet. Drücke auf den Schalter und der Schraubendreher zieht Büroklammern an! Lass den Schalter los: Die Büroklammern fallen herab.

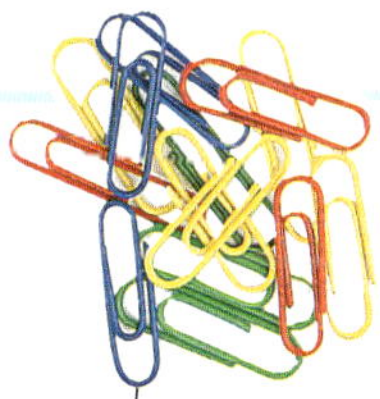

Die Klammern sind aus Stahl, der vom Elektromagneten angezogen wird.

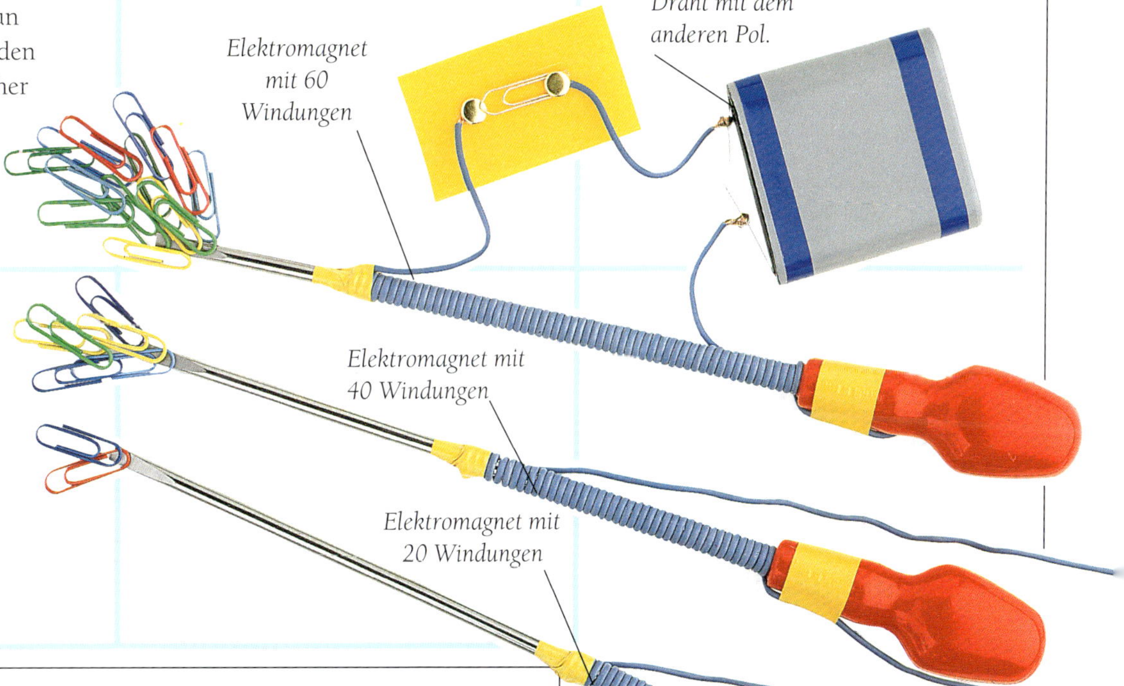

Verbinde den kurzen Draht mit dem anderen Pol.

Elektromagnet mit 60 Windungen

Elektromagnet mit 40 Windungen

Elektromagnet mit 20 Windungen

Sobald Strom durch den Draht fließt, entsteht ein Magnetfeld. Je mehr Wicklungen der Draht hat, desto stärker ist das Feld.

Starke Anziehung

Dieser Kran hat einen sehr starken Elektromagneten, der große Eisen- und Stahlteile anziehen und transportieren kann. Der Schrott haftet am Elektromagneten, solange dieser eingeschaltet ist. Wenn der Strom ausgeschaltet wird, fällt der Schrott herab.

81 Ein Summer

Ein Summer erzeugt durch Magnetismus einen lauten Summton. Im Summer ist ein Elektromagnet. Der Auslöseknopf ist ein elektrischer Schalter. Bei Betätigung des Schalters fließt Strom durch den Elektromagneten im Summer. Dieser löst Bewegungen im Summer aus, die das Geräusch hervorrufen.

Du brauchst

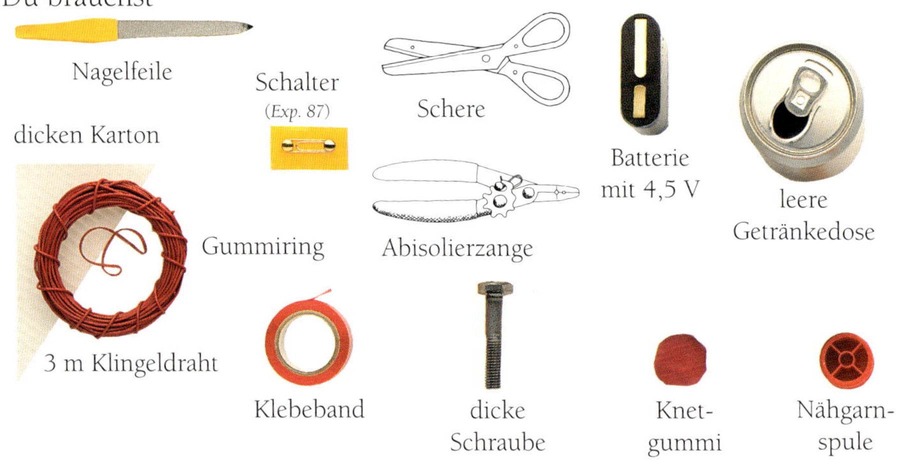

1 Entferne die Isolierung von den Drahtenden. Wickle den Draht ca. 200-mal um die Schraube. Befestige die Schraube mit Knetmasse auf dem Karton.

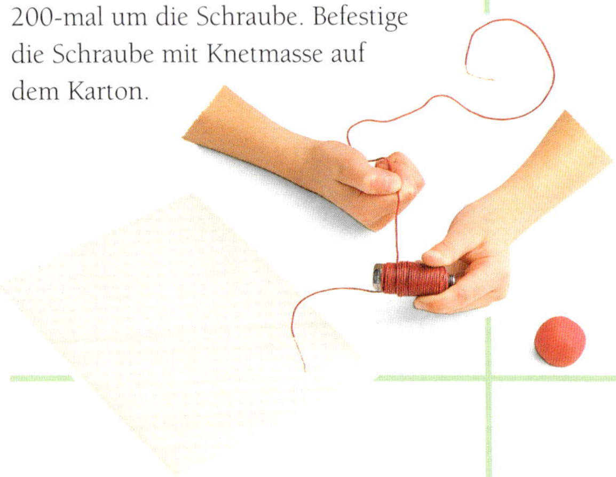

2 Klemme mit dem Gummiring den Griff der Feile auf die Nähgarnspule.

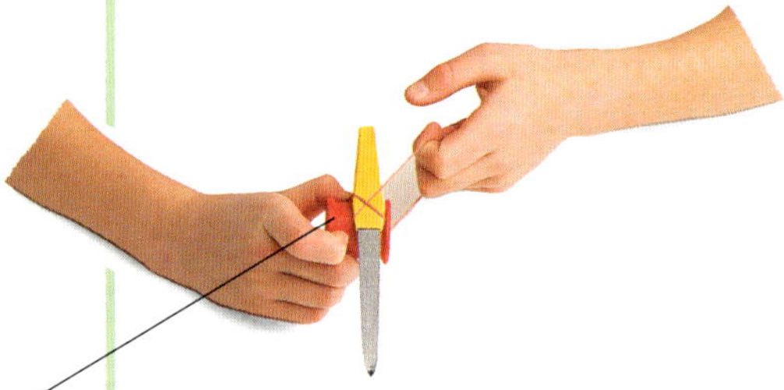

Halte die Spule fest und tippe die Feile an. Sie sollte vibrieren.

3 Kratze mit der Schere Lack von der Dose ab. Wiederhole dies auf der anderen Seite der Dose.

Der Lack wird abgekratzt, weil er isolierend wirkt und verhindern würde, dass Strom den Elektromagneten erreicht.

4 Klebe ein Drahtende auf das Metall der Feile. Befestige die Spule mit der Knetmasse auf dem Karton.

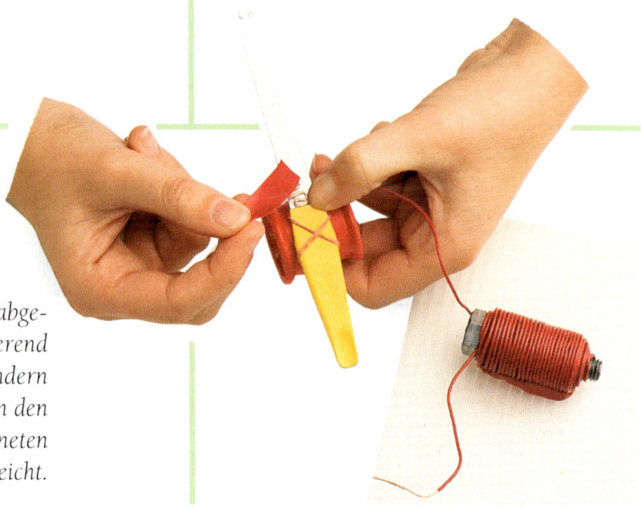

5 Schneide zwei Drähte ab und entferne die Isolierung an den Enden. Ein Draht verbindet Batterie und Dose, der andere Batterie und Schalter.

Der Draht wird dort befestigt, wo der Lack abgekratzt ist.

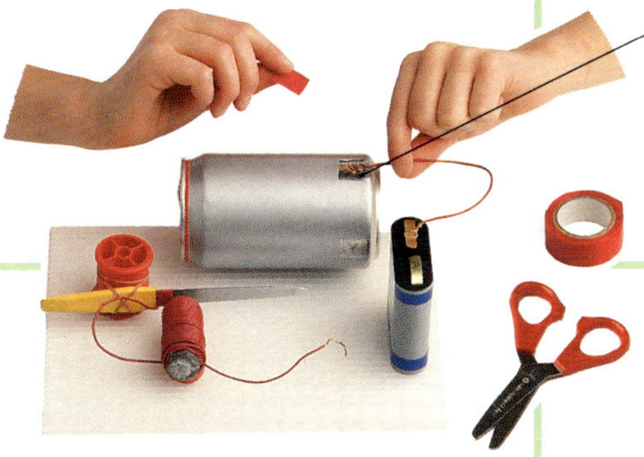

6 Klebe die Dose auf den Karton. Setze die Feilenspitze an die andere abgekratzte Stelle der Dose. Verbinde den Schalter wie auf dem Bild dargestellt.

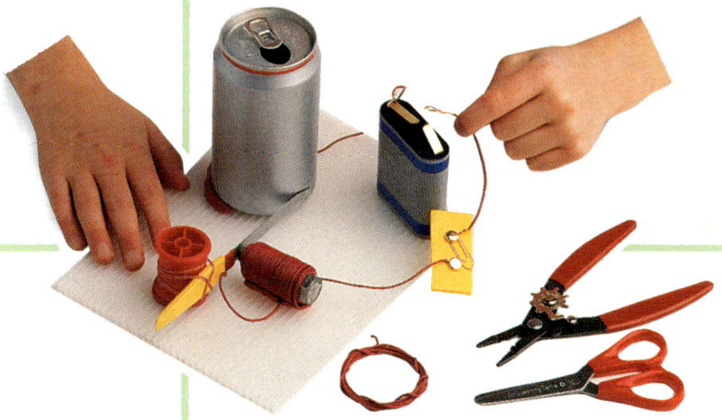

Wenn die Feile die Dose berührt, fließt Strom durch den Elektromagneten, die umwickelte Schraube. Sie wird magnetisiert und zieht die Feile von der Dose weg. Dadurch ist der Stromkreis unterbrochen: Der Elektromagnet wirkt nicht mehr. Die Nagelfeile federt zurück an die Dose: Der Stromkreis ist wieder geschlossen, der Magnet arbeitet wieder.

Die umwickelte Schraube muss dicht an die Feile geschoben werden, damit der Summer funktioniert.

Von der Batterie fließt Strom durch die Dose in die Nagelfeile, von dort durch den Elektromagneten und den Schalter zurück in die Batterie.

Die mit Draht umwickelte Schraube wirkt bei Stromfluss als Elektromagnet.

7 Wenn du den Schalter schließt, ertönt ein lautes Summen! Die Feile vibriert schnell hin und her und tippt jedes Mal an die Dose. Wenn du den Schalter öffnest, steht die Feile still und es summt nicht mehr.

Magnet und Stimme

Telefone funktionieren ähnlich wie dein Summer. Im Hörer ist ein kleiner Elektromagnet. Wenn er von Strom durchflossen wird, bringt er ein Metallplättchen zum Vibrieren. Dessen Schwingungen erzeugen die Töne, die die Stimme des Anrufers wiedergeben.

Elektrizität

Elektrizität treibt viele Maschinen an. Sie ist sehr wirkungsvoll, z.B. werden die schnellsten Züge der Welt elektrisch angetrieben. Aber auch für Kleingeräte nutzen wir Elektrizität. In der Alltagssprache sagen wir meistens „Strom“, wenn wir Elektrizität meinen. Um Haushaltsgeräte wie Fernseher und Staubsauger zu betreiben, benutzen wir „fließende Elektrizität“, die wir aus der Steckdose bekommen. Es gibt aber noch eine andere Art von Elektrizität, die so genannte „statische“ Elektrizität. Die kannst du selbst erzeugen.

Strom aus Wasserkraft
Der Strom, den wir aus der Steckdose bekommen, wird in Kraftwerken erzeugt. Dieses hier ist ein Wasserkraftwerk. Es wandelt die Bewegungsenergie des Wassers in Elektrizität um.

Strom aus der Steckdose
Viele elektrische Geräte werden mit Strom aus Steckdosen betrieben. Der Strom wird über lange Leitungen von den Kraftwerken bis in die Steckdosen geleitet.

Elektrisch fahren
Diese Autoskooter bekommen Strom aus Leitungen, die an der Decke verlaufen. Der Strom treibt einen Elektromotor an, der die Räder bewegt.

Elektrische Anziehung
Wenn man einen Luftballon an einem T-Shirt oder an einem Pullover reibt, dann wird die Oberfläche des Ballons elektrisch aufgeladen: Er heftet sich an andere Gegenstände. Das kann die Zimmerdecke sein, ein Kleidungsstück oder der Teppichboden.

82 Blitze erzeugen

Ein Blitz ist eine gewaltige elektrische Entladung. Er entsteht in Gewitterwolken, die sehr stark statisch aufgeladen sind. Du kannst selbst einen Blitz erzeugen, indem du eine Metallschüssel statisch auflädst.

Du brauchst

Metallgegenstand

Knetgummi

Plastikfolie aus Polyethylen

Schere

Metallschüssel und Klebeband

1 Schneide ein großes Stück Plastikfolie zu, falte es einmal und klebe es auf einem Tisch fest.

2 Setze einen Kneteklumpen in die Schüssel, drücke fest darauf und fahre mit der Schüssel über das Plastik.

3 Halte den kleinen Metallgegenstand nun nah an die Schüssel: Ein kleiner Blitz zuckt herüber! Am besten siehst du ihn in verdunkelten Räumen.

83 Gebogenes Wasser

Manche Gegenstände werden durch Reibung „statisch“ aufgeladen. Statisch bedeutet, es fließt kein Strom, sondern die Ladung bleibt, wo sie ist. Statische Elektrizität kann wie ein Magnet Gegenstände anziehen, sogar fließendes Wasser!

Du brauchst

Luftballon

Ballonpumpe

1 Pumpe den Ballon auf. Verknote seinen Hals, sodass keine Luft entweichen kann.

2 Um den Ballon statisch aufzuladen, reibe ihn an einem Pullover.

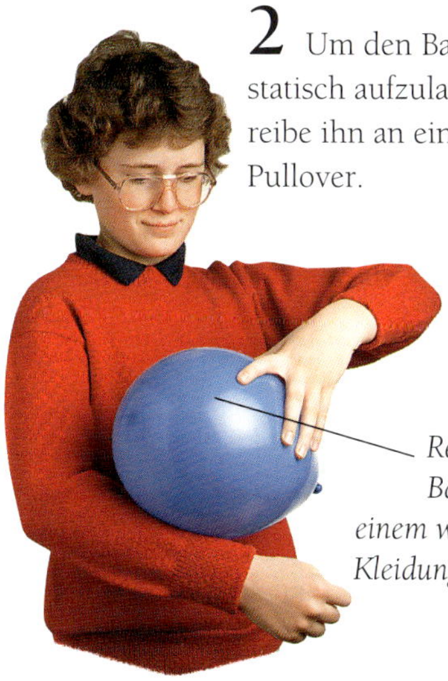

Reibe den Ballon an einem wollenen Kleidungsstück.

3 Drehe einen Wasserhahn auf und halte den Ballon dicht an den Wasserstrahl. Er biegt sich zum Ballon hin.

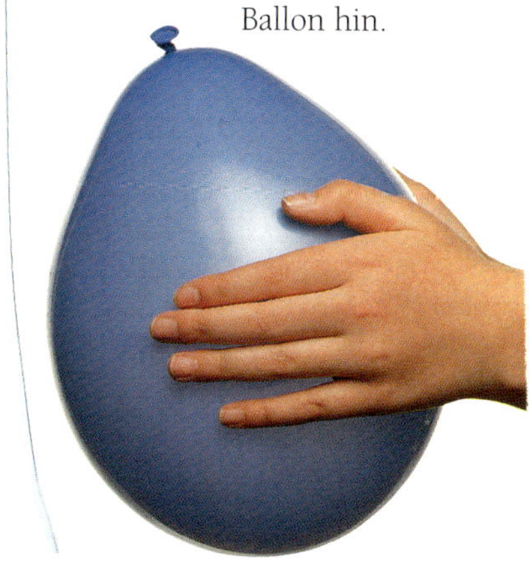

84 Elektrische Hüpfmännchen

Mit der statischen Aufladung eines Luftballons kann man Papierfiguren springen lassen! Wie ein Magnet kann statische Ladung anziehen oder abstoßen. Die Figuren springen zum Ballon und dann wieder von ihm weg!

Du brauchst

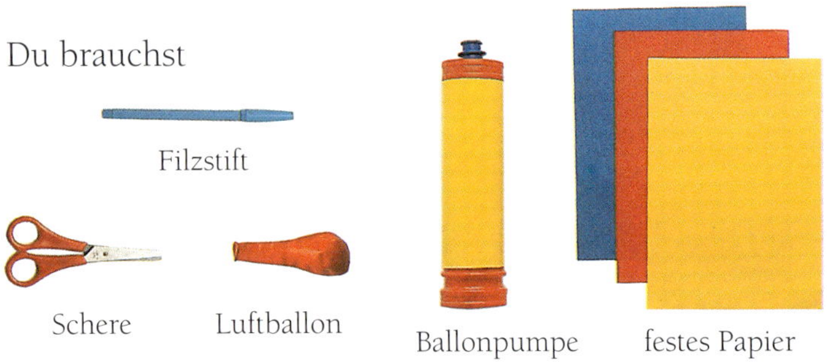

1 Zeichne kleine Männchen auf das Papier.

2 Schneide so viele aus, wie du möchtest.

3 Lege alle Männchen auf einen Tisch.

4 Pumpe oder blase den Ballon auf, bis er ganz groß ist, und schließe ihn mit einem Knoten.

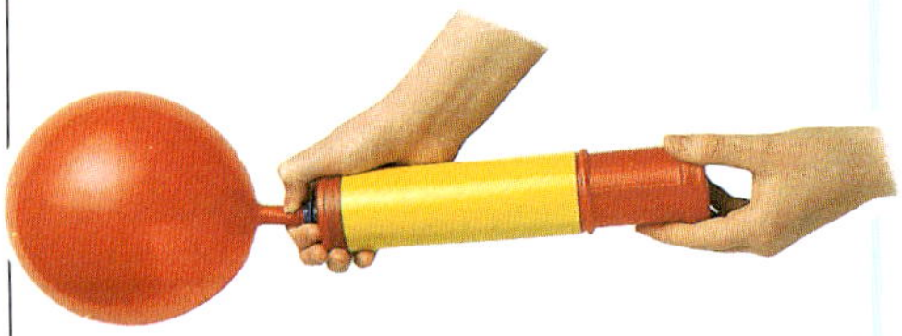

5 Reibe den Ballon an wollener Kleidung.

Elektrische Felder

Fahre mit einem Hornkamm mehrmals durch deine Haare und halte ihn dann über einige Papierschnipsel: Sie werden angezogen! Wenn ein Gegenstand mit statischer Elektrizität aufgeladen wird, baut sich um ihn herum ein elektrisches Feld auf. Das Feld des Kammes zieht die Papierschnipsel an. Aus demselben Grund lässt ein aufgeladener Kamm deine Haare zu Berge stehen!

6 Halte den Ballon etwa 10 cm über die Männchen. Sie springen an den Ballon und fallen wieder herab!

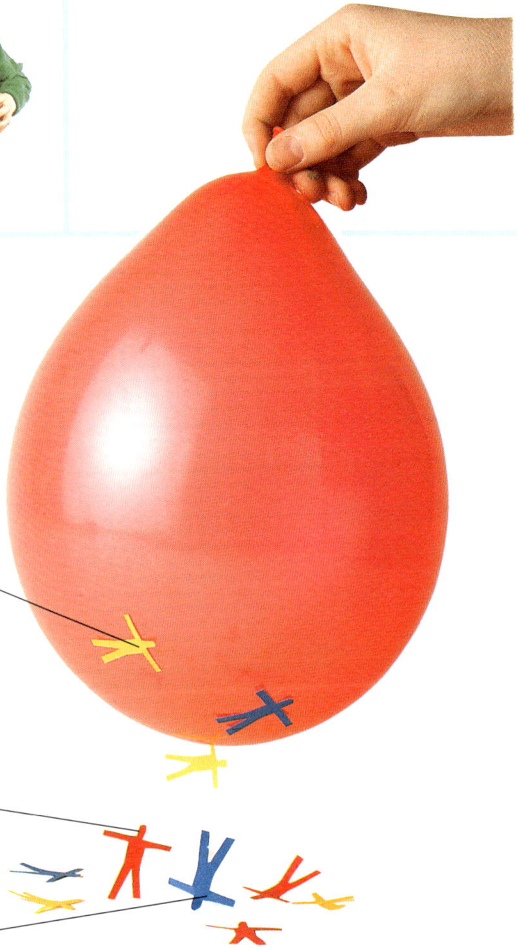

Zuerst zieht die elektrische Aufladung die Papierfiguren an.

Nachdem die Figuren den Ballon berührt haben, werden sie zurückgestoßen.

Dann springen die Figuren immer wieder auf und ab, im Wechsel von Anziehung und Abstoßung.

85 Schwinge den Zauberstab

Mit statischer Elektrizität kannst du zaubern! Wenn du deinen Zauberstab schwingst, tanzen kleine silberne Bälle auf einer Schallplatte!

Du brauchst

spitzen Bleistift

Glas- oder Plastikschale

Zuckerperlen

Schallplatte

sauberes Stofftaschentuch

1 Reibe mit dem Taschentuch kräftig über die Schallplatte. Sie wird dadurch elektrisch aufgeladen.

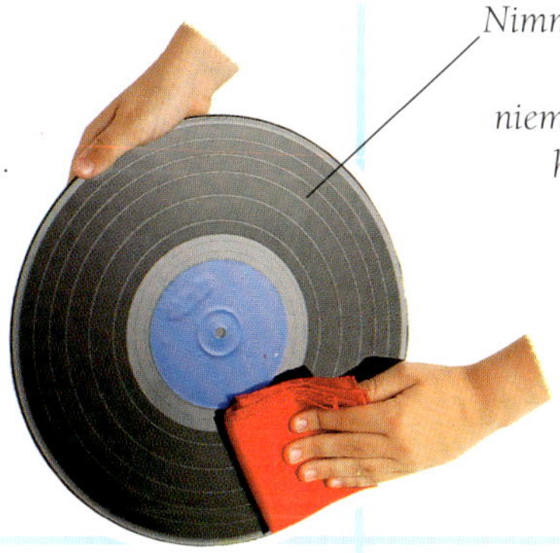

Nimm eine alte Platte, die niemand mehr hören will.

2 Lege die Platte auf die Schale. Halte die Zuckerperlen bereit.

An einigen Stellen der Platte ist die statische Aufladung höher. Hier werden die Perlen am stärksten angezogen.

3 Lass ein paar Zuckerperlen auf die Platte fallen. Sie rollen umher und bleiben plötzlich liegen.

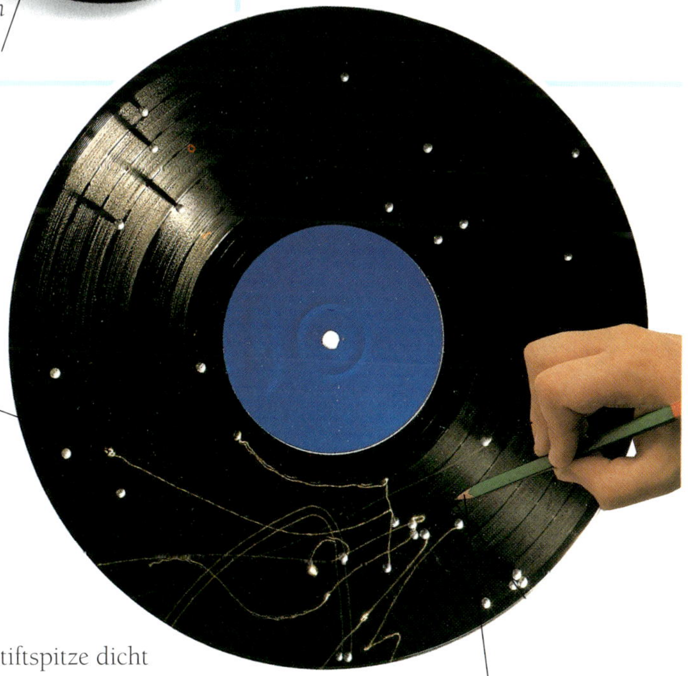

Die Perlen rollen zu den Stellen mit der stärksten elektrischen Aufladung.

4 Bringe die Bleistiftspitze dicht an eine Perle: Sie springt weg und wirbelt herum!

Die statische Elektrizität wird in der Nähe der Bleistiftspitze verringert.

Blitzschutz

Hohe Gebäude haben einen Blitzableiter, einen Metallstab, der von der Gebäudespitze bis zur Erde reicht. Er kann die statische Elektrizität in der Luft verringern, was hilft, die Entstehung von Blitzen zu vermeiden. Falls doch ein Blitz einschlägt, wird er durch den Blitzableiter in die Erde geleitet.

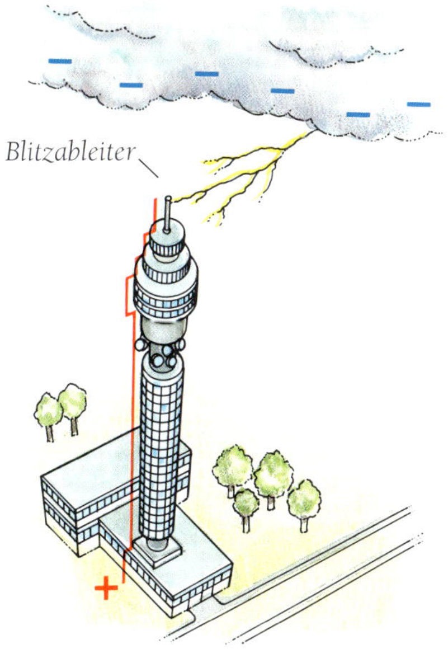

86 Ein Ladungsprüfer

Wenn man einen Plastikkamm reibt, wird er aufgeladen. Ob eine statische Ladung vorliegt und wie diese Ladung wandert, kann man mit einfachen Mitteln prüfen.

Du brauchst

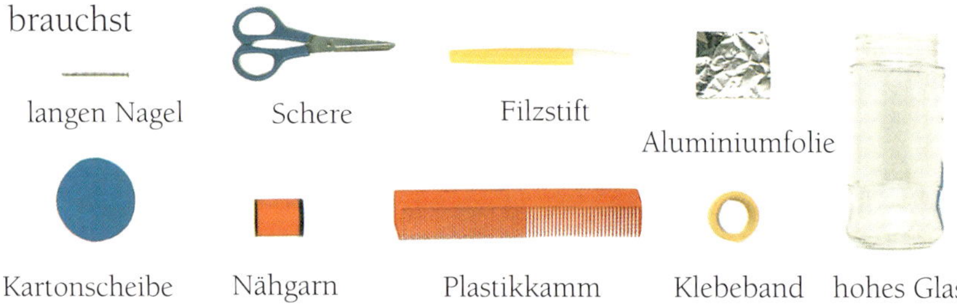

1 Drücke den Nagel mit $^{2}/_{3}$ seiner Länge mitten durch die Kartonscheibe.

2 Knote ein Nähgarn in der Nähe der Nagelspitze fest. Links und rechts soll der Faden gleich lang sein.

3 Schneide zwei Streifen Aluminiumfolie aus und klebe sie an die Fadenenden.

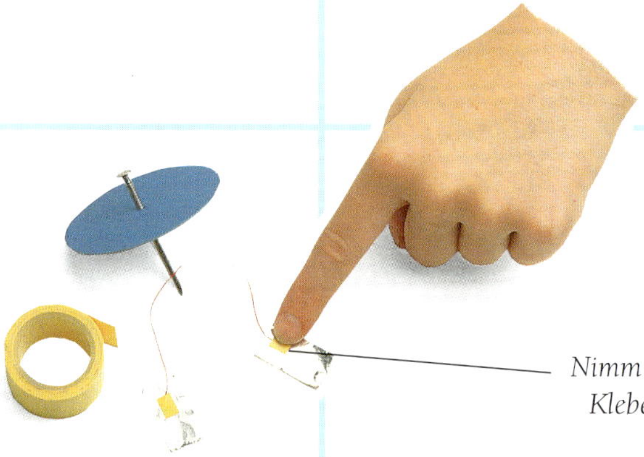

Nimm nur ganz kleine Klebebandstückchen.

4 Lege den Karton auf die Glasöffnung, sodass die Fäden hineinhängen.

Dies ist dein Ladungsprüfer.

Die Haare müssen trocken sein.

5 Fahre mit dem Kamm mehrmals rasch durch dein Haar.

Die Ladung wandert vom Kamm durch den Nagel in die Aluminiumstreifen.

Die aufgeladenen Streifen stoßen sich ab.

6 Fahre mit dem Kamm über den Kopf des Nagels. Die Streifen bewegen sich auseinander! Die elektrische Ladung des Kammes ist an sie weitergeleitet worden.

Die Ladung wandert aus den Streifen in deine Hand.

7 Berühre den Nagelkopf. Die Streifen hängen wieder gerade herab. Sie sind entladen.

Die elektrische Ladung kann nicht durch den Plastikstift abwandern. Deshalb bleibt sie in den Streifen.

8 Lade die Streifen wieder auf. Versuche nun sie mit einem Plastikstift zu entladen. Die Streifen werden auf Abstand bleiben.

Haarsträubend

Wenn du im Dunkeln einen Pullover ausziehst, kannst du vielleicht kleine Funken sehen und ein Knistern hören. Beides wird von statischen Ladungen erzeugt, die entstehen, wenn der Pullover über Hemd und Haare reibt.

87 Ein Stromkreislauf

Strom fließt durch elektrische Leiter. Wenn eine Batterie richtig angeschlossen ist, fließen elektrische Ladungen von einem Pol durch den Leiter zurück zum anderen Pol. Dies nennt man „Stromkreislauf“.

Du brauchst

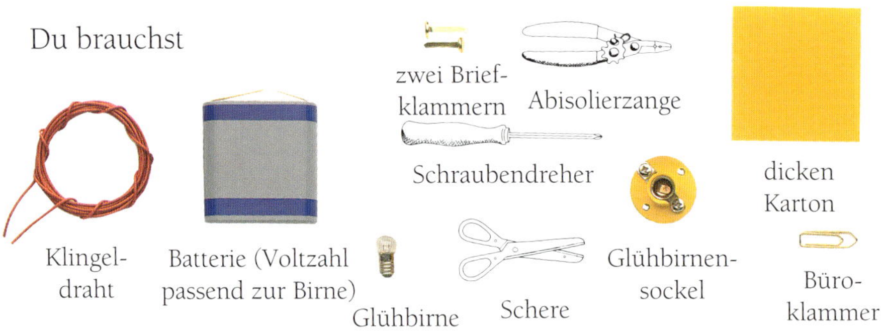

1 Schneide zwei Drähte ab und entferne die Isolierung an den Enden. Drehe die blanken Drahtenden fest zusammen.

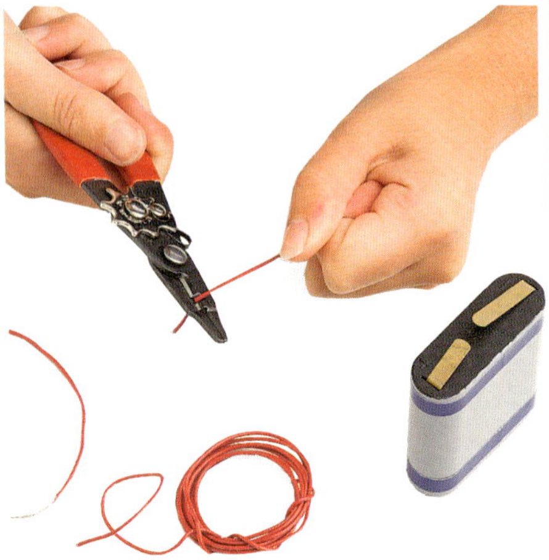

2 Befestige von jedem Draht je ein Ende an einem Batteriepol. Achte darauf, dass der blanke Draht den Batteriepol berührt.

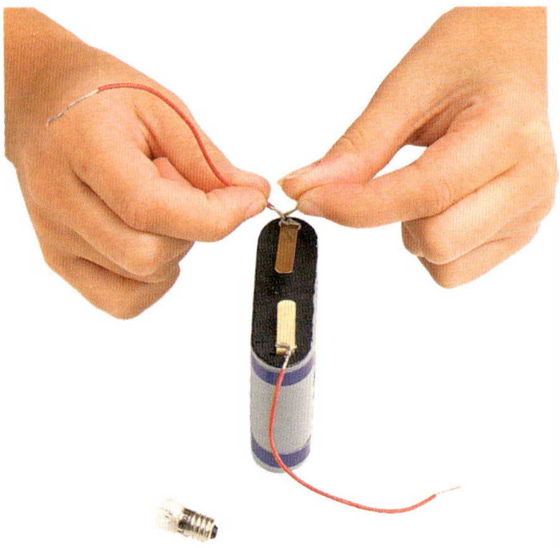

3 Halte das freie Ende des einen Drahtes an den Fuß der Glühbirne, das freie Ende des anderen Drahtes an das Gewinde. Die Birne leuchtet auf.

4 Drehe die Birne in den Sockel. Schraube die freien Drahtenden an den Sockel (vgl. Abbildung). Wieder leuchtet die Birne auf.

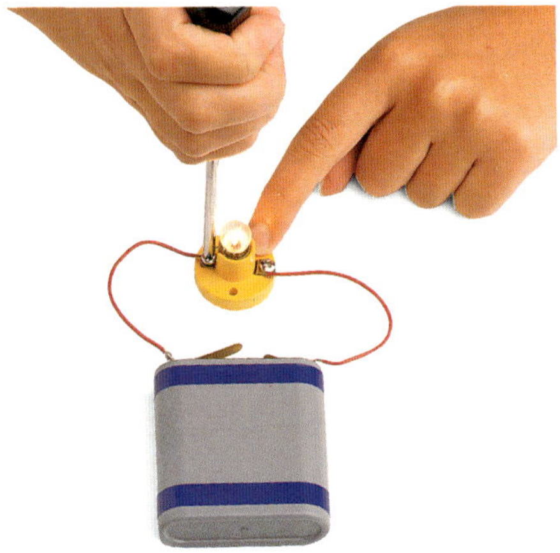

5 Unterbrich den Stromkreis, indem du von einem Batteriepol den Draht abziehst. Die Birne erlischt, weil kein Strom mehr fließen kann.

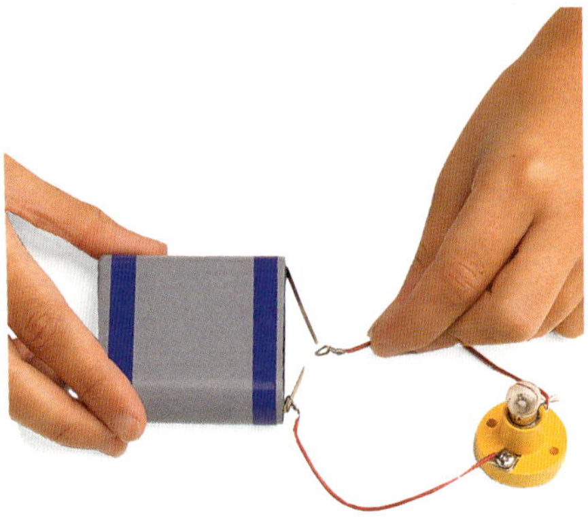

6 Schneide ein drittes Drahtstück ab, entferne die Isolierung an den Enden und drehe diese zusammen.

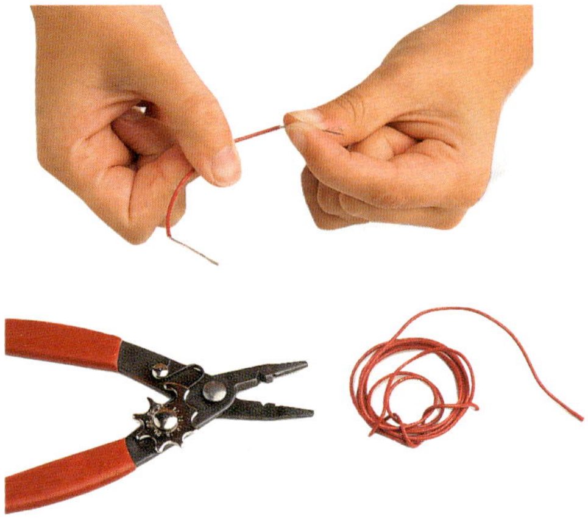

7 Befestige ein Ende des dritten Drahtes am freien Batteriepol.

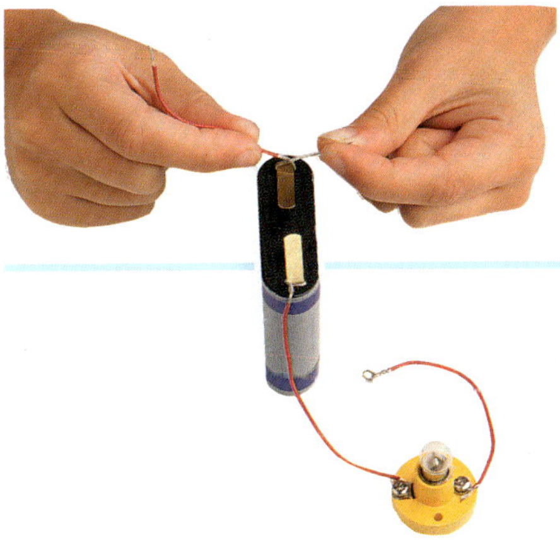

8 Schneide ein Stück Karton in der Größe 3 x 5 cm aus. Dies ist die Platte für einen Schalter.

9 Wickle das Drahtende vom Glühbirnensockel um eine Briefklammer. Drücke sie durch den Karton und biege ihre Laschen um.

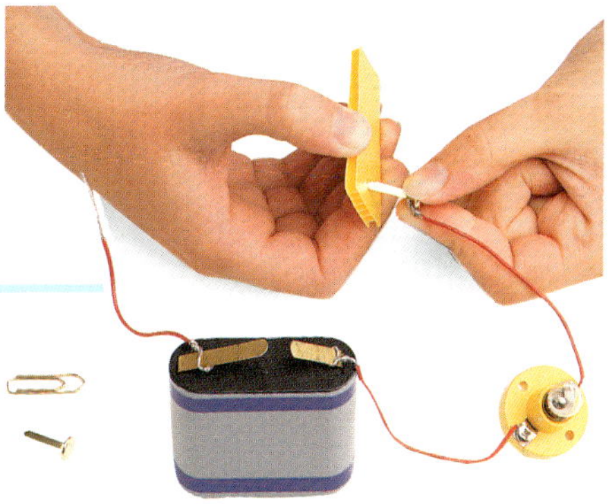

10 Wiederhole Schritt 9 mit dem Draht von der Batterie. Lege eine Büroklammer unter die Briefklammer, ehe du sie durchsteckst.

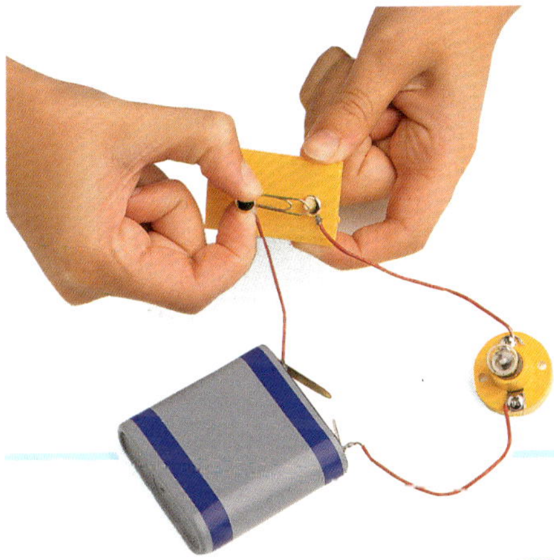

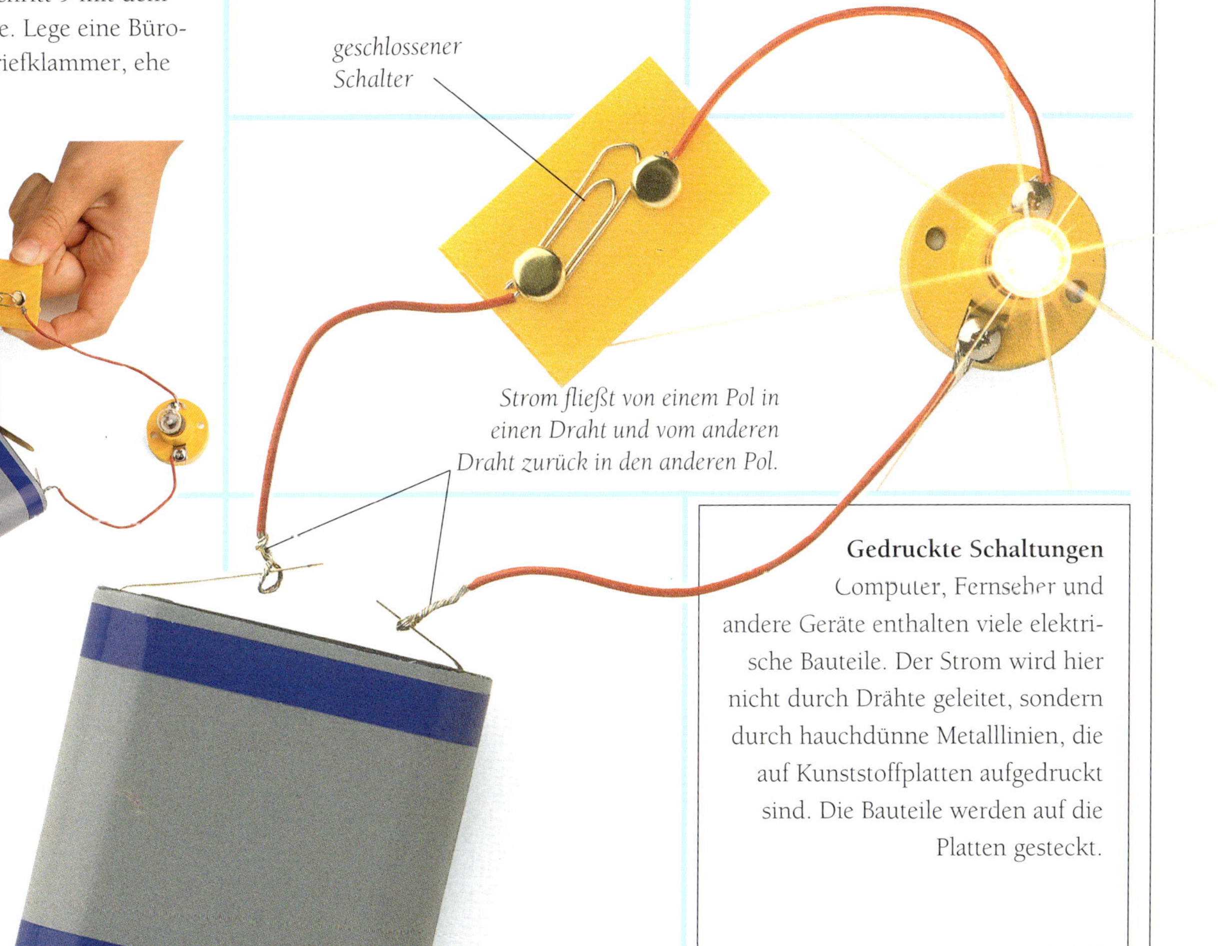

geschlossener Schalter

Strom fließt von einem Pol in einen Draht und vom anderen Draht zurück in den anderen Pol.

Das Betätigen des Schalters schließt den Stromkreis. Elektrische Ladungen fließen von einem Batteriepol durch Drähte, Schalter und Glühbirne zurück zum anderen.

11 Schließe den Schalter, indem du die Büroklammer gegen die andere Briefklammer drückst. Die Birne leuchtet auf.

Gedruckte Schaltungen

Computer, Fernseher und andere Geräte enthalten viele elektrische Bauteile. Der Strom wird hier nicht durch Drähte geleitet, sondern durch hauchdünne Metalllinien, die auf Kunststoffplatten aufgedruckt sind. Die Bauteile werden auf die Platten gesteckt.

88 Der Stromkäfer

Nicht jedes Material leitet Elektrizität. Stromleitungen haben meist eine Isolierung, damit Gegenstände, die die Leitung berühren, nicht unter Strom gesetzt werden. Ein selbst gebauter „Käfer" zeigt, ob ein Gegenstand Strom leitet.

Du brauchst

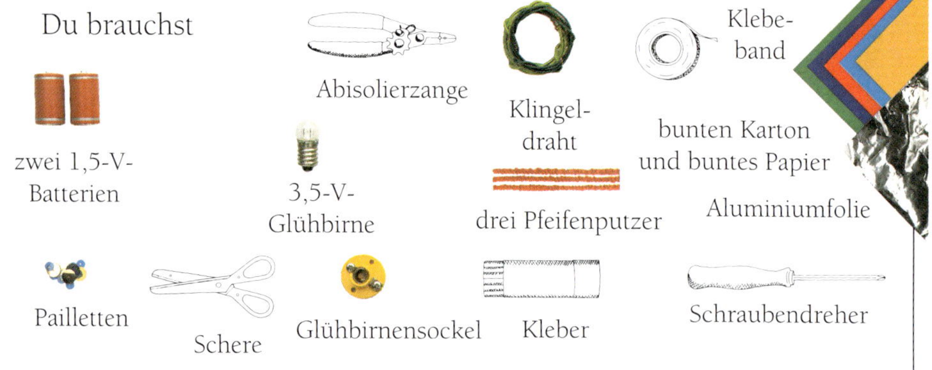

1 Lege zwischen Plus- und Minuspol zweier Batterien ein Stück Alufolie und klebe die Batterien mit Klebeband zusammen.

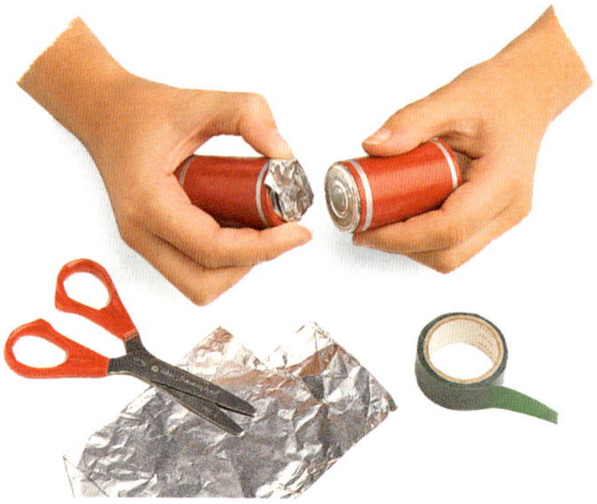

2 Schneide drei Drähte zurecht: 25 cm, 12 cm, 8 cm lang. Klebe den 25 cm langen Draht an den Minuspol der unteren Batterie.

3 Verbinde die kurzen Drähte mit dem Sockel. Klebe den 8-cm-Draht an den Pluspol der oberen Batterie.

4 Klebe den Sockel oben fest. Wickle Buntpapier um die Batterien und den 25-cm-Draht.

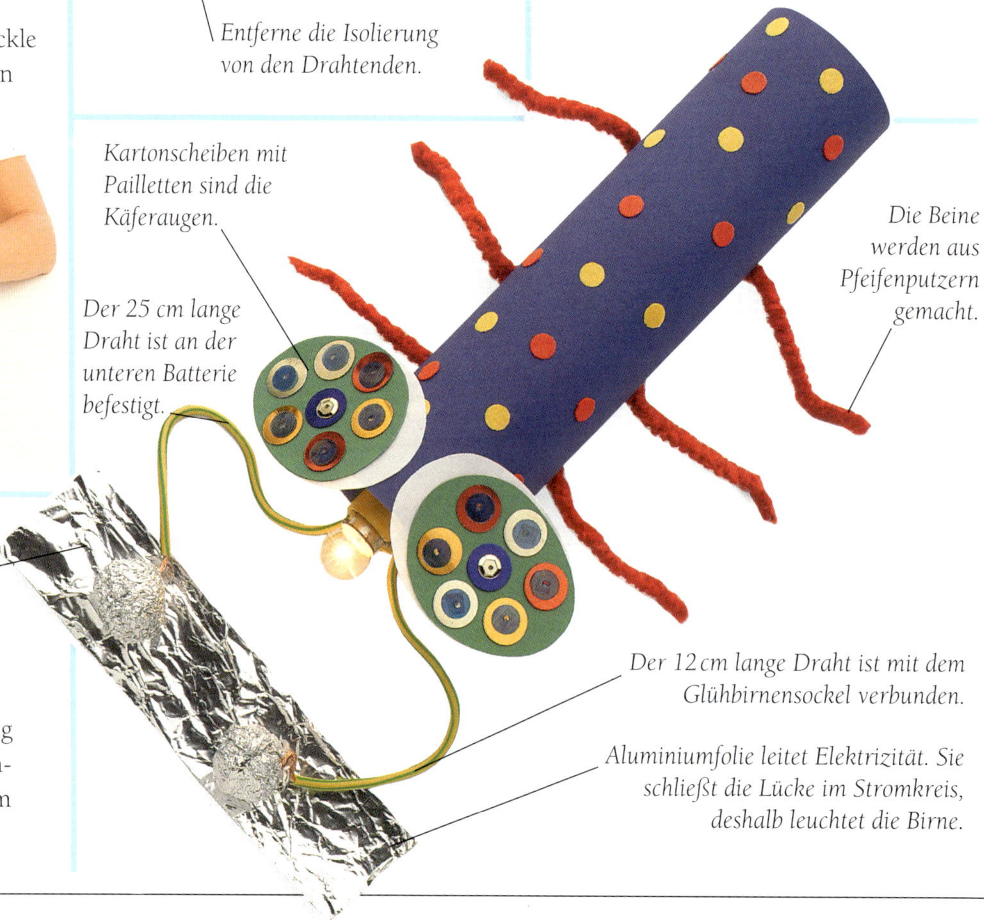

5 Der Käfer hat nun zwei Fühler mit Kugelenden. Berühre gleichzeitig mit den Kugeln verschiedene Gegenstände. Wenn der Gegenstand Strom leitet, leuchtet die Glühbirne.

89 Eine Batterie bauen

Jede Batterie enthält Chemikalien, mit deren Hilfe Elektrizität erzeugt wird. Mit Salz, Alufolie und ein paar Münzen kann man eine Batterie bauen.

Du brauchst

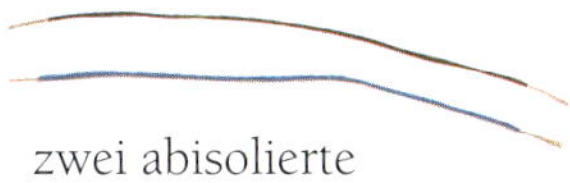
zwei abisolierte Drahtstücke

sechs Kupfermünzen

Klebeband

Filzstift

Untertasse

Papierhandtücher

Schere

Aluminiumfolie

warmes Salzwasser

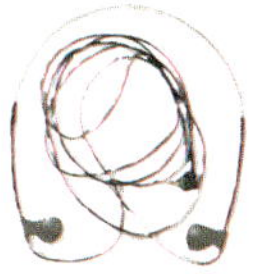
Kopfhörer

1 Zeichne auf Papier und Alufolie je sechsmal den Umriss einer Münze. Schneide alle Umrisse aus.

2 Klebe den einen Draht auf eine Münze, den anderen auf ein Folienplättchen.

3 Tauche ein Papierplättchen in warmes Salzwasser.

4 Lege das Folienstück in die Untertasse. Lege das feuchte Papierplättchen und dann eine Münze darauf.

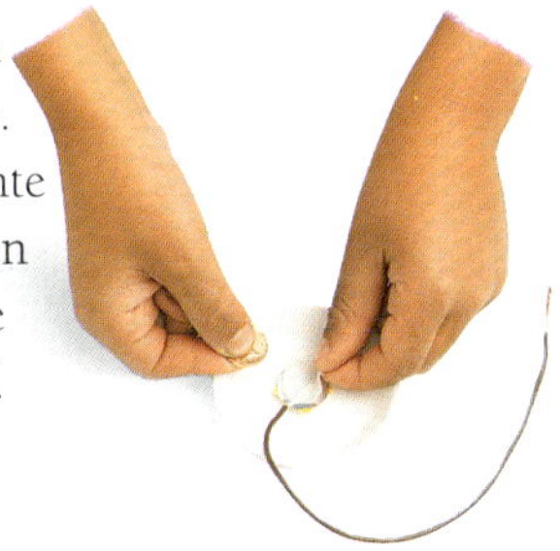

5 Wiederhole Schritt 4 jeweils mit den anderen Elementen. Die Münze mit dem Drahtstück kommt nach oben. Fertig ist die Batterie.

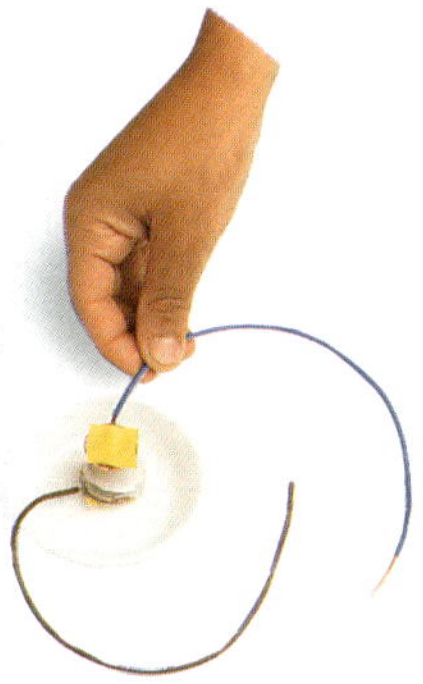

6 Befestige das Ende eines Drahtes am Stecker eines Kopfhörers.

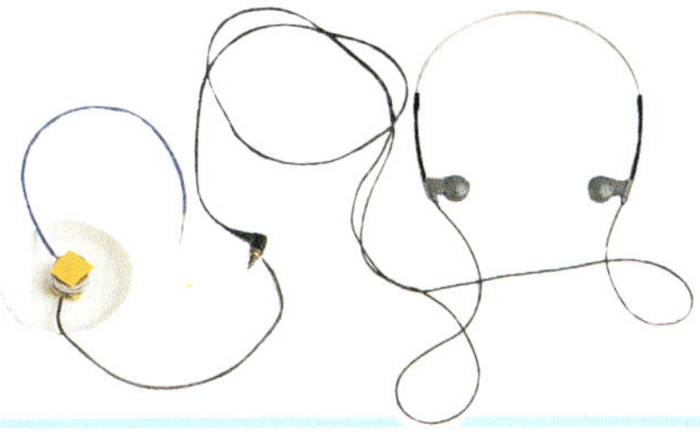

7 Setze die Kopfhörer auf. Kratze mit dem Ende des freien Drahtes über die Spitze des Steckers. Du hörst ein Knacken in den Kopfhörern!

Wenn Aluminium, Salz und Kupfer zusammengebracht werden, erzeugen sie Elektrizität.

Die Elektrizität wird in den Kopfhörer geleitet und erzeugt Töne.

In einer Batterie

Hier siehst du, wie eine Batterie im Inneren aufgebaut ist. Die Elektrizität wird vom oberen und vom unteren Ende der Batterie geleitet.

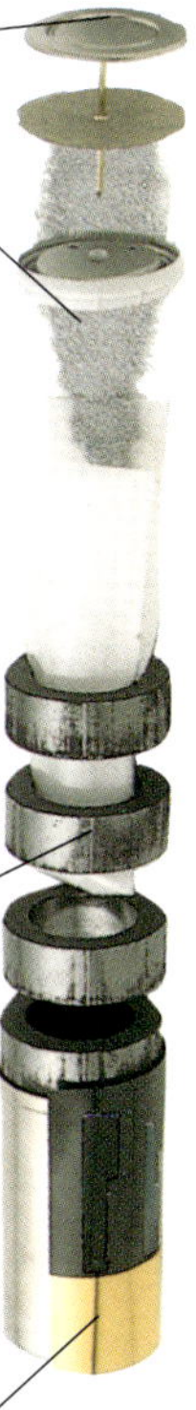

Versuche nie eine Batterie auseinander zu bauen. Das kann gefährlich sein.

90 Baue ein Karussell

Elektromotoren werden in vielen Maschinen eingesetzt. Man kann sie kaufen und damit z.B. ein Spielkarussell antreiben. Der Strom versetzt die Achse des Motors in Drehung, sodass das Karussell bewegt wird.

Du brauchst

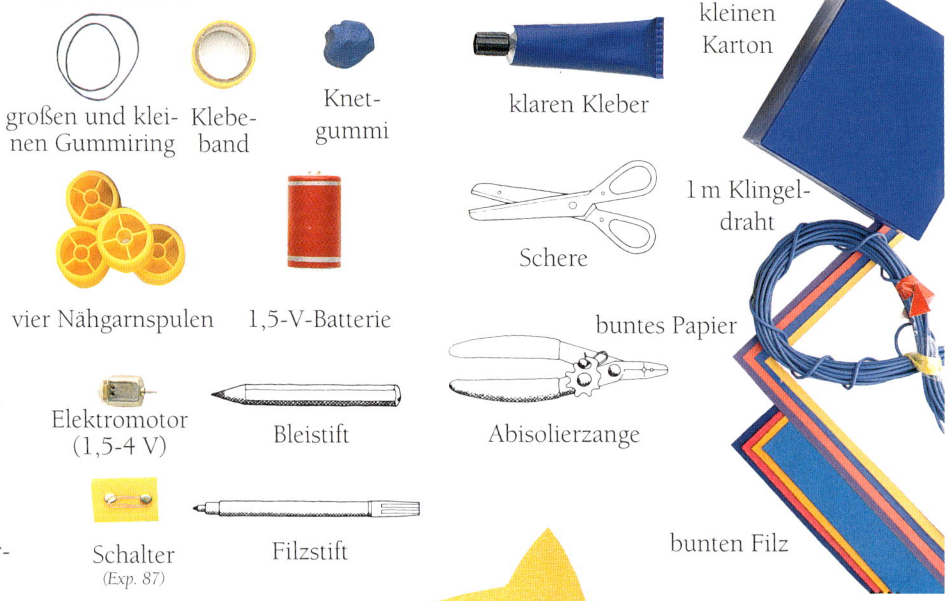

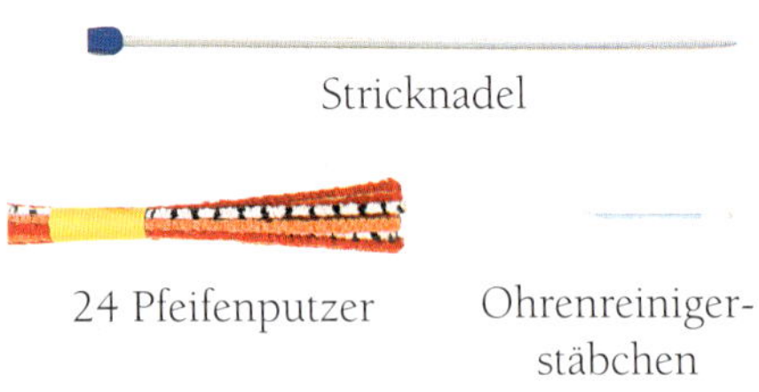

Schwalben-Flugschatten

Adler-Flugschatten

1 Schneide drei Drähte ab. Entferne die Isolierung an den Enden. Schneide ein Stück vom Ohrenstäbchen ab, setze es auf die Motorachse.

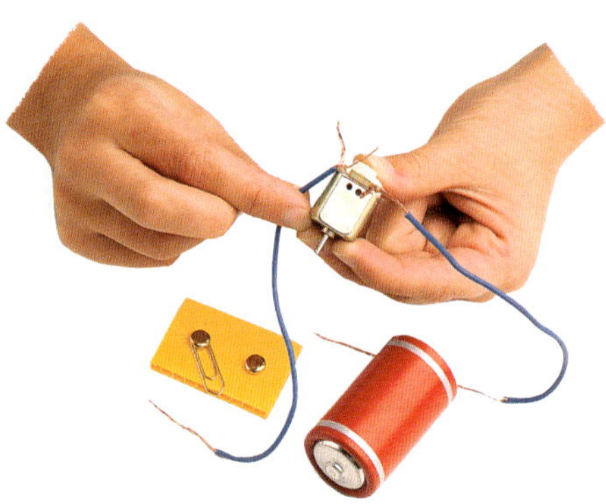

2 Verbinde die Drähte mit dem Motor, der Batterie und dem Schalter so wie in der Abbildung. Klebe den Motor in die Schachtel.

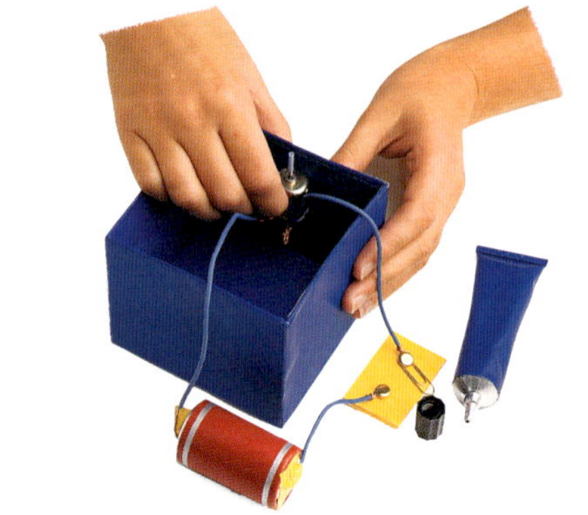

3 Wickle einen Papierstreifen um die Stricknadel. Ziehe das Papier herunter und schiebe es durch das Loch der Nähgarnspule.

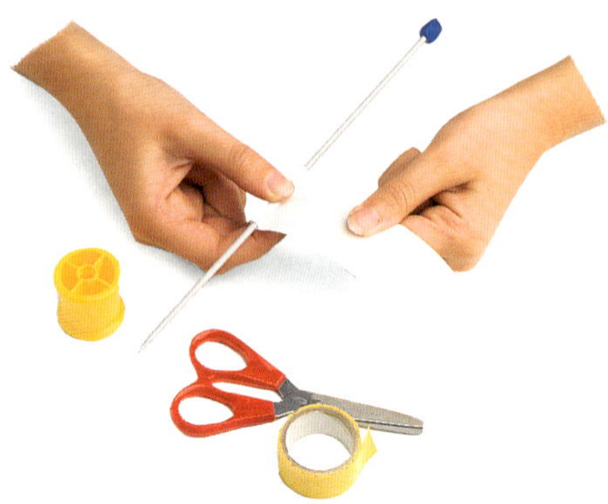

4 Klebe die Spule auf den Boden der Schachtel. Fixiere die anderen Spulen auf der Stricknadel mit Knete, so wie in der Abbildung gezeigt.

5 Spanne den großen Gummiring um die Schachtel, den kleinen um die unterste Spule auf der Stricknadel.

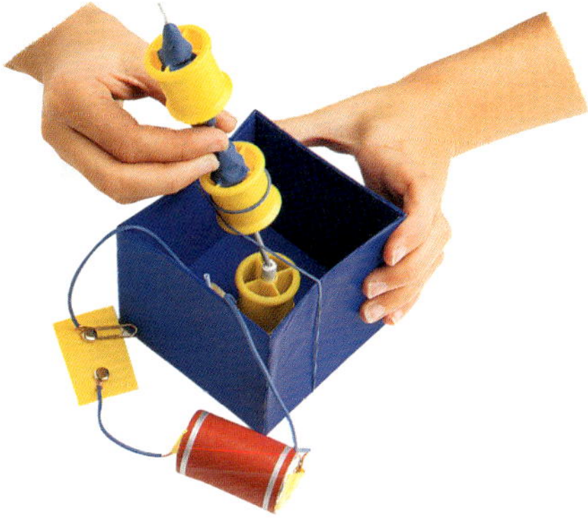

6 Baue Gerüste für sechs Vögel, die auf dem Karussell sitzen sollen. Kopf, Rumpf und Flügel werden aus Pfeifenputzern geformt.

7 Zeichne je drei Adler- und drei Schwalbengestalten auf Filz. Schneide sie aus und klebe sie auf die Gerüste.

8 Befestige die Vögel an den oberen beiden Spulen mit Pfeifenputzern und Klebeband. Stecke die Stricknadel in die fixierte Spule in der Schachtel.

9 Ziehe den Gummiring auf der festgeklebten Spule bis über das Stäbchen, das auf der Motorachse steckt.

10 Schließe den Schalter und schon kreisen die Vögel! Die Motorachse wird mit Strom aus der Batterie angetrieben und über den Gummiring wird die Stricknadel in Drehung versetzt.

Maschinen und Bewegung

Unsere Welt ist ständig in Bewegung. Menschen und Tiere gehen, laufen, schwimmen und fliegen. Der Wind weht und Flüsse fließen. Auch Maschinen sind in Bewegung und erfüllen dabei Aufgaben für uns Menschen. Maschinen arbeiten, weil sie von Kräften angetrieben werden. Die Kraft kann ein starker Motor aufbringen oder auch ein Mensch durch seine Muskeln.

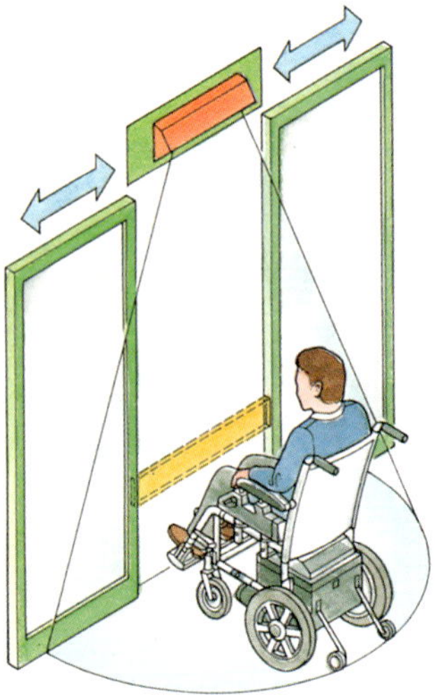

Türöffner
Automatische Türen öffnen sich von selbst. Ein Gerät sendet unsichtbare Strahlen aus und wenn sich ein Mensch nähert, öffnet sich die Tür.

Schnellrechner
Ein Taschenrechner ist eine kleine Maschine, die blitzschnell Berechnungen durchführt.

Perfekte Arbeit
Ein Roboter ist ein sehr fortschrittlicher Maschinentyp. Er kann so programmiert werden, dass er auch sehr schwierige Aufgaben perfekt ausführt.

Druck und Gegendruck
Diese beiden Mädchen üben gegenseitig eine Kraft aufeinander aus. Sie drücken mit ihren Händen gegeneinander und bewegen sich dadurch rückwärts.

Handliche Maschine
Auch ein Korkenzieher ist eine Maschine, wenn auch eine einfache. Seine Aufgabe könnten wir mit bloßen Händen nicht erfüllen.

91 Eine Schubkarre bauen

Maschinen können deine Kraft verstärken! Dies wirst du merken, wenn du eine einfache Schubkarre baust. Sie wirkt als „Hebel“. Das ist eine Vorrichtung, die deine Kraft verstärkt.

Du brauchst

Plastiktüte

kurzen Bleistift

Steine

zwei gleich lange Holzstäbe

Nähgarnspule

Klebeband

Karton

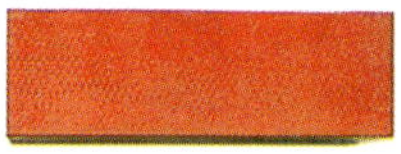
Schuhschachtel

Schere

1 Packe die Steine in die Tüte und hebe sie hoch. Dazu brauchst du eine bestimmte Kraft.

2 Schneide das Kartonstück so zu, dass es in die Schuhschachtel passt. Befestige es so, dass zwei Abteile entstehen.

3 Befestige die Holzleisten auf der Unterseite der Schuhschachtel.

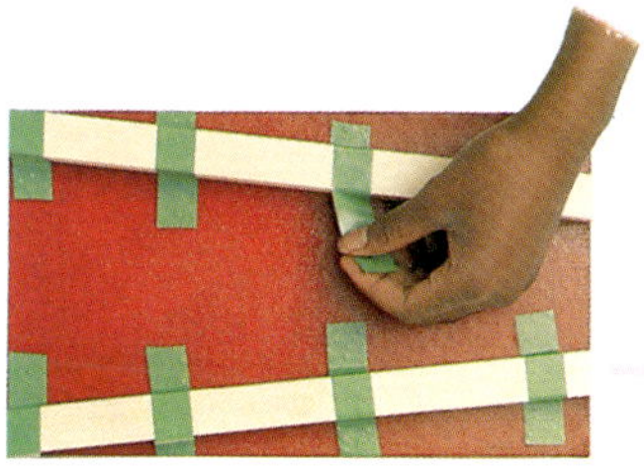

4 Schiebe den Bleistift durch das Loch der Garnspule. Befestige die Bleistiftenden an den Holzleisten.

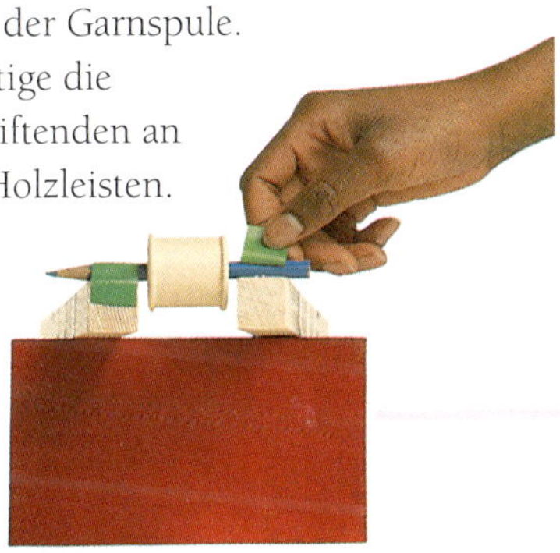

5 Lege die Tüte in das hintere Abteil der Schubkarre. Hebe die Karre an.

Mithilfe der Schubkarre ist es leichter, die Steine zu heben.

Die Holzleisten bilden einen Hebel, der sich um das Rad dreht.

Je näher die Ladung am Rad ist, desto weniger Kraft muss man aufwenden.

Die Garnspule ist das Rad der Schubkarre. Die Spule muss sich leicht drehen lassen.

Wenn du einen Hebel ausnutzt, bewegen sich deine Hände eine längere Strecke nach oben als die Ladung. Dieser längere Hebelweg sorgt dafür, dass du weniger Kraft aufwenden musst.

6 Lege die Steine in das vordere Abteil. Jetzt ist es noch leichter, sie zu heben.

92 Kraftmessung

Um einen Gegenstand zu bewegen, musst du Kraft aufwenden. Je mehr Kraft du aufwendest, desto schneller wird er bewegt. Mit einem selbst gebauten Kraftmesser kannst du dies zeigen.

Du brauchst

1 Hefte den Gummiring mit der Reißzwecke an ein Ende der Leiste. Verknote Schnur und Gummiring.

2 Schraube die Ösenschrauben in das Holz. Fädele die Schnur durch die Ösen und die Perlen.

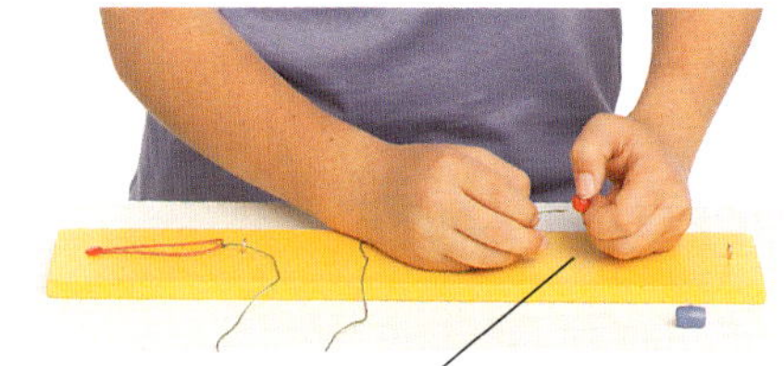

Die Schnur wird erst durch eine Öse gefädelt, dann durch die kleine und große Perle und zuletzt durch die andere Öse.

3 Klebe die kleine Perle auf die Schnur. Zeichne eine Skala auf das Holz: Die kleine Perle steht bei Null.

Durch die Krafteinwirkung wird der Gummiring gedehnt: Die kleine Perle schiebt die große entlang der Skala.

5 Vor jedem Versuch muss der Kraftmesser wieder auf Null gestellt werden. Probiere nun, wie viel Kraft jeweils aufgewendet wird, um den Wagen mit verschiedener Geschwindigkeit zu bewegen. Versuche es auch mit einem beladenen Wagen.

4 Knote die Schnur an ein schweres Spielzeugauto. Die Lage der großen Perle auf der Skala zeigt nach dem Versuch, wie viel Kraft aufgewendet wurde.

Eishockeyspieler müssen mit den Beinen viel Kraft aufwenden, um sich über die Spielfläche zu bewegen. Wenn ein Spieler den Puck schießt, gibt er ihm diese Bewegungsenergie mit. Der Puck ist aber viel leichter als der Spieler und somit auch sehr viel schneller.

93 Einen Gleiter bauen

Bewegt sich ein Gegenstand über eine Oberfläche, wird er durch „Reibung“ abgebremst. Wenn die Reibung gering ist, bewegen sich die Gegenstände leicht, so wie dieser Gleiter.

Du brauchst

Luftballon

abgeschnittene Spitze einer Plastikflasche

1 Bitte einen Erwachsenen ein kleines Loch in den Flaschenverschluss zu stechen. Blase dann den Ballon auf.

Der Rand der abgeschnittenen Flaschenspitze muss glatt und eben sein.

2 Klemme den Hals des Ballons zu, damit keine Luft entweicht. Stülpe die Ballonöffnung über den Flaschenverschluss.

3 Lass den Hals des Ballons los. Stoße die Flaschenspitze sachte an. Sie gleitet über den Tisch!

Die ausströmende Luft hebt die Flaschenspitze ein wenig an: Die Reibung wird verringert.

94 Reibungstest

Auf einer glatten Oberfläche, z. B. Eis, gleitet man viel besser als auf einer rauen. Raue Oberflächen erzeugen mehr Reibung als glatte und Reibung verlangsamt die Bewegung.

Du brauchst

Schraubendreher

Reißzwecken

Messer

Holzklotz

Filzstift

Scharnier und Schrauben

Winkelmesser

Lineal

Viertelkreis aus Karton

zwei Holzleisten

Testoberflächen (Filz, Sandpapier, Karton)

1 Schraube das Scharnier an die Holzleisten. Eine Leiste bleibt liegen, die andere kann aufgerichtet werden.

2 Zeichne mit Winkelmesser und Lineal eine Winkelskala auf den Viertelkreis. Befestige sie mit den Reißzwecken an der waagerechten Holzleiste. Befestige eine Testfläche auf der beweglichen Holzleiste.

3 Lege den Holzklotz auf das Ende der Holzleiste. Kippe die Leiste, bis der Block zu gleiten beginnt. Der Winkel zeigt, ob die Testfläche viel oder wenig Reibung verursacht.

Um die Reibung zu verringern, kann man Öl verwenden.

Je größer die Neigung, desto größer die Reibung.

95 Kreisbewegung

Bewegt sich ein Gegenstand im Kreis, wirkt auf ihn die so genannte „Zentripetalkraft“ ein. Sie sorgt dafür, dass der Gegenstand auf einer Kreisbahn bleibt, statt wegzufliegen.

Du brauchst

Holzklotz mit Loch

Nähgarnspule

Korken

Schnur

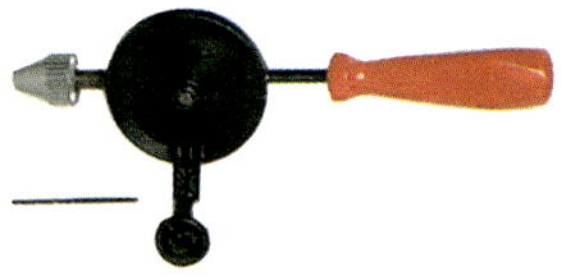
Bohrer

1 Bohre ein Loch in Längsrichtung durch den Korken. Mache einen dicken Knoten in das eine Schnurende, fädele das andere Ende durch Korken und Garnspule.

2 Binde den Holzklotz an das andere Ende der Schnur. Die Schnur muss leicht durch Spule und Korken gleiten können. Der Korken darf nicht über den Knoten rutschen.

3 Nimm die Garnspule und schwinge sie so, dass der Korken sich im Kreis bewegt. Der Holzklotz wird angehoben, während der Korken kreist.

96 Eine Kupplung

Eine Kupplung besteht aus zwei Rädern, die sich gegenseitig antreiben. Das kleinere wird dabei vom größeren in schnellere Drehung versetzt. So kann man die Geschwindigkeit von Maschinen verändern.

Du brauchst

zwei Nägel

Kleber

Nähgarnspulen

verschiedene Marmeladenglasdeckel

dicken Karton

Sandpapier

1 Klebe Sandpapierstreifen um die Deckelränder. Klebe die Spulen in die Deckel (vgl. Bild).

2 Stich die Nägel durch den Karton. Dies sind die Achsen für die Kupplungsräder.

3 Setze verschiedene Räder auf die Nägel, sodass sie sich berühren. Setze eine Spule auf ein Rad und drehe es.

97 Ein Automat

Damit Maschinen funktionieren, müssen sie meistens von Menschen bedient werden. Aber es gibt Maschinen, die keine Kontrolle brauchen. Diese hier sortiert automatisch Murmeln.

Du brauchst

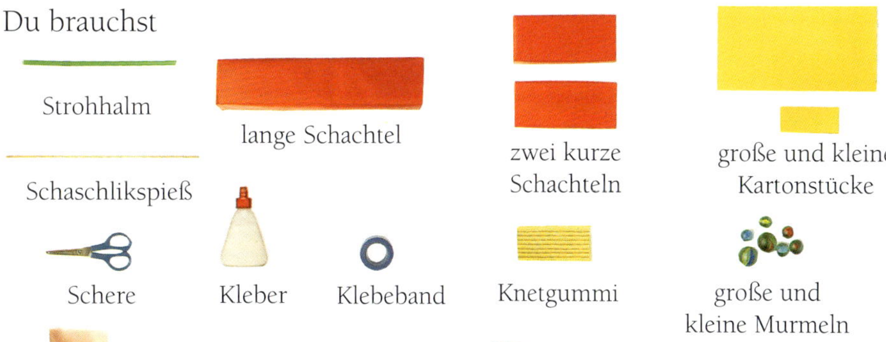

1 Schneide Öffnungen in die lange Schachtel und in eine der kleinen Schachteln (vgl. Bild). Klebe die kurze Schachtel auf die lange Schachtel.

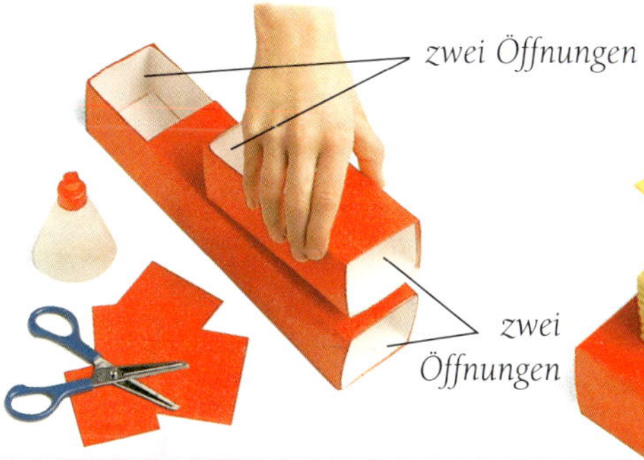

2 Falte ein kleines Kartonstück zu einer Rinne. Befestige sie mit Knetmasse auf der zweiten kleinen Schachtel.

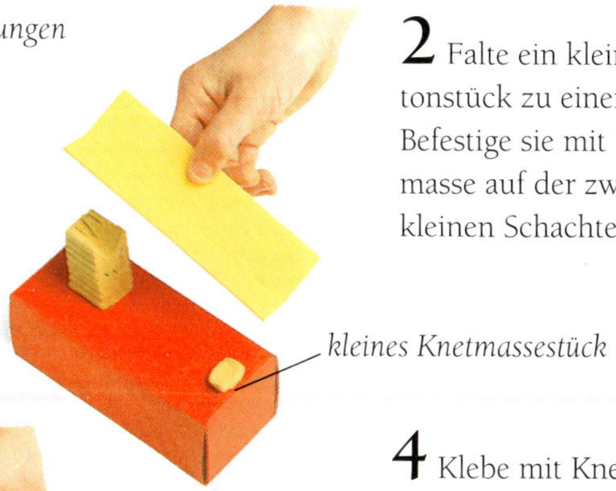

3 Falte beide Seiten des großen Kartonstücks zu einer Rinne. Klebe den Strohhalm auf die Kartonunterseite und schiebe das Holzstäbchen hindurch.

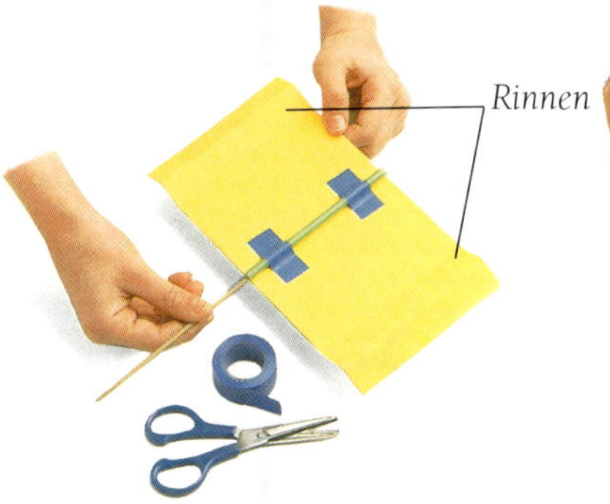

4 Klebe mit Knete zwei kleine Murmeln in eine Rinne. Lege das Holzstäbchen auf zwei gleich hohe Kneteblöcke. Die Wippe berührt mit der Seite den Tisch, auf der die Murmeln liegen.

5 Ordne Schachteln, Wippe und Rinne so an, wie auf dem Bild gezeigt. Lass eine kleine Murmel die Rinne hinabrollen.

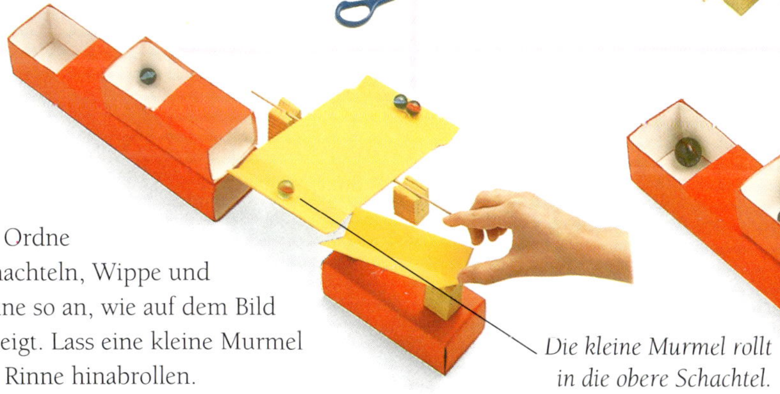

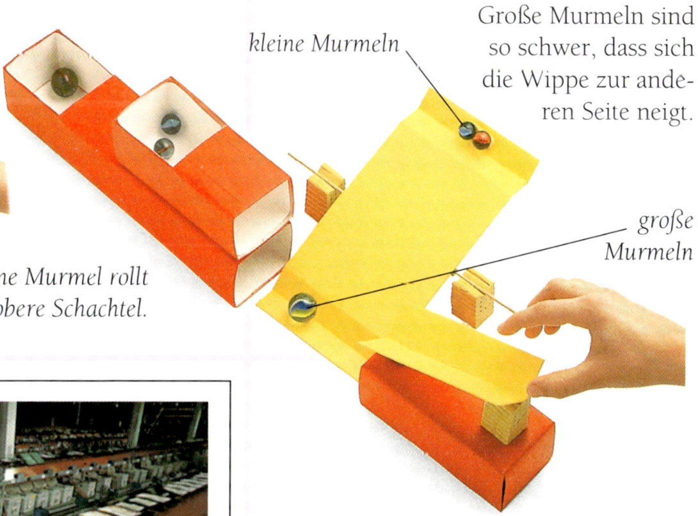

6 Lass eine große Murmel die Rinne hinabrollen. Die Wippe kippt und die Murmel rollt in die untere Schachtel.

Sortiermaschine

Briefe und Päckchen kann man automatisch sortieren, wenn die Postleitzahlen maschinenlesbar sind. Dann wird die Post für verschiedene Orte automatisch in richtige Behälter sortiert.

98 Ein Ventilator

Behalte einen kühlen Kopf: mit einem selbst gebauten Ventilator. Zu dieser Maschine gehört ein Treibriemen. Er lässt den Ventilator schneller herumwirbeln, als du die Kurbel drehst.

Du brauchst

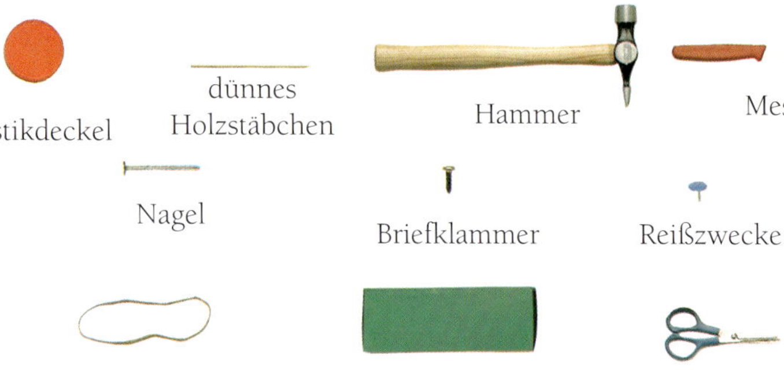

Plastikdeckel, dünnes Holzstäbchen, Hammer, Messer, drei Korken, Nagel, Briefklammer, Reißzwecke, steifes Plastik, breiten Gummiring, Schachtel, Schere

1 Ein Erwachsener soll mit dem Nagel zwei Löcher in eine Schachtelseite stechen, ein drittes auf die entgegengesetzte Seite – einem der ersten gegenüberliegend. Dann noch zwei Löcher in den Plastikdeckel.

Die Löcher sollen jeweils 5 cm Abstand zu Ober- und Unterkante der Schachtel haben.

Ein Loch kommt in die Mitte des Deckels, das andere an den Rand.

2 Befestige mit der Reißzwecke einen Korken am Deckel. Dies ist deine Kurbel.

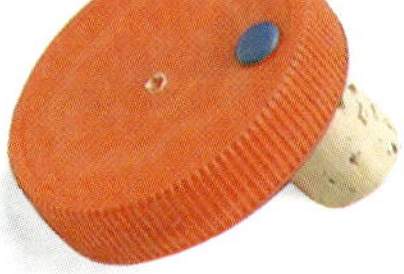

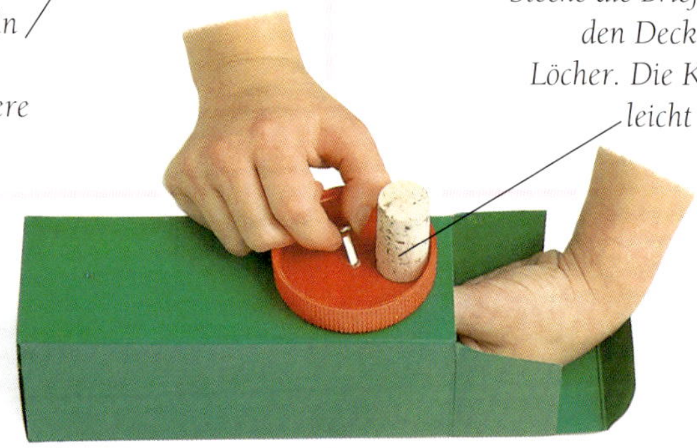

Stecke die Briefklammer durch den Deckel und eines der Löcher. Die Kurbel muss sich leicht drehen können.

3 Befestige die Kurbel mit der Briefklammer an der Schachtel.

Die Schlitze sollen schräg stehen.

4 Bitte einen Erwachsenen vier Schlitze in einen Korken zu schneiden.

5 Schneide vier lange Plastikstreifen ab. Sie sollen so breit sein, wie die Schlitze im Korken lang sind.

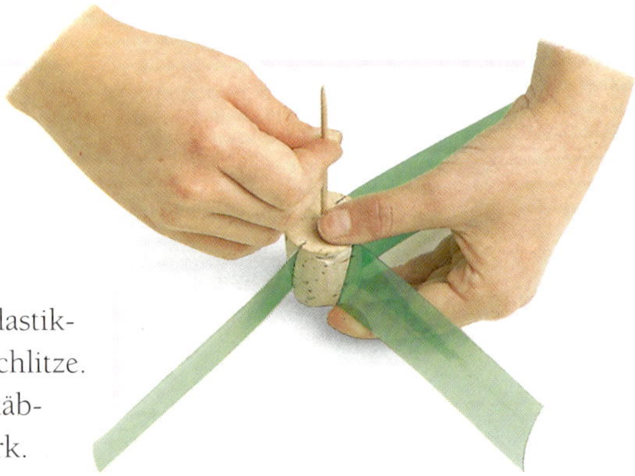

6 Stecke die Plastikstreifen in die Schlitze. Stich das Holzstäbchen in den Kork.

7 Schiebe das Stäbchen durch die gegenüberliegenden Löcher der Schachtel. Die Spitze muss auf der Rückseite herausragen.

Schiebe das Stäbchen ganz durch die Schachtel.

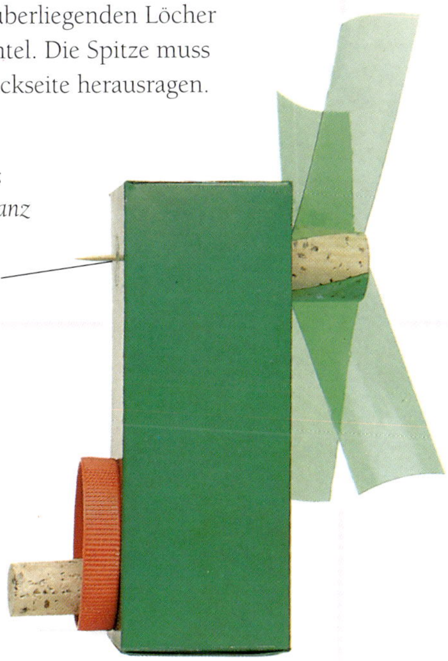

8 Drücke den dritten Korken auf die Spitze des Stäbchens. Spanne den breiten Gummiring über Korken und Kurbel. Der Ventilator ist fertig.

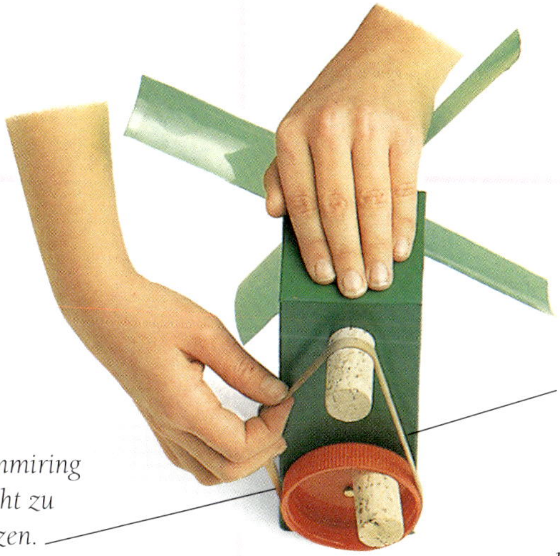

Der Gummiring sollte nicht zu straff sitzen.

Der Gummiring ist ein Treibriemen, der zwei „Räder“ verbindet: den Deckel und den Korken.

Drehgeschwindigkeit

Eine Fahrradkette ist wie ein Treibriemen, der dafür sorgt, dass das Hinterrad sich schneller dreht als die Pedale. Beim Gangwechsel springt die Kette auf ein anderes Kettenblatt. Die Größe des Kettenblattes beeinflusst die Drehgeschwindigkeit des Hinterrads. Größere Kettenblätter sorgen für höhere Geschwindigkeit.

9 Drehe die Kurbel des Ventilators: Die Flügel drehen sich und schaufeln Luft nach vorn!

Die Flügel drehen sich schneller als die Kurbel.

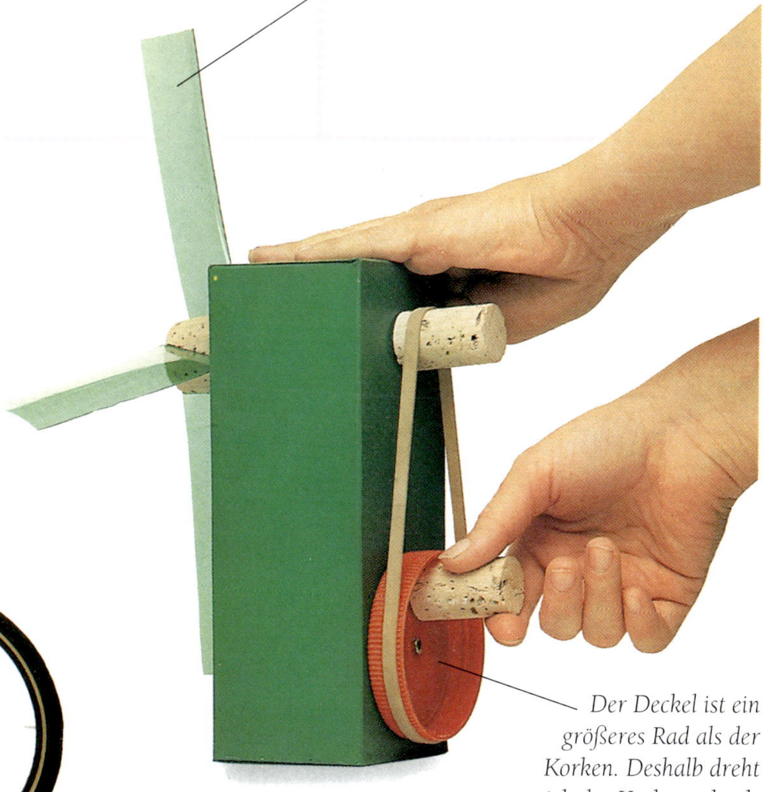

Der Deckel ist ein größeres Rad als der Korken. Deshalb dreht sich der Korken schneller als der Deckel.

99 Ein Wasserrad

Die meisten Maschinen haben einen Motor, der die Energie erzeugt, mit der sie arbeiten. Der älteste Energieüberträger ist das Wasserrad. Es nutzt die Energie von strömendem oder fallendem Wasser, um eine Maschine anzutreiben. Noch heute sind Wasserräder in Gebrauch.

Du brauchst

1 Schneide mit dem Messer vier Schlitze in den Korken.

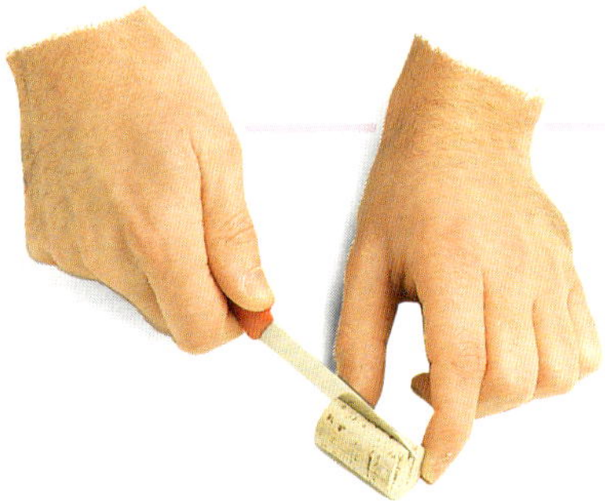

2 Schneide vier Plastikstreifen ab. Sie sollen so lang sein wie der Korken.

3 Stecke die Plastikstreifen in die Schlitze. Dies ist dein Wasserrad.

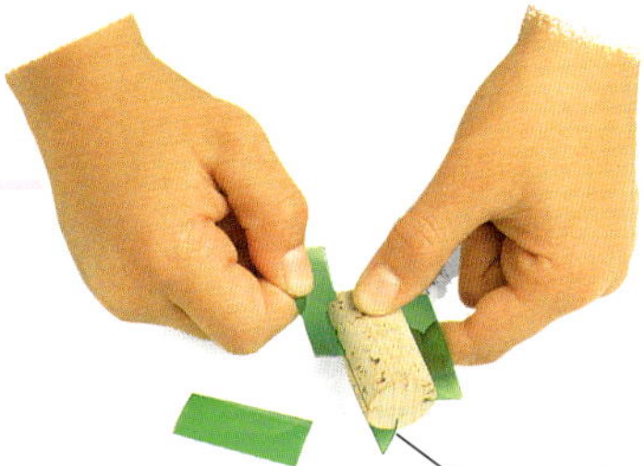

Die Plastikstreifen müssen fest sitzen.

4 Stich mit dem Nagel zwei gegenüberliegende Löcher in die Plastikflasche.

5 Schneide den Flaschenboden ab. Der Rand muss gerade sein, damit die Flasche nicht umfällt.

6 Stecke einen Zahnstocher in das eine Ende des Korkens. Befestige die ganze Konstruktion in der Flasche.

7 Stecke den anderen Zahnstocher durch das andere Loch und drücke ihn fest in den Korken.

Bedecke die Spitzen der Zahnstocher mit Knete.

Das Wasserrad muss sich leicht drehen können.

8 Stecke den Trichter in das eine Ende des Plastikschlauches. Überklebe die Verbindungsstelle gut mit Klebeband.

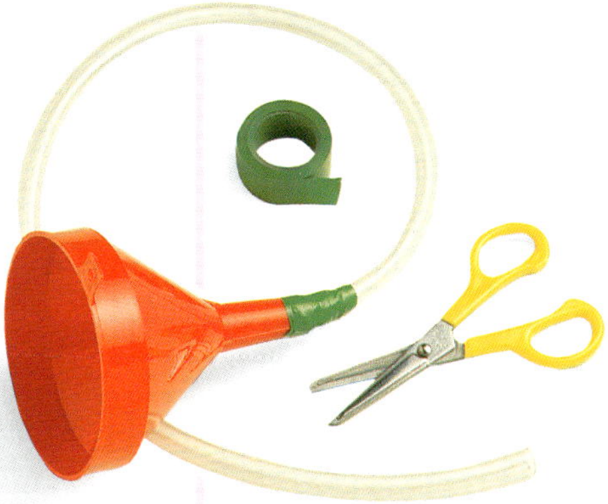

Ein Freund soll Wasser in den Trichter gießen.

9 Stelle die Flasche in die Glasschale. Halte den Plastikschlauch in die Flaschenöffnung. Gieße Wasser in den Trichter, und schon dreht sich das Wasserrad.

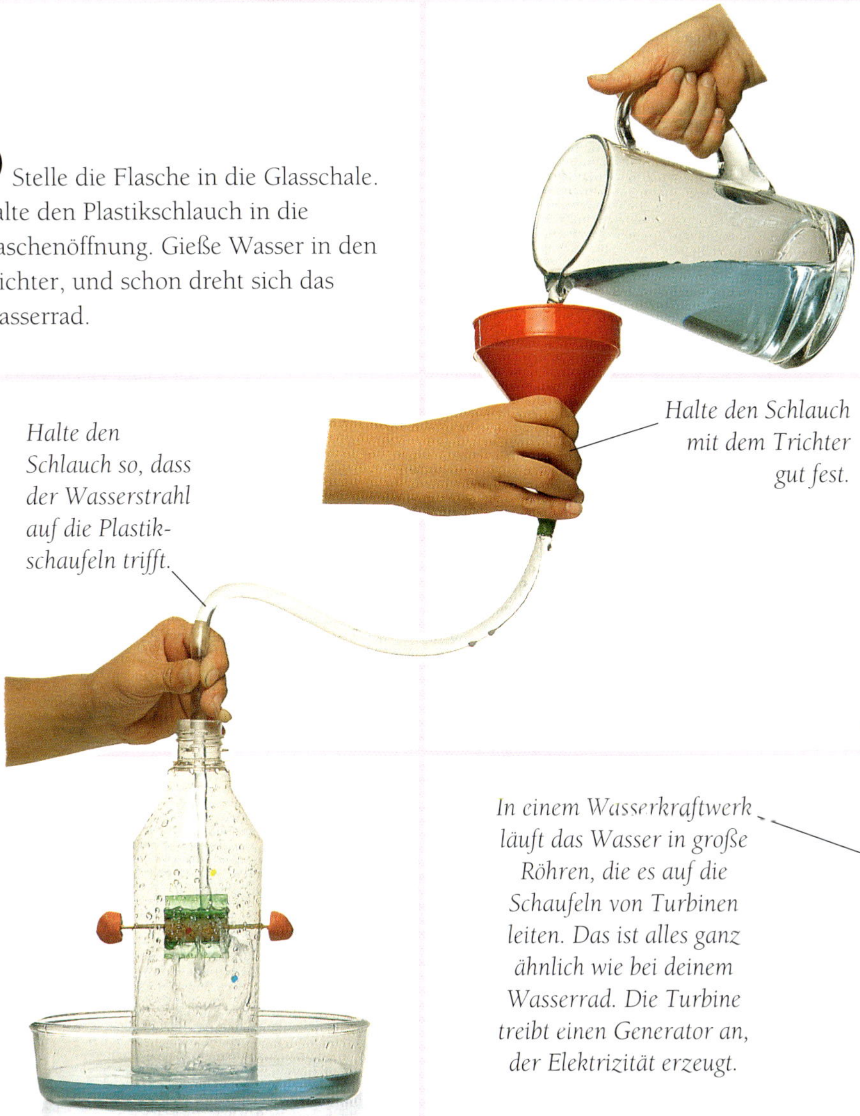

Halte den Schlauch so, dass der Wasserstrahl auf die Plastikschaufeln trifft.

Halte den Schlauch mit dem Trichter gut fest.

Das Wasser strömt jetzt im Schlauch schneller nach unten.

In einem Wasserkraftwerk läuft das Wasser in große Röhren, die es auf die Schaufeln von Turbinen leiten. Das ist alles ganz ähnlich wie bei deinem Wasserrad. Die Turbine treibt einen Generator an, der Elektrizität erzeugt.

Windkraft

Hier siehst du Windräder. Sie funktionieren ähnlich wie Wasserräder, außer dass sie strömende Luft nutzen statt Wasser. Der Wind treibt die Turbinenschaufeln an, die wiederum einen Stromgenerator antreiben.

10 Hebe den Trichter etwas höher. Das Wasser fließt nun schneller durch den Schlauch und treibt das Wasserrad dadurch schneller an.

100 Mit Wasserkraft heben

Du kannst einen schweren Gegenstand anheben und brauchst dazu nur ein bisschen Wasser. Die Verwendung von Wasser für solche Zwecke nennt man „Hydraulik".

Du brauchst

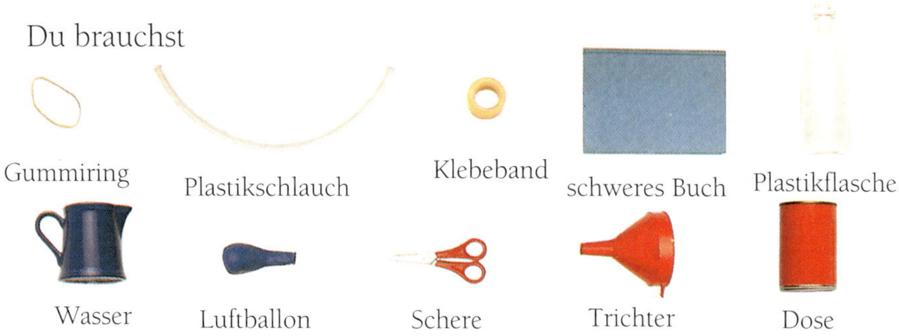

1 Ziehe den Hals des Ballons über ein Schlauchende. Umwickle die Verbindung gut mit Klebeband.

2 Schneide die Spitze der Flasche ab. Mache seitlich, nahe am Boden, ein Loch in die Flasche.

3 Stecke den Ballon durch das Loch in die Flasche.

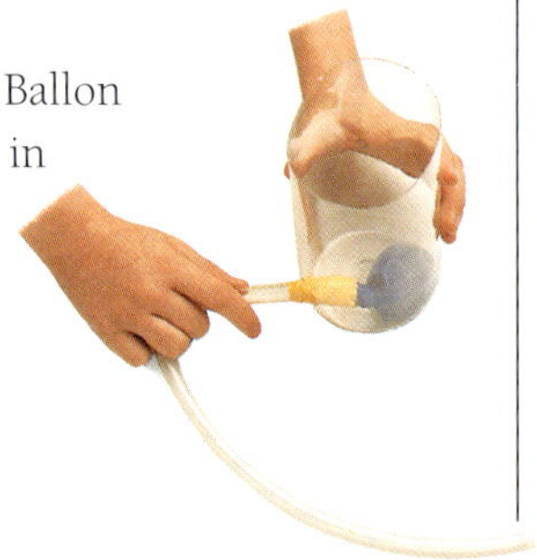

4 Klebe den Trichter am anderen Schlauchende sorgfältig fest.

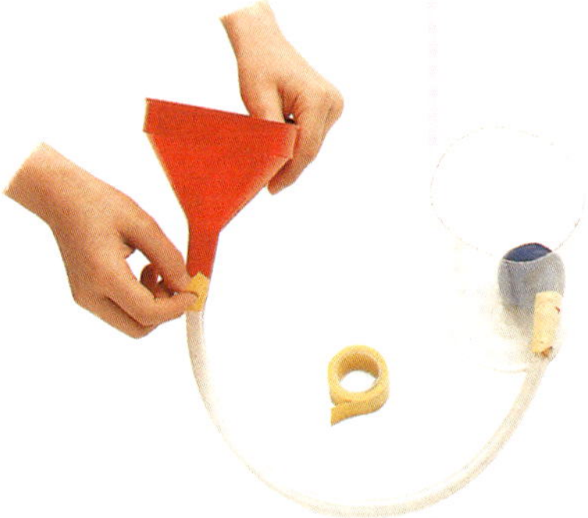

5 Stelle die Dose auf den Ballon in der Flasche. Lege dann das schwere Buch auf die Flasche.

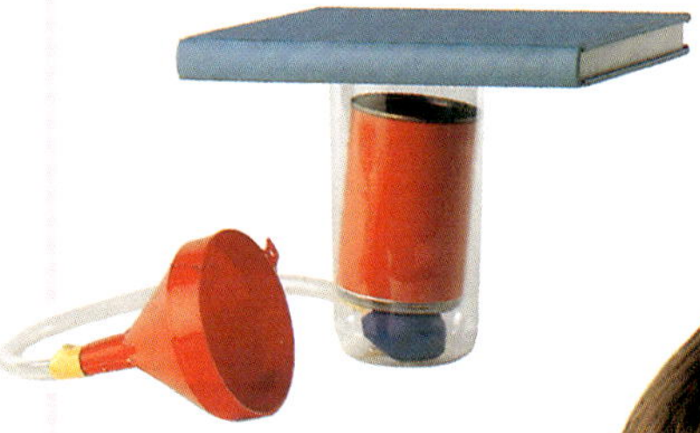

Graben und heben

Starke Maschinen wie diese Planierraupe arbeiten mit Hydraulik. Eine Pumpe drückt eine Flüssigkeit in Zylinder hinein, worauf die Kolben aus den Zylindern herausgedrückt werden. Die Kolben bewegen die Schaufel der Planierraupe.

6 Hebe den Trichter hoch und gieße etwas Wasser hinein. Der Ballon schwillt langsam an und hebt das schwere Buch hoch!

Den Trichter musst du höher halten als das Buch.

Der anschwellende Ballon übt genug Kraft aus, um das schwere Buch hochzuheben.

Das Gewicht des Wassers im Schlauch drückt Wasser in den Ballon hinein.

101 Ein Kran

Ein Kran kann eine schwere Ladung hoch in die Luft heben. Er hat einen Flaschenzug, über den er seine Kraft ausübt, und ein Gegengewicht, damit er beim Heben nicht umfällt.

Du brauchst

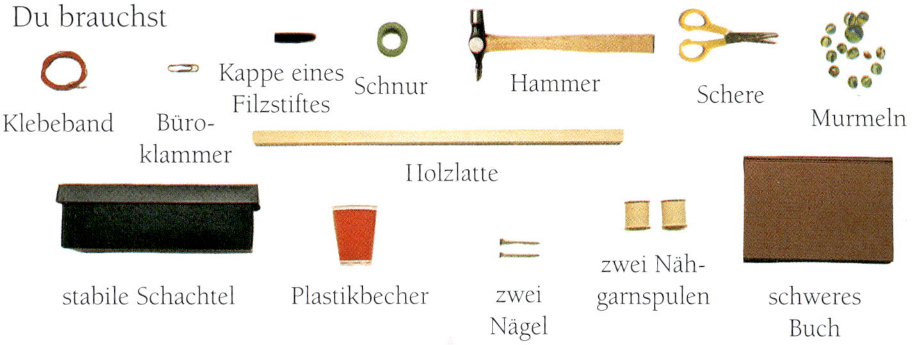

1 Nagele zwei Spulen auf der Holzleiste fest (vgl. Bild).

Mache es so, dass sich die Spulen leicht drehen können.

2 Schneide ein Loch in die Schachtel. Schiebe die Holzleiste schräg hinein.

Das Holz muss fest sitzen und darf nicht wackeln.

3 Schneide ein kurzes Stück Schnur ab. Klebe es als Griff quer über den Becher.

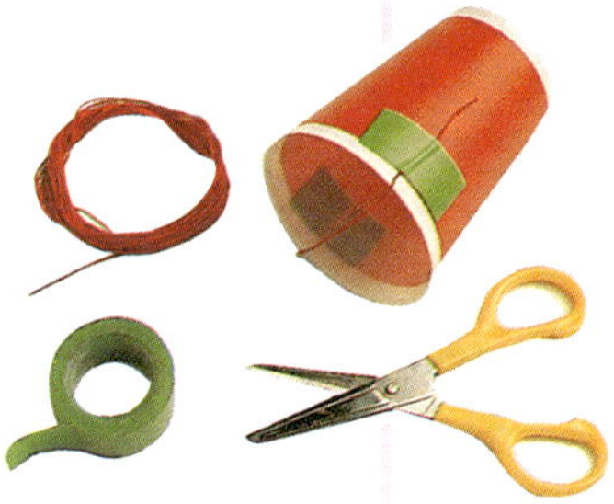

4 Schiebe die Filzstiftkappe in die untere Spule. Klebe die Schnur an dieser Spule fest. Dies ist die Kurbel.

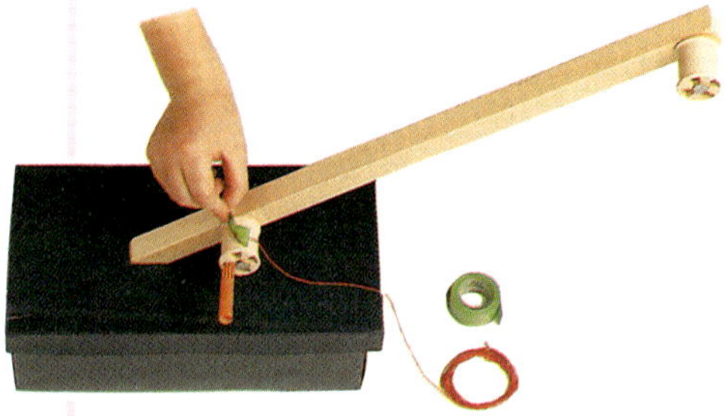

5 Ziehe die Schnur über die obere Spule. Halte sie fest und wickle sie auf die untere Spule auf.

Die Kappe ist dein Griff.

6 Biege die Büroklammer auf und mache einen Kranhaken daraus. Binde sie an das Ende der Schnur.

7 Lege das Buch auf die Schachtel. Fülle den Becher mit Murmeln und hänge ihn an den Haken. Drehe an der Kurbel, um die Ladung hochzuheben.

Die obere Spule ist das Rad eines Flaschenzuges. Sie lenkt die abwärts gerichtete Kraft der Kurbel in eine aufwärts gerichtete Kraft um.

Das Buch ist ein Gegengewicht. Es verhindert, dass das Gewicht der gehobenen Last den Kran umkippen lässt.

Die Welt um uns herum

Die Welt ist voller lebender Dinge. Viele von ihnen sind beweglich, andere irgendwo verwurzelt. Einige sind größer als ein Haus, manche so winzig, dass man sie nur unter einem Mikroskop sehen kann. Doch trotz dieser Unterschiede haben alle lebenden Dinge etwas gemeinsam: Sie brauchen Sauerstoff und Wasser und sie bestehen aus winzigen Teilchen, so genannten Zellen.

102 Ist Luft wirklich da?

Wir sind ständig von Luft umgeben. Allerdings bemerken wir Luft nur, wenn sie sich bewegt, ansonsten registrieren wir kaum, dass es sie gibt. Bei diesem Experiment kannst du das Vorhandensein von Luft deutlich sehen. Setze einen Trichter auf ein Glas und du siehst, was passiert, wenn Wasser ins Glas fließen will, die Luft jedoch nicht entweichen kann.

Du brauchst

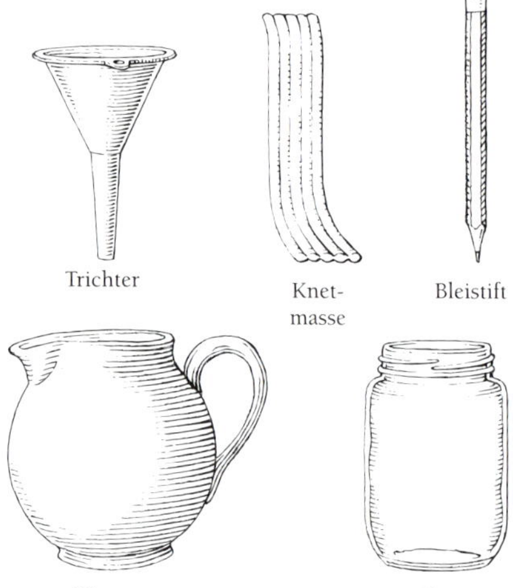

1 Setze den Trichter auf die Öffnung des Glases und forme aus Knetmasse eine dicke Wurst.

2 Drücke diese Wurst um die Nahtstelle zwischen Glas und Trichter. Prüfe nach, ob nirgends eine Lücke ist, durch die Luft entweichen könnte.

3 Gieße langsam etwas Wasser in den Trichter. Wenn der Trichter unten schmal genug ist, wird zwar zuerst etwas Wasser durchtröpfeln, doch dann wird es im Trichter stehen bleiben, obwohl dieser unten offen ist.

Mit gefärbtem Wasser ist das Ganze besser zu sehen.

Wegen der Luft im Glas bleibt das Wasser im Trichter stehen.

4 Das Wasser kann nicht abfließen, weil das Glas mit Luft gefüllt ist, die nicht entweichen kann.

5 Drücke mit einem Bleistift vorsichtig ein Loch in die Knetmasse. Ziehe ihn langsam wieder heraus und beobachte, was nun passiert.

mit Bleistift gebohrtes Loch

6 Jetzt kann die Luft entweichen. Sofort fließt das Wasser aus dem Trichter und nimmt den Raum ein, der vorher mit Luft gefüllt war.

103 Teste deinen Atem

Beim Ausatmen gibt unser Körper Wasser an die umgebende Luft ab, aber man sieht es nicht, weil es sich um unsichtbaren Dampf handelt. Wenn warmer Atem jedoch auf einen kalten Spiegel trifft, wird der Dampf wieder flüssig. Lege den Spiegel für eine Stunde in den Kühlschrank. Wische ihn ab, halte ihn direkt vor den Mund und atme aus. Der Dampf in deinem Atem verwandelt sich in Wassertröpfchen und der Spiegel beschlägt.

Du brauchst

Handspiegel

104 Pflanzen trinken

Durch winzige Leitungen in den Wurzeln und Stängeln saugen Pflanzen Wasser auf, das durch mikroskopisch kleine Poren in den Blättern und Blüten wieder verdampft. Pflanzen brauchen Wasser, damit ihre Zellen frisch bleiben und nicht welken. Bei diesem Experiment kannst du sehen, wie gefärbtes Wasser durch den Stängel bis in die Blüte hochsteigt und sie verfärbt.

Lass dir von einem Erwachsenen helfen!

Wasser ist durch den Stängel bis in die Blüte hinaufgestiegen.

Klebeband verhindert, dass der Stängel einreißt.

Du brauchst

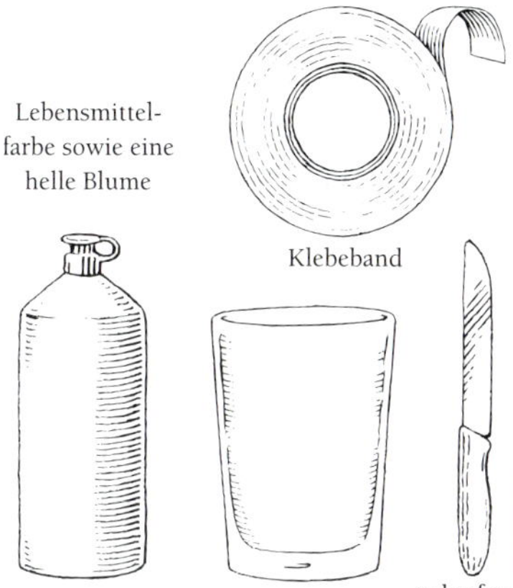

Lebensmittelfarbe sowie eine helle Blume

Klebeband

zwei Gläser

scharfes Messer

1 Fülle die beiden Gläser mit Wasser. Gib in eines etwas Lebensmittelfarbe.

2 Schneide den Stängel von unten her etwa bis zur Hälfte auseinander.

3 Wickle etwas Klebeband um die Stelle, wo der Schnitt aufhört.

4 Stelle die zwei Stängelhälften in die beiden Gläser. Lehne die Blume gegen eine Wand.

5 Nach etwa einer Stunde wirst du sehen, dass das gefärbte Wasser die halbe Blüte allmählich verfärbt.

105 Wasserverlust durch Blätter messen

Jeden Tag saugt ein Baum Wasser aus dem Boden auf und lässt es über seine Blätter verdampfen. Doch wie viel Wasser verdampft dabei über ein einzelnes Blatt? Bei diesem Experiment wird die abgegebene Wassermasse einiger Blätter gemessen und durch ihre Oberfläche geteilt.

Du brauchst

Glas mit Messskala · Wasser · kariertes Papier · Wachsstifte

sowie Salatöl, Zweig mit Blättern

1 Gieße Wasser in das Glas und füge etwas Öl dazu. Stelle den Zweig hinein und markiere den Wasserstand. Miss nach acht Stunden nach, wie viel Wasser verschwunden ist.

Wegen der Ölschicht kann das Wasser nur über die Blätter verdampfen.

Die Größe des Blattes wird nach Anzahl der Karos geschätzt.

2 Zeichne die Umrisse der Blätter auf kariertes Papier und zähle die umschlossenen Karos zusammen. Teile die verschwundene Wassermenge durch die Anzahl der Karos. Dann weißt du, wie viel Wasser pro Karo verdampft ist.

106 Paprika verfault

In der Natur wird alles verwertet. Wenn etwas abgestorben ist, wird es von anderen lebenden Organismen wie Schimmel oder Bakterien aufgespalten. Das nennen wir „verfaulen". Schneide eine rote Paprika auseinander, lass sie zwei Wochen lang liegen und beobachte, was passiert.

Lass dir von einem Erwachsenen helfen!

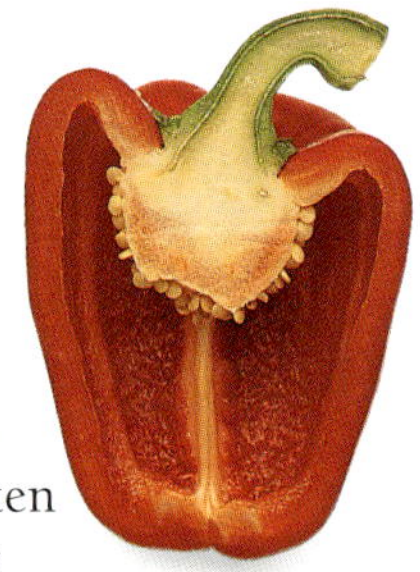

am ersten Tag

am achten Tag

Schneide eine rote Paprika auseinander. Beobachte während der nächsten zwei Wochen, wie sich Schimmel ausbreitet, der die Paprika verfaulen lässt.

nach zwei Wochen

107 Natürliches Recycling

Gemüse- und Obstreste sind nicht sehr appetitlich. Doch statt sie wegzuwerfen, kann man sie verwerten. Wenn du einen Komposthaufen anlegst, kannst du aus diesen Abfällen wertvollen Humus zum Pflanzendüngen machen.

Du brauchst

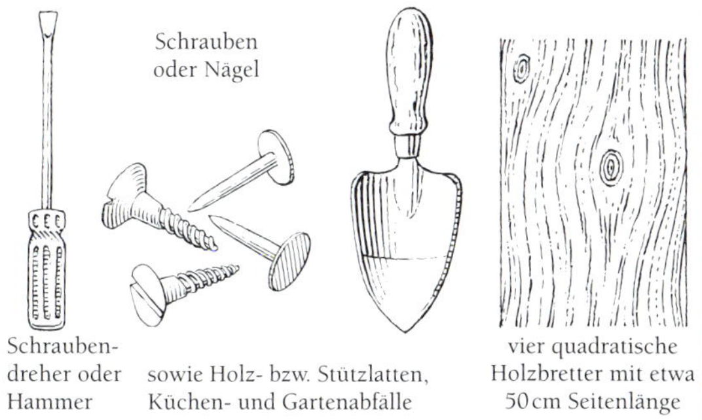

Lass dir unbedingt von einem Erwachsenen helfen!

1 Bitte einen Erwachsenen dir aus den Holzteilen eine Kiste zu zimmern. Stelle diese Kiste in eine Ecke eures Gartens oder Hinterhofs.

2 Sammle in deiner Kiste nach und nach viele Obstschalen, Gemüsereste und Unkraut aus dem Garten.

3 Während deine Kiste sich immer mehr füllt, beginnen die ersten Abfälle zu faulen. Wenn die Kiste an einem feuchten, warmen Platz steht, geschieht dies recht schnell.

4 Nach mehreren Wochen ist der Humus fertig. Verteile ihn im Garten und deine Pflanzen werden besser wachsen.

108 Tierzellen nachbauen

Jeder lebende Organismus besteht aus winzigen Bausteinen, so genannten Zellen. Tiere haben verschiedene Zellen mit ganz unterschiedlichen Aufgaben. Einige dienen zur Fortbewegung, andere zur Erkennung der Umgebung. Hast du Lust, eine Gruppe von Tierzellen als Modell nachzubauen?

Du brauchst

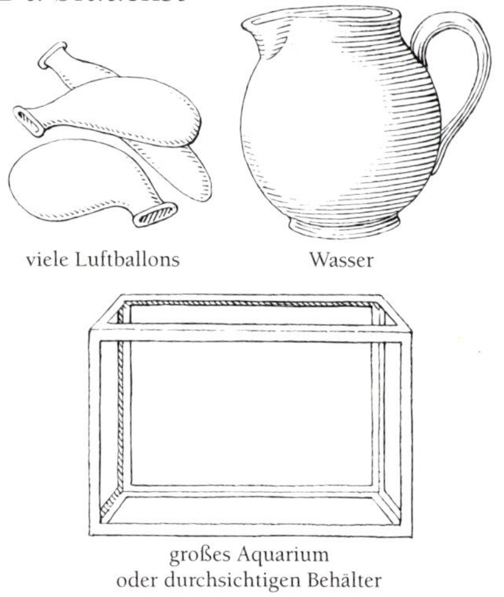

bunte Luftballons

1 Stelle das Aquarium auf den Tisch. Es stellt einen kleinen Teil eines Tierkörpers dar, die Ballons sind die Zellen.

2 Stülpe den ersten Ballon über den Kaltwasserhahn und lass ihn langsam mit Wasser vollaufen. Aber nicht zu viel Wasser einfüllen!

3 Verknote das Ende des wassergefüllten Ballons, damit das Wasser nicht mehr herauslaufen kann. Lege ihn vorsichtig in das Aquarium.

Lebende Zellen sind von Flüssigkeit umgeben.

5 Gieße so lange Wasser in das Aquarium, bis die Ballons bedeckt sind, denn lebende Zellen brauchen Flüssigkeit. Nun hast du das stark vergrößerte Modell eines winzigen Tierzellenverbands vor dir.

4 Fülle das Aquarium mit so vielen Ballons wie möglich. Achte darauf, dass es möglichst wenig Zwischenräume gibt.

109 Pflanzenzellen sehen

Lass dir von einem Erwachsenen helfen!

Pflanzenzellen sind anders als Tierzellen. Sie sind nicht weich und elastisch, sondern haben eine harte Wand, die ihnen eine feste Form verleiht. Manche Pflanzenzellen sind viel größer als Tierzellen und somit leichter zu sehen. Bei diesem Experiment kannst du mit einem Vergrößerungsglas die Zellen einer Zwiebel sehen.

Du brauchst

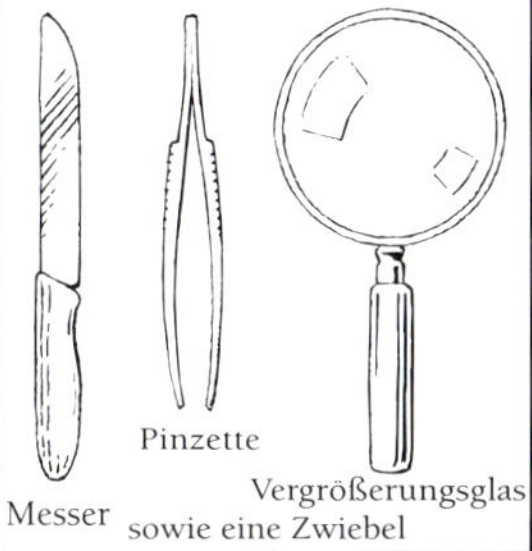

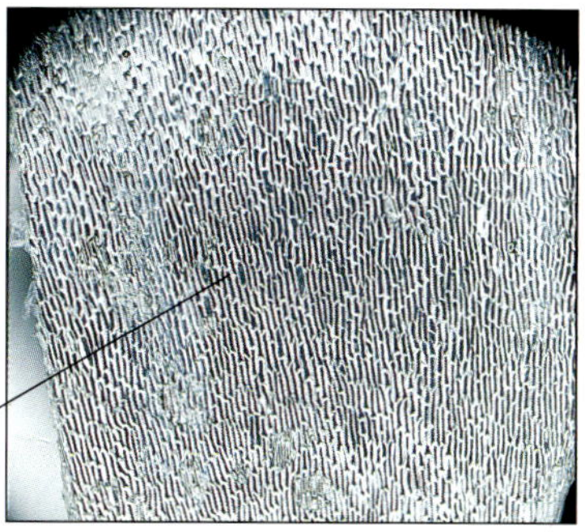

Zwiebelzellen, durch ein Vergrößerungsglas betrachtet

1 Schneide ein kleines Stückchen aus einer Zwiebel heraus. Ziehe mit der Pinzette eine dünne Schicht Zwiebelhaut ab, und drücke sie an ein Fenster. Sie bleibt dort kleben und mit dem Vergrößerungsglas kannst du die Zellen erkennen.

Flüssigkeit erhält Tierzellen am Leben.

110 Zucker saugt Wasser auf

Zellen brauchen Wasser, das sie aus der jeweiligen Umgebung aufsaugen. Bei diesem Experiment wirst du sehen, wie Rosinenzellen Wasser aufnehmen. Es sind zwar keine lebenden Zellen mehr, aber sie enthalten viel Zucker. Deshalb ziehen sie Wasser an.

getrocknete Rosinen

1 Nimm ein paar Rosinen in die Hand. Sie sind trocken und ziemlich hart. Lege sie mit dem Löffel in das Glas.

aufgequollene Rosinen

2 Fülle das Glas bis zum Rand mit Wasser. Noch sehen die Rosinen trocken und schrumpelig aus.

3 Rühre die Rosinen gut um und lass sie dann stehen. Bald wird der Zucker in den Rosinenzellen Wasser aufsaugen.

4 Nach etwa drei Stunden wirst du staunen: Die Rosinen sind jetzt dick und prall, weil die Zellen Wasser aufgesaugt haben.

111 Eng beieinander leben

Wo findet man die größte Vielfalt an Pflanzen und Tieren? Welche leben oft beieinander? Das findest du heraus, wenn du dir einen solchen Holzrahmen bastelst. Damit kann man ein bestimmtes Stück Erde unterteilen und feststellen, welche Tierchen und Pflanzen an verschiedenen Orten vorkommen.

Der Rahmen ist in gleich große Vierecke unterteilt.

112 Salz zieht Wasser an

Beim Experiment auf der gegenüberliegenden Seite geht es darum, dass Zucker Wasser ansaugt. Hier geht es um das Gegenteil, dass Salz den Zellen Wasser entzieht. Dieses Experiment wird mit Kartoffeln durchgeführt.

Du brauchst

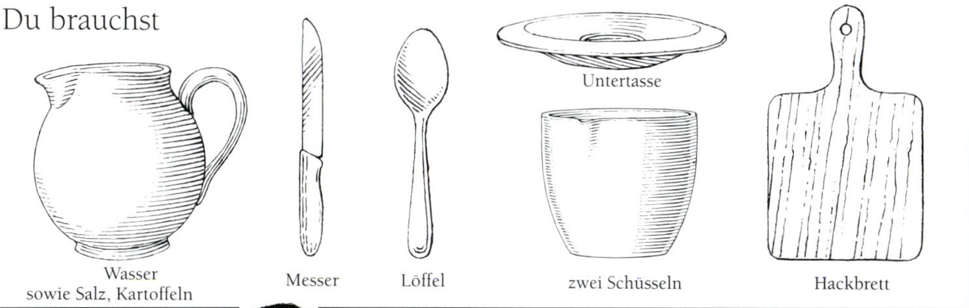

Kartoffelwürfel

1 Schäle die Kartoffeln und schneide sie klein. Merkst du, wie hart die Kartoffeln sind?

2 Gieße Wasser in die beiden Schüsseln. Streue etwas Salz in eine davon, die andere bleibt ohne Salz.

3 Rühre so lange, bis sich das Salz weitgehend aufgelöst hat. Ein bisschen kann ruhig noch auf dem Boden zurückbleiben.

4 Lege in jede Schüssel ein paar Kartoffelstücke. Lass sie zwei Stunden darin liegen. Dann hole sie heraus und vergleiche sie.

5 Die Zellen der Kartoffeln im Salzwasser haben Wasser verloren und fühlen sich weich und gummiartig an. Die Kartoffeln im klaren Wasser sind unverändert.

1 Setze die Holzlatten zu einem Rahmen zusammen und verschraube sie. Unterteile jede Seite mit Lineal und Bleistift in vier Teile. Spanne jeweils ein Stück Bindfaden von einer Seite zur gegenüberliegenden und befestige ihn mit Reißzwecken.

2 Lege deinen Rahmen auf die Erde und notiere, wie viele Pflanzen und Tierchen du pro Quadrat entdeckt hast.

Du brauchst

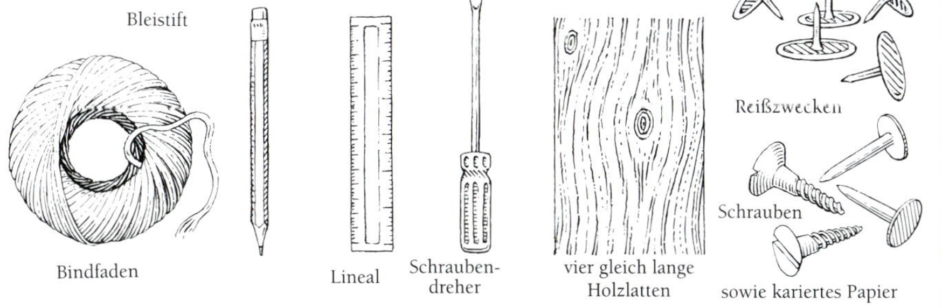

Leben im Wasser

Pflanzen und Tiere können ohne Wasser nicht leben. Zwei Drittel der Erdoberfläche sind von Wasser bedeckt. Das meiste davon ist Salzwasser in den Meeren und Ozeanen. Süßwasser ist Regenwasser, das sich in Bächen und Flüssen gesammelt hat. Prozentual gesehen stellt Süßwasser nur einen kleinen Teil des Wasservorkommens auf unserem Planeten dar, aber es ist ein wichtiger Lebensraum für Tiere.

113 Wasser filtern

Ein Teil des Regenwassers fällt in Bäche und Flüsse, der Rest versickert in der Erde. Hier kämpft es sich durch winzige Öffnungen in Felsen und im Boden, wird gefiltert und ist schließlich recht sauber. Bei diesem Experiment geht es um diesen Filtrierprozess.

Du brauchst

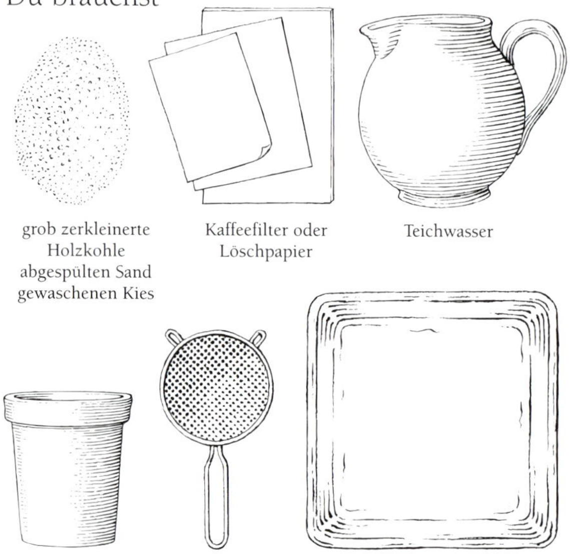

1 Stelle einen Papierfilter in einen Blumentopf. Fülle ihn zu einem Drittel mit Holzkohle. Spüle etwas Sand in einem Sieb ab und schütte ihn auf die Kohle. Fülle den Blumentopf mit Kies auf.

2 Besorge dir etwas Teichwasser. Halte das Sieb über den Blumentopf und gieße das Teichwasser gleichmäßig hinein.

3 Warte, bis sich das schmutzige Teichwasser durch die Kies-, Sand- und Kohleschicht gearbeitet hat. Dann nimm den Blumentopf von der Unterlage und gieße das Wasser in den Krug zurück. Es ist jetzt wesentlich sauberer. Aber bitte nicht trinken!

114 Fische dressieren

Fische können Geräusche außerhalb des Aquariums hören. Falls du Fische hast, kannst du ihnen mit diesem einfachen Experiment beibringen, ein bestimmtes Geräusch mit Futter in Verbindung zu bringen.

Du brauchst

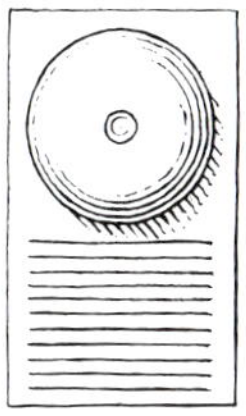

Klingel

Aquarium

sowie Fische

Lass jedes Mal die Klingel ertönen, bevor du deine Fische fütterst. Nach einigen Tagen begreifen die Fische, dass dieses Geräusch Futter ankündigt. Und schon kommen sie erwartungsvoll an die Oberfläche!

115 Ein Aquarium ausstatten

Ein Süßwasser-Aquarium ist eine Art Zimmerteich. Fülle es mit Pflanzen und Fischen, die auch normalerweise zusammen vorkommen. Stelle das Aquarium an einen hellen Platz ohne direkte Sonneneinstrahlung, damit das Wasser nicht zu warm wird.

Du brauchst

Aquarium

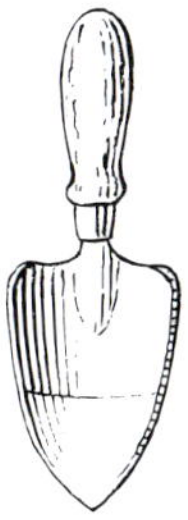

Schaufel

Wasser

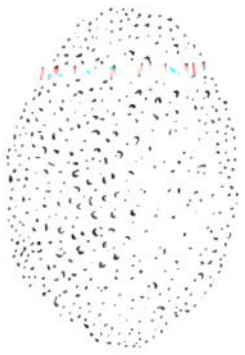

groben Aquariumssand und Steine

sowie Wasserpflanzen und -tierchen

1 Spüle den Sand ab und verteile ihn auf dem Boden des Aquariums. Lege einige Steine aus, unter denen die Tiere sich verstecken und auf denen sie sich ausruhen können.

2 Fülle das Aquarium bis zur Hälfte mit Wasser, entweder mit Regen- oder, noch besser, mit Teichwasser. Pflanze die Wasserpflanzen in den Sand ein. Lege auch ein paar Schwimmpflanzen ins Aquarium.

3 Nun fehlen nur noch die Bewohner deines Aquariums. Falls du Wasser aus einem Teich geholt hast, sind vielleicht schon ein paar Tierchen wie Wasserflöhe vorhanden. Schnecken sind nützliche Bewohner, denn sie fressen Algen von den Steinen und vom Glas, wodurch das Aquarium sauber bleibt. Falls du dir Fische anschaffst, vergiss nicht, sie regelmäßig zu füttern, sonst fressen sie kleinere Mitbewohner auf!

120 Einen Schaukasten basteln

Am Meer kann man tausend Dinge tun. Man kann paddeln gehen, den Strand nach Pflanzen und Tierchen absuchen und tolle Muscheln und Steine sammeln. Wie wäre es, wenn du zu Hause einen schönen Schaukasten für die gefundenen Schätze bastelst?

Du brauchst

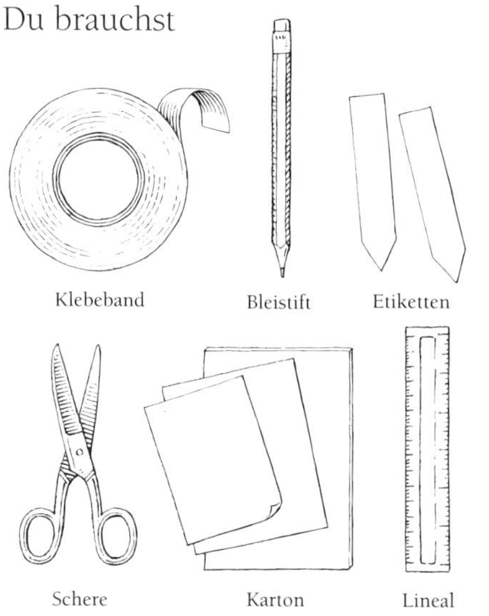

sowie viele schöne Muscheln

1 Nimm das Lineal und zeichne sechzehn 2,5 cm breite Streifen auf den Karton. Schneide sie aus.

Muschel-sammlung

Diese Rillen entstehen beim Wachsen der Muscheln.

2 Zeichne auf einen zweiten Karton ein Viereck, das dieselbe Seitenlänge hat wie die Streifen. Gib rundum einen Rand von 2,5 cm dazu und schneide es dann aus.

3 Falte die vier Ränder nach oben und klebe sie mit Klebeband fest.

4 Unterteile den Schaukasten mit den Kartonstreifen in Fächer. Die waagerechten Streifen musst du unten einritzen, damit sie über die senkrechten passen.

5 Klebe jeden Streifen am Rand des Kastens fest. Jetzt kannst du deine Lieblingsmuscheln einsortieren.

6 Schreibe für jede Muschel ein Zettelchen, auf dem steht, wie sie heißt und wann und wo du sie gefunden hast.

Schütze die Natur!

Nimm Rücksicht!
Sammle nur leere Muscheln, die an Land gespült wurden. Lass die Finger von Muscheln, die bewohnt sind. Denn die Tierchen, die darin leben, müssten sonst sterben.

Alle möglichen Muscheln
Leere Muscheln findet man nicht nur am Strand, sondern auch im Wald, in Parks und manchmal auch an Teichen und Flüssen. Vielleicht wirst du sogar in eurem Garten fündig!

Sei vorsichtig: Manche Muscheln sind sehr zerbrechlich!

121 Das Innere einer Muschel

Eine Muschel ist das tragbare Heim eines kleines Wasserbewohners. Manche Muscheln sind flach, andere spiralförmig, weshalb man nicht hineinblicken kann. Doch du kannst mit Sandpapier Löcher hineinschaben und schauen, wie sie innen aussehen.

Du brauchst

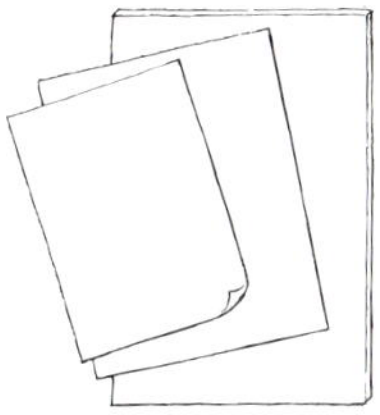
raues Sandpapier

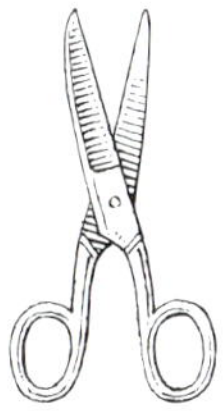
Schere sowie verschiedene Muscheln

unterschiedlich geformte Muscheln

1 Schneide ein Stück Sandpapier zu und reibe die Muschel darauf hin und her. Aber pass auf deine Finger auf!

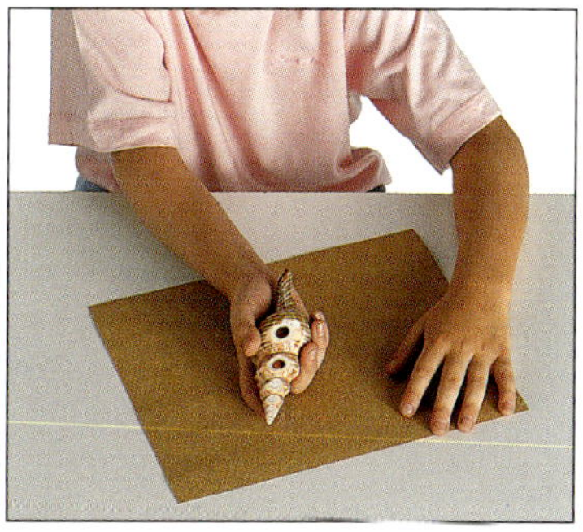

2 Nach einer Weile wirst du Löcher in deine Muschel gerubbelt haben. Dann kannst du die Spiralkammer sehen, in der der frühere Muschelbesitzer gewohnt hat.

122 Ein Mini-Teich

Ein Teich im Garten lockt jede Menge Tierchen an. Je größer der Teich, desto mehr Pflanzen und Tiere werden sich ansiedeln, aber falls du wenig Platz hast, erfüllt auch ein kleiner Teich seinen Zweck. Schon ein Eimer oder eine flache Schüssel genügen. Und wenn du ein paar Wasserpflanzen hineinstellst, werden sich schon bald die ersten Tierchen ansiedeln.

Teichgräser

Du brauchst

Wasser — Schaufel — Eimer oder flache Schüssel

sowie blühende Pflanzen, Wasserpflanzen, Muscheln und Steine

1 Suche dir eine schöne, sonnige Stelle im Garten und grabe ein Loch, in das dein Eimer hineinpasst.

2 Stelle den Eimer hinein. Der Rand sollte genau ebenerdig abschließen.

3 Schaufle die ausgehobene Erde rund um den Eimer wieder zu. Dann wird der Rand bepflanzt, damit alles ganz natürlich aussieht.

4 Nimm die Pflanzen aus den Töpfen und pflanze sie rund um deinen Teich ein. Lege auch ein paar Muscheln und Steine dazu.

5 Fülle den Teich mit Leitungswasser oder noch besser mit Regenwasser. Lege ein paar Steine hinein, damit die Wassertierchen sich verstecken können. Schichte an einer Stelle mehrere Steine übereinander bis an den Rand, damit Tierchen, die versehentlich hineinfallen, wieder aus dem Wasser klettern können. Lege ein paar Teichgräser hinein.

Leben im Teich

Die Pflanzen reichern das Wasser mit Sauerstoff an. Im Laufe der nächsten Wochen werden kleine Tierchen wie Libellen angelockt werden. Sie legen ihre Eier ins Wasser. Viele Insekten kommen im Wasser zur Welt und verlassen es erst, wenn sie ausgewachsen sind.

123 Saures Wasser

Im Wasser lebende Pflanzen und Tiere reagieren empfindlich auf Luftverschmutzung, die ihr Wasser sauer macht. Das passiert, wenn giftige Auto- oder Industrieabgase durch den Regen in das Grundwasser gelangen. Bei diesem Experiment säuern wir Wasser mit etwas Essig und testen den Säuregehalt dann mit Lackmuspapier. Wenn das Wasser sauer ist, verfärbt es sich sofort. Du kannst auch Regenwasser oder das Wasser eines Teichs auf diese Weise testen und feststellen, ob es Säure enthält.

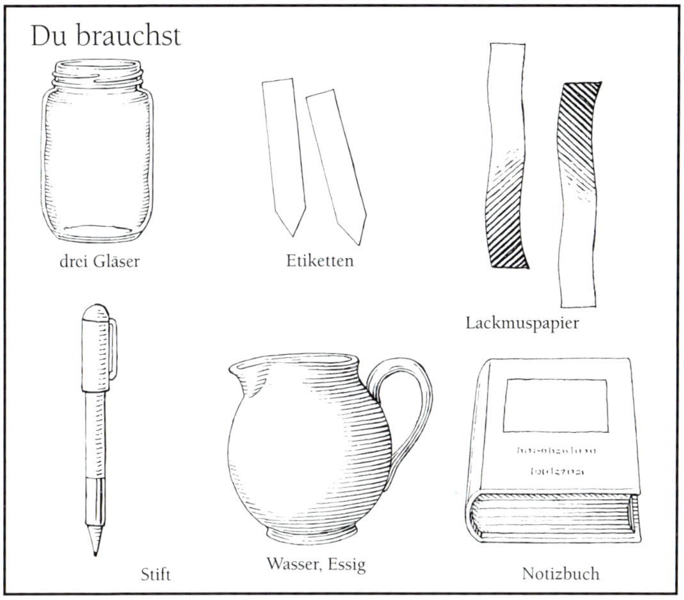

1 Gieße Leitungswasser in das erste Glas und beschrifte es. Fülle das zweite Glas zu 3/4 mit Wasser und einem Viertel mit Essig. Schreibe „schwach sauer“ darauf.

2 In das dritte Glas kommen je zur Hälfte Wasser und Essig. Da diese Mischung konzentrierter ist als jene im zweiten Glas, schreibe „stark sauer“ darauf.

3 Tunke je einen Lackmusstreifen in jedes Glas und notiere die Ergebnisse in deinem Notizbuch. Das Lackmuspapier verfärbt sich rosa, wenn es in Wasser getaucht wird, das Essig enthält (egal in welcher Menge). In normalem Wasser wird es nur etwas dunkler, weil es nass wird.

Lackmuspapierstreifen

Lackmuspapier wird etwas dunkler.

Glas mit klarem Wasser

In schwach säurehaltigem Wasser verfärbt sich Lackmuspapier rosa.

„schwach sauer“

„stark sauer“

In stark säurehaltigem Wasser verfärbt sich Lackmuspapier rosa.

Leben im Boden

Im Boden zu unseren Füßen wimmelt es von Lebewesen. Einige von ihnen krabbeln im herumliegenden Laub herum. Andere graben Gänge und fressen sich buchstäblich durch den Boden. Willst du mehr über die Tierchen wissen, die auf und unter der Erde leben? Mit ein paar einfachen Utensilien kannst du ihnen auf die Spur kommen.

124 Boden testen

Qualität und Aussehen von Erde können sehr unterschiedlich sein. An manchen Stellen ist sie dunkel und feucht, an anderen dünn, trocken und staubig. Auch die Bewohner können sehr unterschiedlich sein. In saurer Erde leben nur wenige Tierchen. Alkalische Erde hingegen ist reich an Mineralien und hier wimmelt es nur so von Lebewesen. Bei diesem Experiment testen wir mit Lackmuspapier, ob Erde alkalisch oder sauer ist.

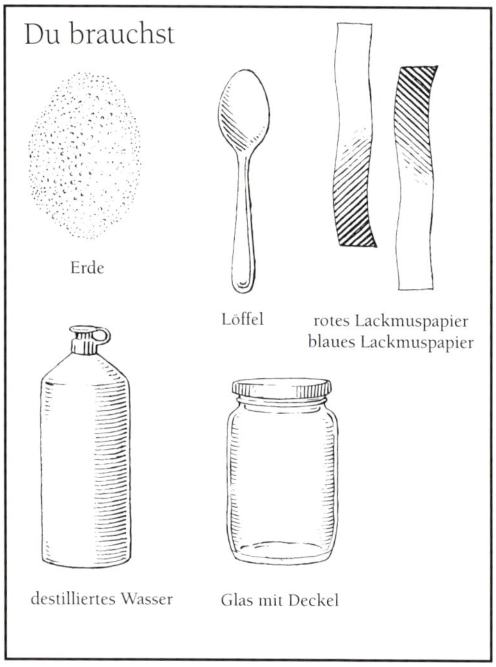

1 Gib einen Löffel deiner Bodenprobe in das Glas. Falls größere Klümpchen darin sind, zerdrücke sie mit dem Löffel.

2 Fülle das Glas zur Hälfte mit destilliertem Wasser, um eventuelle Chemikalien aufzulösen. Schraube den Deckel auf das Glas, damit es luftdicht verschlossen ist.

3 Schüttle das geschlossene Glas mindestens eine Minute recht kräftig, damit sich Erde und Wasser vermischen. Stelle das Glas dann auf eine ebene Fläche und warte, bis sich die Erde gesetzt hat.

4 Lege zwei Streifen Lackmuspapier bereit. Schraube den Deckel des Glases ab und tunke den Griff des Löffels hinein.

5 Streiche mit dem Griff des Löffels über jeden Papierstreifen. Welches der Lackmuspapiere verfärbt sich?

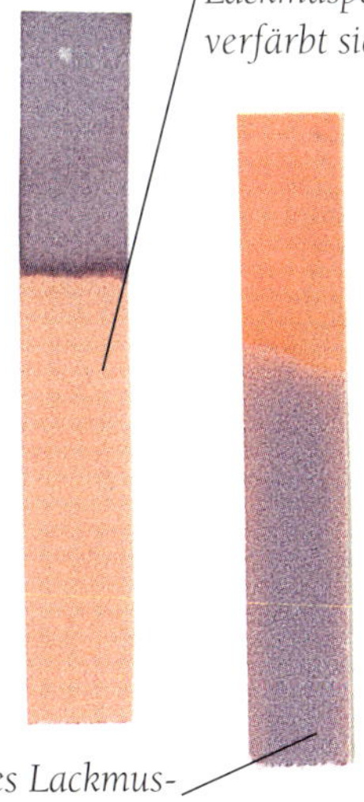

Blaues Lackmuspapier verfärbt sich rot.

Rotes Lackmuspapier verfärbt sich blau.

6 Bei saurem Boden verfärbt sich das rote Lackmuspapier blau. Ist die Erde alkalisch, verfärbt sich das blaue Lackmuspapier rot.

125 Immer schön kühl

An warmen, sonnigen Tagen erhitzt sich die Oberfläche des Bodens und wird für viele Tierchen zu heiß und trocken. Unter der Oberfläche sieht es anders aus. Mit einem Thermometer kannst du feststellen, dass die Erde unter ihrer erwärmten Oberfläche recht kühl bleibt.

Du brauchst

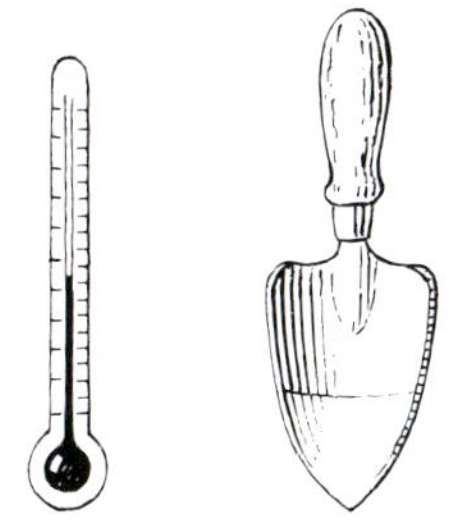

drei Thermometer Schaufel

1 Lege ein Thermometer ins Freie, um die Lufttemperatur zu messen. Grabe an einem sonnigen Plätzchen ein kleines Loch in den Boden.

2 Stecke das zweite Thermometer flach in die Erde. So erfährst du die Temperatur in der oberen Erdschicht.

3 Stecke das dritte Thermometer in das Loch, das du gegraben hast. Fülle die Erde rundum wieder an, sodass nur noch die Thermometerspitze zu sehen ist. Lass es eine Viertelstunde dort stecken.

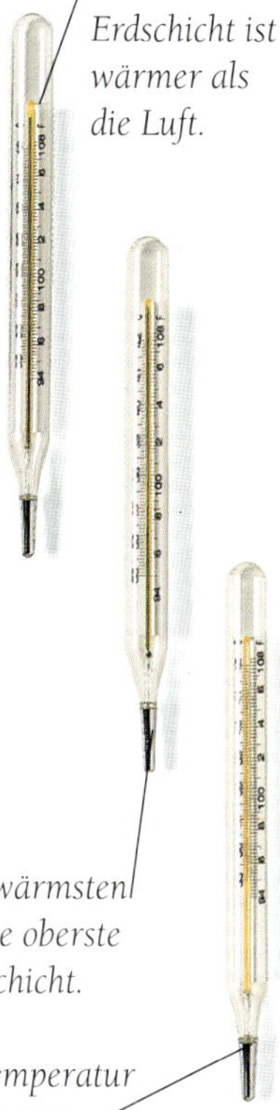

Die obere Erdschicht ist wärmer als die Luft.

Am wärmsten ist die oberste Erdschicht.

Im Boden liegt die Temperatur unter der Lufttemperatur.

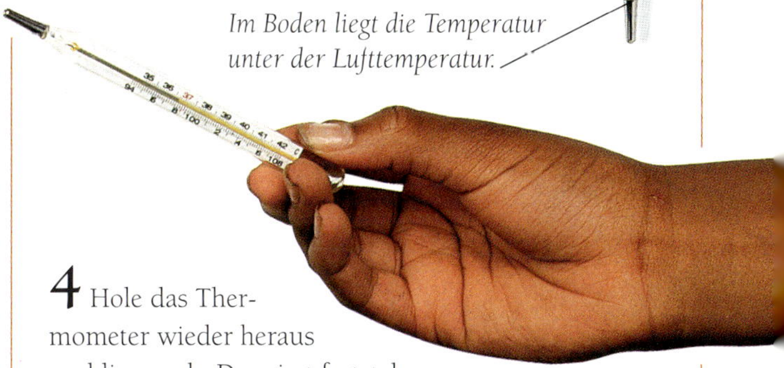

4 Hole das Thermometer wieder heraus und lies es ab. Du wirst feststellen, dass es im Boden kühler ist als an der Luft und wesentlich kühler als in der oberen Erdschicht. Bei diesen niedrigen Temperaturen fühlen sich die kleinen Tierchen wohl und trocknen nicht aus.

126 Eine Fallgrube bauen

Nachts, wenn wir schlafen, sind viele Tierchen hellwach. Auf der Suche nach Nahrung legen sie fast geräuschlos weite Strecken zurück, meist ohne eine Spur zu hinterlassen. Wenn wir aufwachen, haben sie sich längst wieder verkrochen. Du musst jedoch nicht die ganze Nacht wach bleiben, um sie zu sehen. Baue eine Fallgrube. Darin kannst du sie fangen, ohne ihnen weh zu tun, und sie dann in aller Ruhe betrachten.

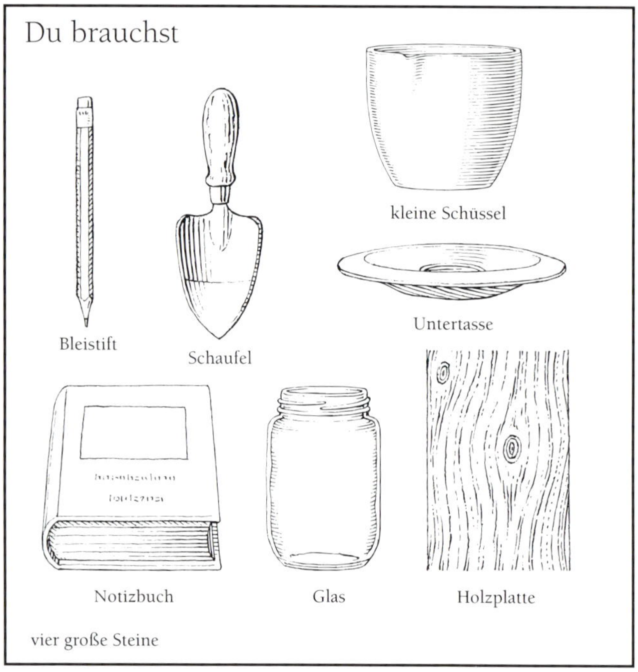

Holzplatte

vier große Steine

Käsewürfel

Kekskrümel

Apfelstückchen

Wurstwürfel

1 Grabe ein Loch in die Erde, stelle das Glas hinein und schaufle die Erde rundum wieder zu. Der Rand sollte genau ebenerdig abschließen.

2 Lege die Köder in das Glas. Das können die hier abgebildeten Sachen sein oder andere Essensreste mit starkem Geruch. Dieser wird vorbeikommende Tierchen anlocken.

3 Lege die vier Steine rund um das Glas und die Holzplatte als Regenschutz darüber. Sonst könnten die hineingefallenen Tierchen ertrinken.

4 Am nächsten Morgen entfernst du die Platte, holst das Glas heraus und schüttest deine Beute in eine Schüssel. Lass die Tierchen wieder frei, wenn du sie genau betrachtest hast.

5 Nimm am nächsten Abend andere Köder, um zu sehen, ob davon andere Tierchen angelockt werden. Hast du es zuerst mit Obst und Kekskrümeln versucht, nimm jetzt Fleisch.

6 Stelle an verschiedenen Stellen Fallen auf, um zu sehen, ob andere Tierchen vorbeikommen. Notiere die Ergebnisse in einem Notizbuch.

127 Das Leben im Boden

In den oberen Erdschichten leben viele winzige Kreaturen. Manche von ihnen fressen tote Pflanzenreste, andere jagen kleinere Tierchen. Sie meiden das Tageslicht, weshalb man sie nur selten zu Gesicht bekommt. Hier werden wir sie jedoch mit Licht dazu bringen sich zu zeigen.

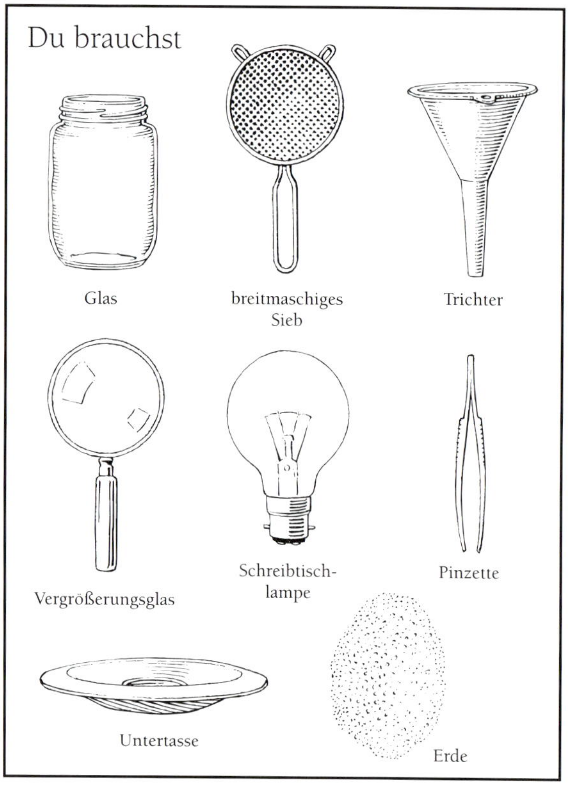

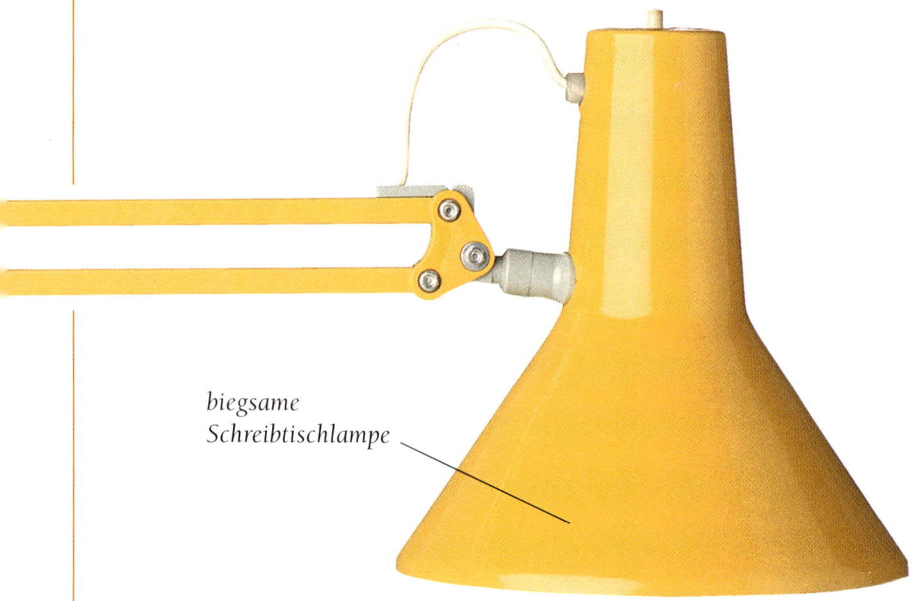

1 Stelle den Trichter in das Glas und lege das Sieb darüber. Schütte etwas Erde in das Sieb. Schalte die Lampe direkt darüber an und lass sie etwa eine halbe Stunde lang brennen. Licht und Wärme werden die winzigen Bodenbewohner nach unten in das Glas treiben.

2 Lass die Tierchen vorsichtig auf die Untertasse fallen, trenne sie mit der Pinzette und betrachte sie mit dem Vergrößerungsglas. Je nachdem, ob die Erde aus dem Wald oder aus einem Gemüsegarten stammt, wirst du andere Tierchen finden.

128 Eine Wurmfarm anlegen

Regenwürmer sind sehr nützlich. Sie fressen sich durch den Boden und pflügen und lockern dabei die Erde. Sie transportieren Mineralien aus der Tiefe hinauf und abgestorbene Pflanzenteile nach unten. Wenn du eine Wurmfarm anlegst, kannst du die fleißigen Würmer bei ihrer Arbeit beobachten.

Du brauchst

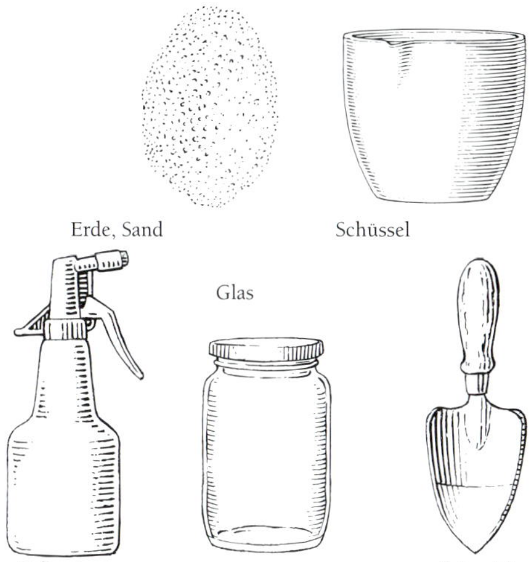

1 Besprühe Erde und Sand mit Wasser, damit sie feucht sind. Schichte immer abwechselnd Erde und Sand übereinander, bis das Glas voll ist. Regenwürmer brauchen unbedingt eine feuchte Umgebung.

2 Lege die Würmer vorsichtig in das Glas. Für ein großes Glas dürften fünf bis sechs Würmer ausreichen.

3 Bedecke die Würmer mit trockenem Laub. Stelle das Glas an einen kühlen, dunklen Ort. Sieh alle paar Tage nach, wie aktiv die Würmer waren.

Regenwürmer

trockenes Laub

Erde

Blätter werden nach unten geschleppt.

Die Aktivität der Würmer lockert die Schichten aus Erde und Sand.

Wurmgänge

Würmer bei der Arbeit

Sand

Erde

trockenes Laub

129 Tiere auf der Flucht

Die meisten Bodenbewohner leben zurückgezogen unter Laub oder in der Erde. Das schützt sie vor Feinden und auch vor Austrocknung. Aber natürlich bekommen wir sie deshalb nur selten zu sehen. Bei diesem Experiment entdeckst du, wie sie reagieren, wenn sie plötzlich in einer anderen Umgebung sind. Manche verharren reglos, andere bringen sich mehr oder weniger rasch in Sicherheit.

Du brauchst

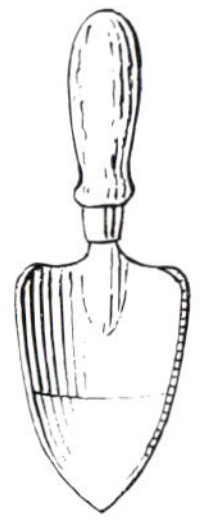
Schaufel

weißes Taschentuch

1 Breite das Tuch auf der Erde aus. Stich mit der Schaufel ein Stück Erde heraus und lege es mitten auf das Tuch. Drücke es vorsichtig etwas auseinander.

2 Schau genau hin. Wahrscheinlich werden etliche Tierchen rasch davonlaufen. Spinnen und Hundertfüßer sind recht flink, Schnecken reagieren wesentlich langsamer.

Feucht halten
Da wir Menschen eine dicke Haut haben, ist unser Körper gegen Austrocknung geschützt. Viele Bodenbewohner haben eine dünne Haut und brauchen feuchten Boden. In der prallen Sonne würden sie austrocknen und sterben.

130 Was ist im Boden?

Stell dir vor, du wolltest Boden selbst herstellen. Dazu würdest du viele verschiedene Zutaten brauchen – doch welche? Und woher nehmen? Dieses Experiment gibt dir ein paar wichtige Informationen. Boden besteht hauptsächlich aus Mineralien und organischer Materie. Gesteinsmineralien gelangen als winzige Steinchen und Splitter ins Grundwasser. Der Rest des Bodens besteht aus Humus bzw. organischer Materie. Es handelt sich um die Überreste von Pflanzen und Tieren. Wenn Erde mit Wasser gemischt wird, werden diese Substanzen in verschiedenen Schichten sichtbar.

Du brauchst

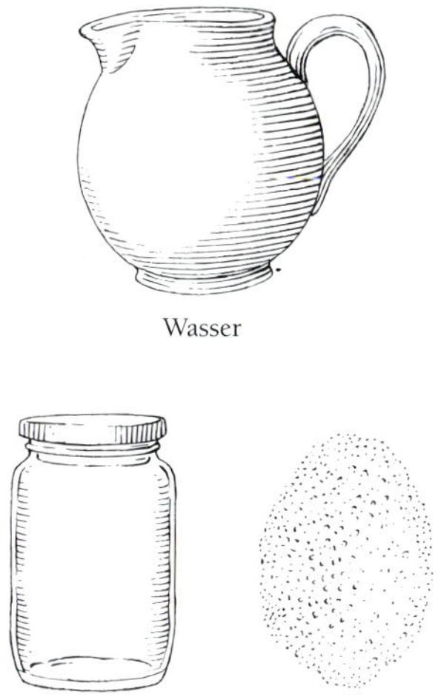

1 Sammle kleine Mengen Erde von verschiedenen Stellen, zum Beispiel aus dem Wald und aus eurem Garten. Schütte sie jeweils in ein Glas.

2 Gieße so viel Wasser dazu, dass die Erde gut bedeckt ist, etwa die doppelte Menge. Schraube den Deckel auf das Glas. Beschrifte jedes Glas, damit du weißt, um welche Erde es sich handelt.

3 Schüttle jedes Glas etwa eine halbe Minute lang kräftig. Das trennt die verschiedenen Substanzen voneinander, und sie werden entweder schwimmen oder sinken.

4 Lass die Gläser ein paar Minuten lang stehen. Die meisten Teilchen sinken zu Boden, die organischen Teilchen schwimmen. So kannst du feststellen, welche Bodenart am meisten organische Materie enthält.

Pflanzen und ihr Wachstum

Pflanzen brauchen Sonnenlicht, Wasser und Luft. Das Licht gibt ihnen die nötige Energie. Luft und Wasser sowie Mineralstoffe aus dem Boden lassen sie wachsen. In warmen, feuchten Gegenden gibt es Pflanzen, die bis zu 90 m groß sind! In kaltem Klima brauchen manche Pflanzen Jahre, um nur wenige Zentimeter zu wachsen.

131 Der Wachstumspunkt

Gras ist eine der häufigsten Pflanzenarten. Aber hast du dir schon einmal überlegt, wie es z.B. den massiven „Angriff" eines Rasenmähers überlebt? Durch den Vergleich zwischen Kresse und Gras werden wir dies herausfinden.

Du brauchst

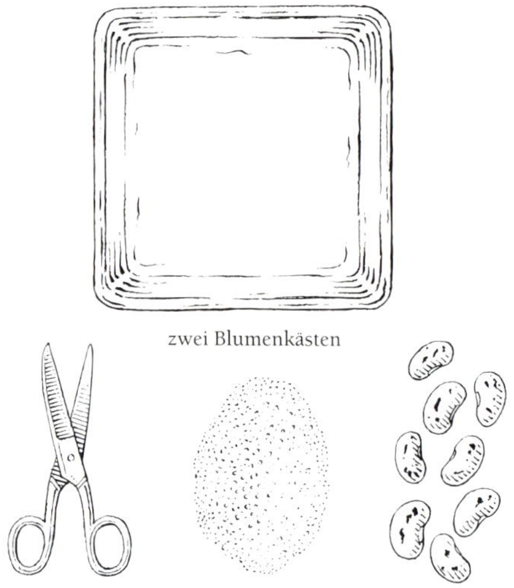

zwei Blumenkästen

Schere

Blumen- oder Humuserde

Gras- und Kressesamen

1 Fülle beide Kästen mit Erde und säe in einem Kresse, im anderen Gras aus. Wenn die Sprösslinge etwa 5 cm hoch sind, schneide sie in Bodennähe ab.

2 Was passiert mit den beiden Pflanzen? Nach einer Woche wirst du feststellen, dass die Kresse nicht nachwächst.

3 In diesem Kasten wächst Gras. Es ist rasch gewachsen und bildet einen dichten Teppich mit langen, schmalen Halmen.

4 Eine Woche nach dem Schneiden werden die Grashalme wieder so aussehen. Sie sind einfach nachgewachsen. Der Wachstumspunkt von Gras liegt sehr nahe am Boden. Geschnittene Halme wachsen nach. Kresse hingegen wächst von einem Punkt aus, der oben im Stängel liegt. Wird sie unterhalb dieses Punktes abgeschnitten, kann sie nicht mehr nachwachsen.

132 Samensprösslinge

Unter der harten Hülse einer Bohne verbirgt sich ein Samen, eine winzige lebende Pflanze, mit einem Nährstoffvorrat, der die Pflanze für viele Monate am Leben hält. Solange der Samen im Trockenen liegt, passiert gar nichts, aber wenn er feucht wird, beginnt er zu wachsen. Bei diesem Experiment stellen wir fest, unter welchen Bedingungen Bohnen am besten gedeihen.

Du brauchst

1 Weiche die Bohnen 24 Stunden in Wasser ein. Dabei werden sie durchnässt, genau wie auf freiem Feld, wenn es heftig regnet. Die Bohnen quellen auf. Gieße das Wasser ab.

2 Lege ein Stück Löschpapier auf jeden Teller. Feuchte ein Löschpapier an und sorge dafür, dass es während des ganzen Experiments feucht bleibt.

3 Verteile auf jedem Teller ein paar Bohnen.

4 Fülle den zweiten Teller mit Wasser, bis die Bohnen vollständig unter Wasser stehen. Der dritte Teller bleibt ohne Wasser.

am fünften Tag

Mit Wasser bedeckte Bohnen bekommen nicht genügend Luft zum Wachsen.

am fünften Tag

Nur die Bohnen auf dem feuchten Papier keimen und wachsen.

Um wachsen zu können, braucht eine Pflanze sowohl Wasser als auch Luft.

133 Gemüseteile wachsen

Wusstest du schon, dass man manche Gemüsesorten zu neuem Leben erwecken kann? Etwas Wasser und Sonne genügen, und schon sprießen neue Blätter. Dieses Experiment klappt mit Wurzelgemüse – zum Beispiel Rüben, Rettichen oder Karotten.

Lass dir von einem Erwachsenen helfen!

Du brauchst

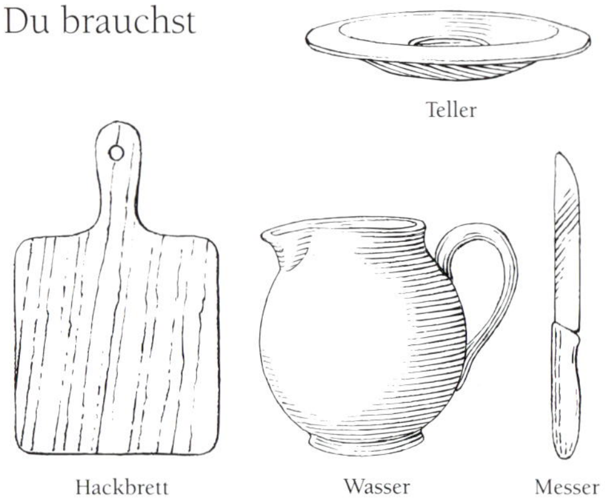

sowie Rüben oder anderes Wurzelgemüse

1 Lege die Rübe auf das Hackbrett. Du brauchst nur den oberen Teil, den Rest kannst du aufessen.

2 Schneide den oberen Teil der Rübe ab. Hier ist die Stelle, an der früher schon Blätter gewachsen sind.

3 Lege das Oberteil mit der abgeschnittenen Seite nach unten in den Teller mit Wasser. Der Rand der Rübe sollte von Wasser umgeben sein.

4 Stelle den Teller an ein helles Fenster. Sieh jeden Tag nach, ob noch genügend Wasser drin ist, und gieße eventuell etwas nach.

Schau jeden Tag nach, ob schon etwas wächst.

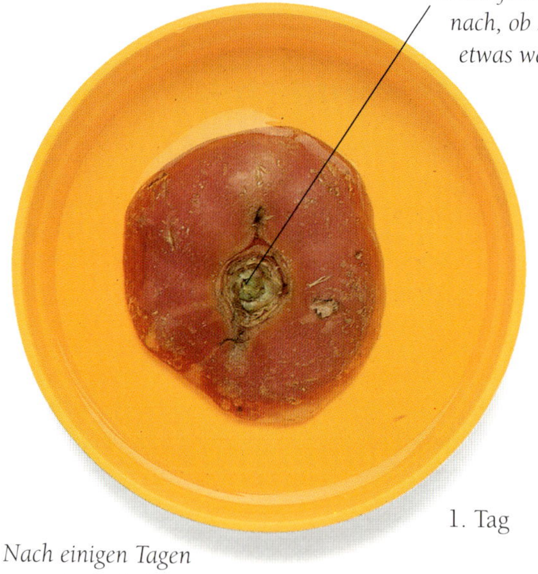

1. Tag

Nach einigen Tagen erwacht die Rübe zu neuem Leben und die ersten Blättchen sprießen.

10. Tag

17. Tag

Die Blätter werden größer, aber die abgeschnittene Rübe kann keine neuen Wurzeln bilden.

134 Eine Bohne wächst

Bei diesem Experiment kannst du beobachten, wie eine Bohne keimt und zu wachsen beginnt. Normalerweise würde das unter der Erde stattfinden. Wenn du sie jedoch in ein Glas legst, kannst du ihr Wachstum ganz genau verfolgen.

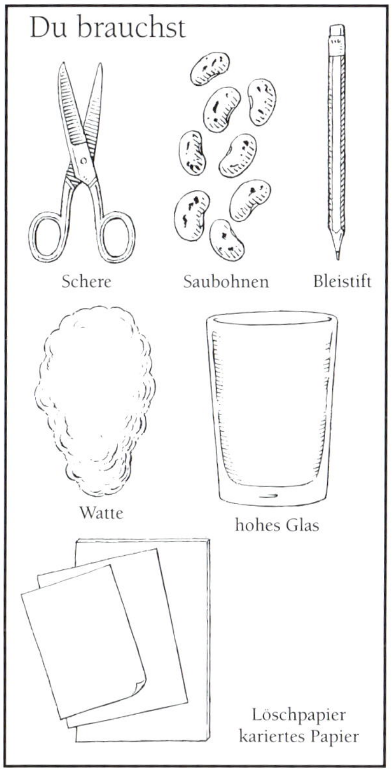

1 Lege das Innere des Glases mit Löschpapier aus und lege die Watte hinein. Platziere die Bohne so, dass sie zwischen dem Löschpapier und dem Glas liegt.

2 Klebe einen Streifen kariertes Papier an die Außenseite, neben die Bohne. Fülle das Glas zur Hälfte mit Wasser und warte, bis die Bohne zu wachsen beginnt.

neue Blätter

feuchte Watte

Starke Wurzeln verankern die Bohne im Glas.

3 Markiere auf dem karierten Papier, wie viel die Bohne pro Tag wächst. Gieße immer Wasser nach, damit die Pflanze nicht vertrocknet.

135 Dem Licht entgegen

Pflanzen brauchen Licht zum Wachsen. Es ist für sie so wichtig wie Futter für Tiere. Sie spüren den Lichteinfall und wachsen unbeirrbar in diese Richtung. Pflanze eine Gartenbohne in eine Kiste mit einem Loch im Deckel. Du wirst sehen, dass sie genau darauf zu wachsen wird.

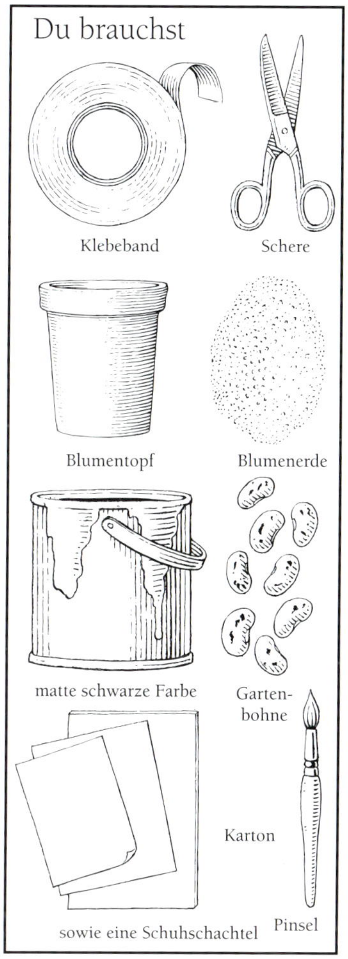

1 Schneide ein Loch in eine der schmalen Seiten der Schuhschachtel.

2 Schneide aus Karton zwei Teile zu, die genauso tief sind wie die Schachtel, aber nicht so breit. Klebe sie in die Schachtel (s. Foto).

3 Bemale das Innere der Schuhschachtel schwarz. Die Farbe absorbiert den Lichtstrahl, der in die Schachtel fällt.

4 Pflanze eine Bohne in den Topf und stelle ihn genau unter die Öffnung. Gieße sie und schließe die Schachtel mit dem Deckel.

5 Sieh jeden Tag nach, was sich in der Schachtel tut. Wenn die Bohne erst einmal gekeimt hat, sollte sie von ganz allein ihren Weg ins Freie finden.

Bald wächst die Pflanze aus der Öffnung.

136 Blätter einfrieren

Im Winter ziehen wir dicke Kleidung an, um uns warm zu halten. Pflanzen jedoch stehen bei Wind und Wetter schutzlos im Freien. Manche von ihnen haben einen natürlichen „Frostschutz“, der sie vor Kälte schützt. Andere haben dies nicht, weshalb sie bei Kälte erfrieren und nach dem Auftauen kaputt sind. Prüfe nach, was passiert, wenn du verschiedene Blätter einfrierst.

Blatt eines Kopfsalats

Blätter eines Rhododendrons

Du brauchst
Blatt eines Kopfsalats, immergrüne Blätter von Liguster, Lorbeer oder Rhododendron, Gefrierfach

1 Pflücke ein paar Blätter von einem immergrünen Busch ab. Schneide ein Blatt eines Kopfsalats ab. Lege beide Blattarten für etwa 20 Minuten ins Gefrierfach, damit ihre Temperatur unter den Gefrierpunkt sinkt.

2 Wenn sich die Blätter wieder erwärmen, beginnen die Eiskristalle zu schmelzen. Warte, bis sie völlig aufgetaut sind.

Aufgetauter Kopfsalat wird weich und schlapp.

gefrorene Rhododendronblätter

Immergrüne Blätter behalten ihre Form.

Überleben im Winter
Laubwechselnde Pflanzen werfen im Herbst ihre Blätter ab und im nächsten Frühjahr wachsen neue heran. Die immergrünen Pflanzen haben zähe, winterharte Blätter.

Schönwetter-Pflanzen
Kopfsalat gehört zu den „einjährigen“ Pflanzen. Wenn es kalt wird, sterben sie, doch ihre Samen leben weiter und wachsen im kommenden Jahr zu neuen Pflanzen heran.

gefrorenes Kopfsalatblatt

137 Verkehrte Bohnen

Die Wurzeln einer Pflanze saugen Wasser und Mineralien auf und verankern die Pflanze fest im Boden. Wurzeln wachsen immer nach unten, da sie der Schwerkraft folgen. Um zu sehen, wie das funktioniert, züchten wir eine Bohne in einem Glas heran. Sobald sich die Wurzel bildet, drehen wir das Glas um und beobachten, wie die Wurzel die Richtung ändert.

Du brauchst

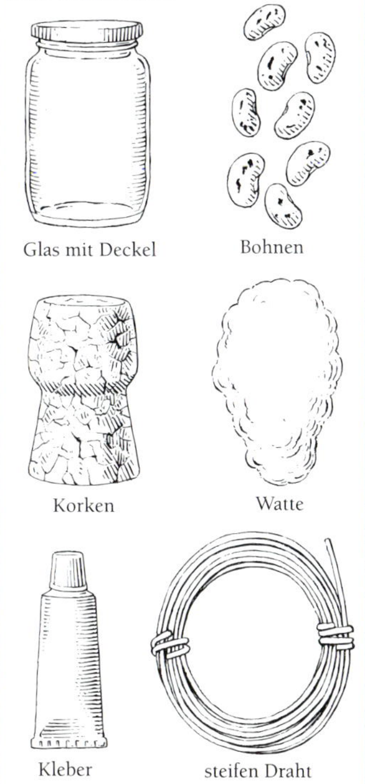

Klebe den Korken innen an den Deckel. Drücke Draht durch den Korken und stecke die Bohne darauf. Lege etwas feuchte Watte ins Glas und schließe den Deckel. Wenn die Wurzel etwa 1 cm lang ist, drehe das Glas um 180°.

138 Starke Kartoffeln

Wenn Kartoffelpflanzen heranwachsen, bilden sie mithilfe des Sonnenlichts eine Substanz, die Stärke genannt wird. Sie wird zwar in den Blättern gebildet, dann aber unter der Erde gelagert, in den Knollen, die wir als Kartoffeln kennen. Für den menschlichen Körper ist Stärke ein wichtiger Energielieferant. Zu diesem Experiment, bei dem wir den Stärkegehalt einer Kartoffel testen, brauchen wir Jod.

Du brauchst

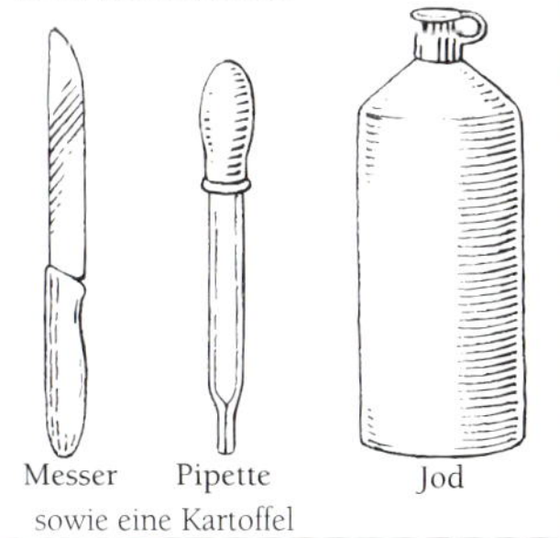

Lass dir von einem Erwachsenen helfen!

Halbiere eine Kartoffel und lass ein paar Tropfen Jod auf die Schnittfläche fallen. Das orange-braune Jod wird sich blau-schwarz verfärben. Diese Reaktion zeigt, dass die Kartoffel viel Stärke enthält.

139 Pflanzensaft

In unserem Körper transportiert Blut die aufgelösten Substanzen zu allen Zellen. Bei Pflanzen ist es kein Blut, sondern der so genannte Pflanzensaft, der die Nährstoffe transportiert. Diese Flüssigkeit im Innern der Pflanzen sehen wir bei diesem Experiment heraustropfen, wenn ein Ast abgeschnitten wird.

Du brauchst

Gartenschere

Lass dir von einem Erwachsenen helfen!

1 Der späte Frühling ist die beste Zeit für dieses Experiment, weil die Bäume dann sehr viel Saft haben, da sie mitten im Wachstum sind. Suche einen Baum mit vielen belaubten jungen Zweigen. Schneide einen davon direkt am Ansatz ab. Aus der abgeschnittenen Stelle müssten einige Tropfen Pflanzensaft heraussickern.

Klebriger Saft
Bei einigen Bäumen tritt ein klebriger Saft aus der Rinde aus. Es handelt sich um eine Art Pflaster, das Insekten und andere Tierchen fernhält, während die Schnittwunde zuheilt.

140 Zwiebelwachstum

Wenn du glaubst, dass eine Zwiebel keine Lebenskraft mehr besitzt, hast du dich getäuscht! Bei diesem Experiment siehst du, was passiert, wenn eine Zwiebel in Wasser gelegt wird.

Du brauchst

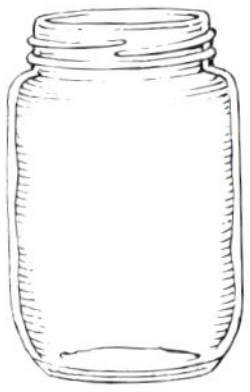

Glas

Wasser

sowie eine Zwiebel

1 Fülle ein Glas bis oben hin mit Wasser. Nimm eine große, feste Zwiebel und lege sie auf die Öffnung.

Die Unterseite der Zwiebel muss das Wasser berühren.

2 Nach ein paar Wochen wird die Zwiebel Wurzeln treiben, die nach und nach bis zum Glasboden wachsen. Danach wird sie sogar ein paar Blätter treiben. Wenn du die Zwiebel dann in Erde einpflanzt, fängt sie vielleicht an zu blühen.

141 Die Kraft der Wurzeln

Auch wenn sie recht klein sind, können Pflanzen erstaunliche Kräfte entwickeln. Auf der Suche nach Sonnenlicht können sie Steine heben und Asphalt aufspalten und ihre Wurzeln kämpfen sich auf der Suche nach Wasser und Mineralstoffen durch allerhärtesten Untergrund. Die Wurzelenden sind von winzigen, schützenden Hüllen umgeben. Bei diesem Experiment siehst du, wie Wurzeln eine Eierschale durchbrechen.

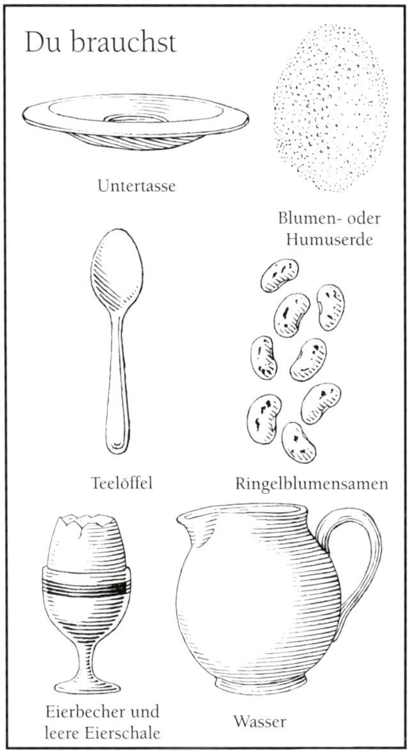

1 Fülle die Eierschale mit dem Teelöffel vorsichtig mit etwas Blumenerde.

halbe Eierschale

2 Stelle die Schale in einen Eierbecher und diesen wiederum auf eine Untertasse. Lass die Samen hineinrieseln und bedecke sie mit etwas Erde.

Die Erde sollte nicht zu feucht sein.

3 Stelle das Ganze an ein helles Fenster und gieße es jeden Tag. Wenn die Samen keimen, kommen nach wenigen Tagen die ersten Sprossen zum Vorschein.

Die Pflanze wächst oben aus der Eierschale.

Wurzeln haben die Eierschale durchbrochen.

4 Wenn du den Miniatur-Blumentopf hochhebst, wirst du feststellen, dass die Wurzeln die Schale durchbrochen haben. Manche Wurzeln sind so kräftig, dass sie sogar Felswände rissig werden lassen.

142 Obstkerne anpflanzen

Manche Pflanzen haben winzig kleine Samenkörner, die Avocado hingegen einen riesigen Kern. Wenn du ihn in Erde pflanzt, kannst du ein Avocadobäumchen züchten. Du kannst aber auch Orangen-, Apfel-, Trauben- oder Pfirsichkerne anpflanzen.

Du brauchst

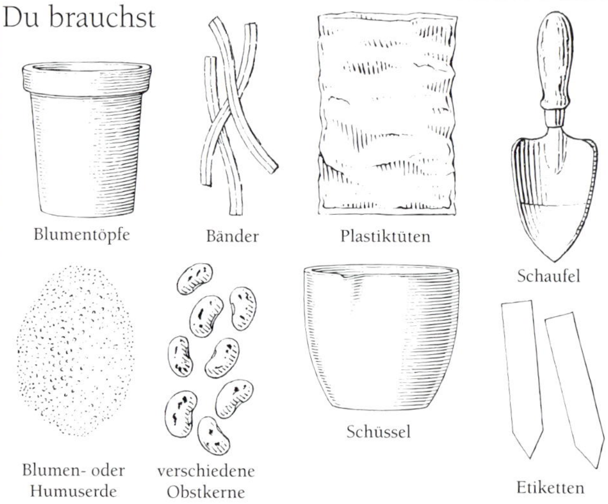

1 Lege den Avocadokern 24 Stunden lang ins Wasser. Gib etwas Blumenerde in eine Schüssel und befeuchte sie mit Wasser. Fülle sie dann in die Blumentöpfe.

2 Pflanze den Avocadokern mit dem spitzen Ende nach oben ein. Er muss etwas herausragen. Kleinere Obstkerne steckt man etwa 1 cm tief in die Erde.

3 Stülpe eine Plastiktüte über jeden Topf und verschnüre sie gut, damit keine Feuchtigkeit austreten kann. Stelle die Töpfe an einen warmen, dunklen Ort.

Orangenkerne

Traubenkerne

Apfelkerne

Pfirsichkern

Avocadokern

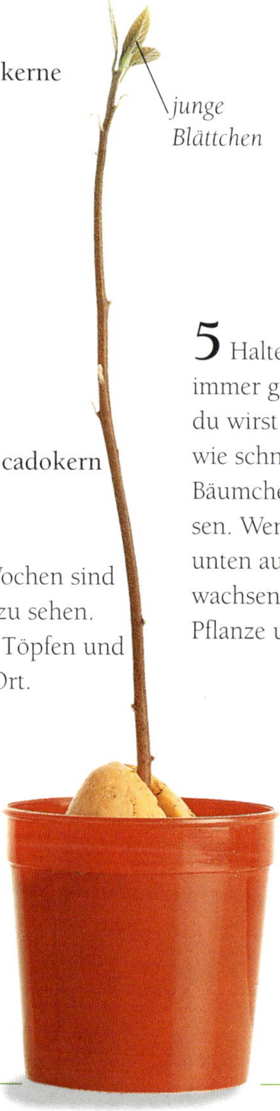

4 Nach zwei bis acht Wochen sind die ersten Lebenszeichen zu sehen. Nimm die Tüten von den Töpfen und stelle sie an einen hellen Ort.

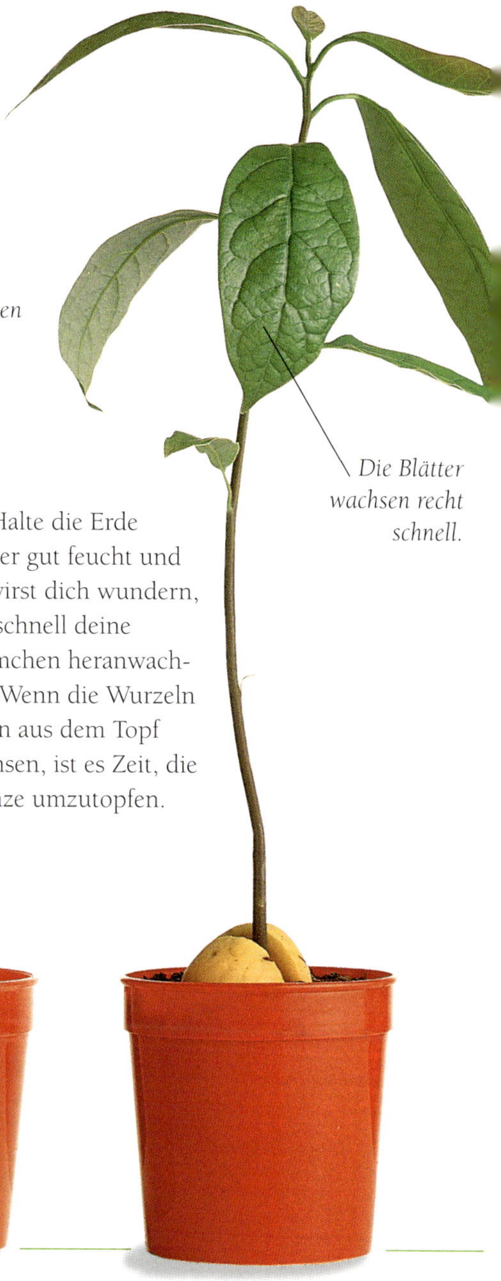

5 Halte die Erde immer gut feucht und du wirst dich wundern, wie schnell deine Bäumchen heranwachsen. Wenn die Wurzeln unten aus dem Topf wachsen, ist es Zeit, die Pflanze umzutopfen.

143 Gemüse anpflanzen

Auch wenn ihr keinen Garten habt, kannst du zum Gemüsegärtner werden. Du züchtest die Pflanzen einfach auf der Fensterbank! Am besten eignen sich Kletterpflanzen und solche, die nicht zu viel Platz brauchen. Wurzelgemüse wächst meist in die Tiefe, deshalb brauchst du dafür sehr hohe Töpfe.

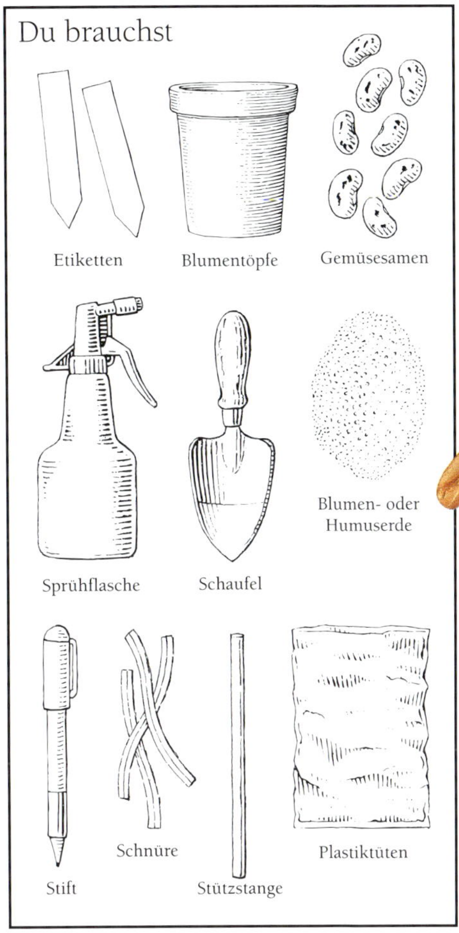

1 Gib etwas Erde in die Töpfe. Für kleine Samen eignet sich eine Pflanzenschale. Darauf kann man die Sämlinge besser trennen.

2 Besprühe die Erde mit Wasser, beschrifte die Töpfe und stülpe die Plastiktüten darüber. Stelle sie an einen warmen, dunklen Ort.

3 Sobald sich die ersten Triebe zeigen, nimm die Tuten weg und stelle die Töpfe ins Helle.

144 Stecklinge ziehen

Einige Pflanzen können aus Samen gezogen werden, andere entwickeln sich aus abgetrennten Stängeln (Stecklingen) oder einem einzelnen Blatt. Diese Pflanzen können ohne Samen gezüchtet werden. Hier wird erklärt, wie aus Stecklingen neue Pflanzen gemacht werden.

Du brauchst

Blumentöpfe, Wasser, Glas, Schaufel sowie Stecklinge, Schüssel, Schere, Blumen- oder Humuserde

Junge Ausläufer abtrennen

1 Die Pflänzchen am Ende der Ausläufer einer Grünlilie haben bereits Wurzeln. Diese Pflänzchen kann man abtrennen.

2 Gib genügend Erde in den Blumentopf und bette die Wurzeln des Stecklings hinein. Drücke die Erde rundum gut fest, damit die Pflanze Halt hat.

Stängelstücke vermehren

1 Schneide ein etwa 10 cm langes Stück eines Stängels ab und trenne die unteren Blätter ab, sodass etwa 3/4 des Stängels kahl ist.

2 Stelle den Steckling zuerst in ein Glas mit Wasser, das regelmäßig nachgefüllt werden muss. Sobald sich die ersten Wurzeln zeigen, muss er eingepflanzt werden.

Pflege der jungen Pflänzchen
Stelle die jungen Pflänzchen nicht direkt in die Sonne. Achte darauf, dass die Erde immer feucht ist. Nach einigen Wochen sollten sie Wurzeln geschlagen haben und zu wachsen beginnen.

Blattbegonie

Silbernessel

145 Lustige Kresseköpfe

Wie gefallen dir diese lustigen Eierköpfe mit den coolen Punkerhaaren? Es handelt sich um Kresse, die aus Eierschalen mit witzigen aufgemalten Gesichtern wächst. Wenn diese Köpfe gut gegossen werden, werden die „Haare" steil nach oben wachsen. Wenn man jedoch das Gießen vergisst, werden die „Haare" schlaff herunterhängen.

Du brauchst

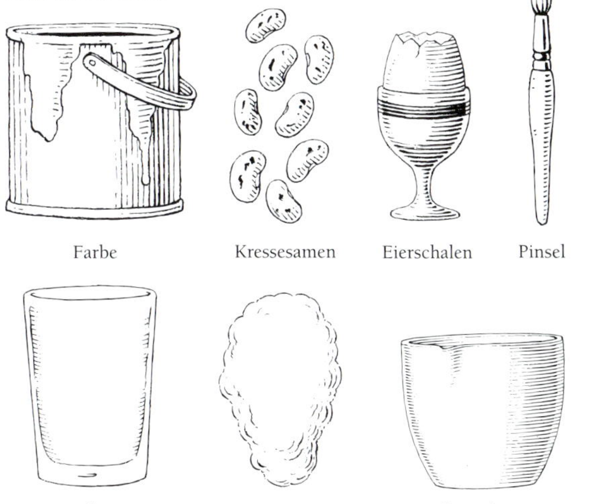

eine Hand voll Kressesamen

unbemalte Eierschalenhälfte

1 Wenn du einige Eierschalenhälften beisammenhast, male auf jede mit Pinsel und Farbe ein lustiges Gesicht. Gehe vorsichtig zu Werke, denn Eierschalen sind zerbrechlich!

2 Lege ein paar Wattebällchen in eine Schüssel mit Wasser, drücke das überschüssige Wasser wieder aus und lege die feuchte Watte dann in die Eierschalen.

3 Streue jeweils ein paar Kressesamen auf die feuchte Watte. Stelle die Eierschalen an einen hellen, warmen Ort und bald schon werden die „Haare" zu sprießen beginnen.

Schon nach wenigen Tagen wachsen „Haare".

Die Watte muss immer gut feucht sein.

4 Aus dem Experiment auf Seite 146 hast du gelernt, warum diese „Haare" aus Kresse nicht nachwachsen werden, falls du vorhast, sie in Form zu schneiden.

146 Eine Mini-Wüste anlegen

In der Wüste ist es meist sehr heiß und es fällt monatelang kein Wasser. Deshalb kann eine Wüstenpflanze nur überleben, weil sie tiefe Wurzeln hat und Wasser in ihrem fleischigen Stamm speichert. Auf einer sonnenbeschienenen, warmen Fensterbank kannst du eine Mini-Wüste anlegen. Wüstenpflanzen sind sehr pflegeleicht, denn sie müssen nicht oft gegossen werden.

Du brauchst

Pflanzenschale

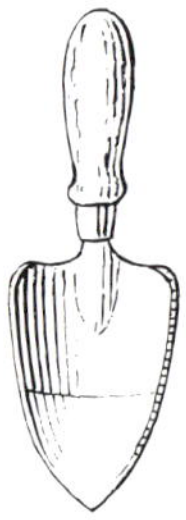

Schaufel

Gießkanne

Löffel

Kies oder Kieselsteine
groben Sand, Blumen- oder Humuserde

sowie verschiedene kleine Kakteen und Sukkulenten

1 Bedecke den Boden einer Pflanzenschale mit einer Schicht Kies. Dann fülle sie zur Hälfte mit Blumenerde auf.

Pflanzenschale

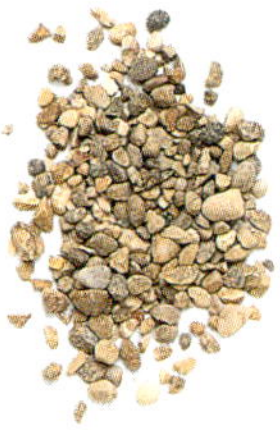

Kies oder kleine Kieselsteine

grober Sand

Blumen- oder Humuserde

2 Bevor du die Pflanzen aus ihren Töpfen nimmst, überlege dir, wie du sie anordnen willst. Probiere so lange, bis dir die Zusammenstellung gefällt.

3 Hebe mit der Schaufel für jeden Kaktus ein Loch aus. Nimm jede Pflanze vorsichtig aus ihrem Topf, lockere die Erde um die Wurzeln und pflanze sie ein.

Dickblatt

Haworthia

Weihnachtskaktus

Aasblume

Kugelkaktus

Warzenkaktus

4 Fülle die Zwischenräume zwischen den einzelnen Kakteen mit Erde. Achte darauf, dass alle Wurzeln gut zugedeckt sind.

5 Bedecke die Erde mit dem Sandgemisch und drücke es vorsichtig mit dem Löffel an.

6 Jetzt ist deine Miniatur-Wüste fertig. Deine Pflanzen müssen nur einmal pro Woche gegossen werden. Pass auf, dass der Boden dabei nicht zu feucht wird.

147 Blütenpracht am Fenster

Wenn du einen Fenstergarten anlegst, kannst du jeden Tag verfolgen, wie deine Pflanzen wachsen und gedeihen. Es geht ganz einfach: Zuerst musst du dir überlegen, welche Pflanzen du gerne hättest. Am besten nimmst du kleinblättrige Pflanzen, denn sie verkraften direkte Sonne und Windstöße besser. Falls die Fensterbank abgeschrägt ist, lege ein paar kleine Holzstücke unter die Vorderseite, damit der Blumenkasten eben steht.

Du brauchst

Blumenkasten mit Untersetzer

Sprühflasche

Schaufel

Schere

Blumen- oder Humuserde

Kies oder Kieselsteine

sowie verschiedene kleine Blütenpflanzen

Gießkanne

Margeriten

Stiefmütterchen

Kies oder Kieselsteine

Blumenerde

Fleißige Lieschen blühen fast den ganzen Sommer über.

1 Mit der Schaufel bedeckst du den Boden des Blumenkastens mit einer Kiesschicht. Dann fülle ihn etwa zu 3/4 mit Erde.

2 Überlege dir, wie du die Pflanzen anordnen willst. Die größeren sollten nach hinten, die hängenden nach vorne.

Überschüssiges Wasser kann durch die Löcher im Boden abfließen.

Glocken-blume

Fleißiges Lieschen

3 Nimm jede Pflanze behutsam aus ihrem Topf und lockere die Wurzeln, indem du vorsichtig mit den Fingerspitzen zwischen die Erde kneifst.

4 Mache ein Loch und setze die Pflanze hinein. Drücke die umgebende Erde mit den Fingerknöcheln fest, damit die Pflanze Halt hat und die Wurzeln auch genügend Platz haben.

5 Setze nach und nach alle Pflanzen ein, bis der Blumenkasten voll ist, aber lass genügend Zwischenräume. Pass auf, dass du keine Stängel abbrichst.

Hunger und Durst

Im Gegensatz zur Mini-Wüste (S. 158–159) braucht dein Fenstergarten viel Wasser. Du kannst auch etwas Nährlösung dazugeben.

Margeriten sind wegen ihrer Farbenpracht beliebt.

Wenn du die verblühten Köpfe regelmäßig abzwickst, bleiben die Pflanzen länger schön.

Besprühe die Blumen ab und zu mit Wasser, damit sie frisch bleiben.

Glockenblumen blühen vom Spätsommer bis in den frühen Winter.

148 Schmetterlingsgarten

Schmetterlinge sind fleißige Tierchen, die stets auf Futtersuche sind. Sie trinken den süßen Nektar, den sie von verlockend duftenden Blüten holen. Du kannst nektarreiche Blumen auf der Fensterbank oder in einer Ecke eures Gartens an einem sonnigen Plätzchen züchten. Und mach dich darauf gefasst: Im Spätsommer werden zahlreiche Schmetterlinge angeflogen kommen.

Du brauchst

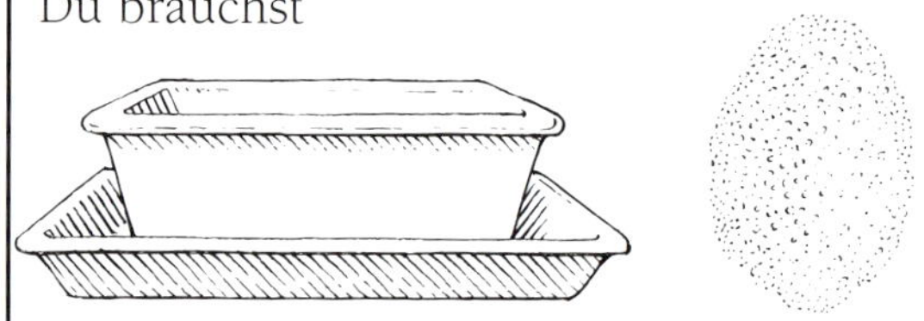

Blumenkasten mit Untersetzer oder großen Blumentopf

Blumen- oder Humuserde
Kies oder Kieselsteine

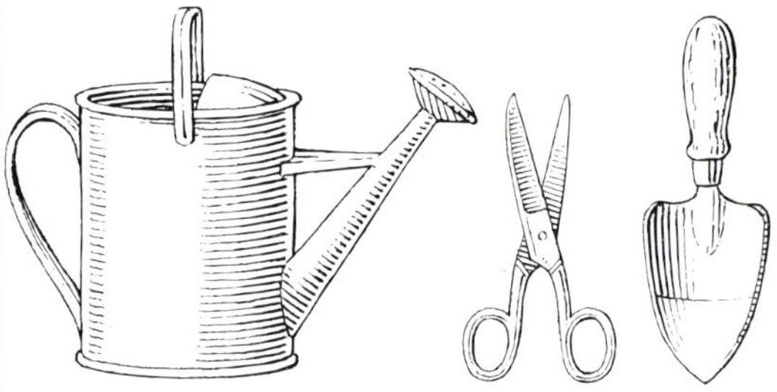

Gießkanne

Schere

Schaufel

sowie verschiedene Blütenpflanzen

Fetthenne blüht im Spätsommer, wenn die meisten anderen Blumen längst verblüht sind.

Heidekraut lockt zwar keine Schmetterlinge an, ist aber bei Bienen sehr beliebt.

Blumenkasten

1 Bedecke den Boden des Blumenkastens mit einer Kiesschicht. Dadurch kann überschüssiges Wasser abfließen, damit die Erde nicht zu feucht wird.

2 Fülle den Blumenkasten zu 3/4 mit Erde. Falls diese sehr trocken ist, gieße sie erst, bevor du dich an das Einpflanzen machst.

3 Überlege dir, wie du deine Pflanzen anordnen möchtest. Größere Pflanzen sollten nach hinten gesetzt werden, hängende Pflanzen kommen vorne am besten zur Geltung.

4 Drehe den ersten Topf um und nimm die Pflanze vorsichtig heraus. Lockere die Wurzeln etwas, indem du in die Erde kneifst.

5 Grabe ein Loch und setze die Pflanze hinein. Drücke den Boden rundum etwas an. Denke daran, dass die Blumen bei schönem Wetter täglich gegossen werden müssen.

Blütenpracht

Wenn die Pflanzen in voller Blüte stehen, werden ihr Duft und ihre auffallenden Farben viele hungrige Schmetterlinge und andere Insekten anlocken. Halte die Augen offen, wenn du einen Schmetterling heranfliegen siehst. Mit etwas Glück kannst du sehen, wie er seine lange Zunge in die Blüte steckt. Wie durch einen Strohhalm saugt er damit den Nektar in seinen Mund.

Majoran, ein intensiv duftendes Gewürz, lockt Bienen und Schmetterlinge an.

Die flachen Blüten dieser Pflanze sind ein idealer Landeplatz für Schmetterlinge.

Blumenkasten aus Terrakotta

149 Ein Salatbeet anlegen

Um im Handumdrehen ein Salatbeet anzulegen, brauchst du nur Salatsamen auf feuchte Watte zu legen. Du kannst alles anbauen, was schnell sprießt: Kresse, Rettich oder Kopfsalat können nach einer Woche geerntet werden. Auf einer sonnigen Fensterbank klappt es das ganze Jahr über. Salatpflanzen sind sehr vitaminreich und helfen dem Körper gesund und kräftig zu bleiben.

Du brauchst

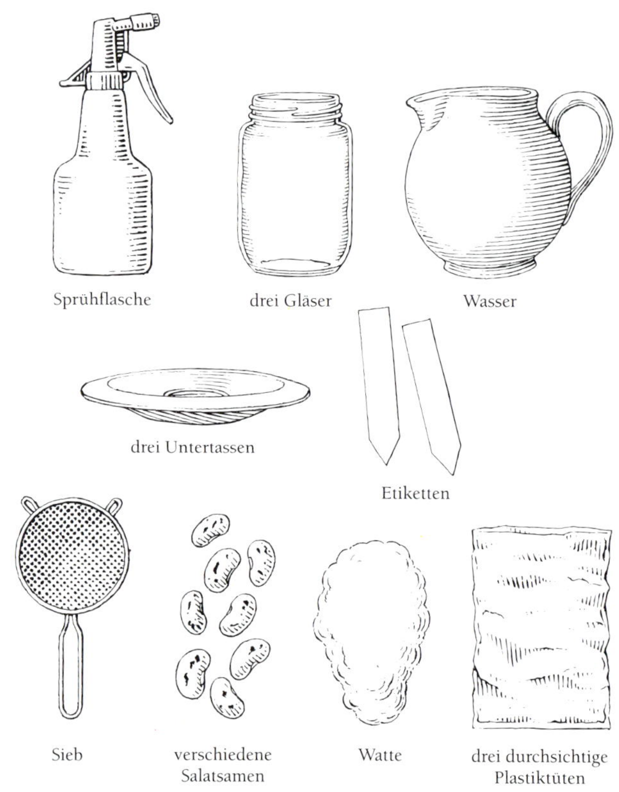

1 Schütte die Samen in das Sieb und halte sie kurz unter kaltes Wasser. Fülle die Gläser zur Hälfte mit Wasser und schütte die Samenkörner hinein. Lass sie etwa vier Stunden lang darin liegen, damit sie sich mit Wasser voll saugen können.

Kressesamen

Mungobohnensamen

2 Lege einen Wattestreifen auf jeden Teller. Darin können die Pflanzen Wurzeln schlagen, wenn sie zu wachsen beginnen.

3 Gieße so lange Wasser auf jeden Teller, bis die Watte gut feucht ist. Sie darf jedoch nicht unter Wasser stehen, sonst können die Pflanzen nicht wachsen.

4 Gieße die in Wasser eingelegten Samenkörner durch ein Sieb und verteile sie dann gleichmäßig und nicht zu dicht auf der feuchten Watte.

5 Um keimen zu können, brauchen die Samenkörner Feuchtigkeit. Besprühe sie deshalb großzügig mit Wasser.

6 Damit die Samen nicht austrocknen, packe jedes Tellerchen in eine Plastiktüte und beschrifte sie. Stelle sie auf eine warme, sonnige Fensterbank.

7 Innerhalb weniger Tage beginnen die Samenkörner zu keimen und zu wachsen. Dann nimm die Teller aus den Plastiktüten und besprühe die Keimlinge regelmäßig mit Wasser. Sobald sie groß genug sind, schneide sie mit einer Schere ab.

Was passiert dann?
Deine Salatpflanzen werden nicht ewig wachsen. Selbst wenn du sie weiterhin gießt, werden sie irgendwann welken. Anfangs kommen sie ohne Erde aus, aber irgendwann fehlen ihnen die Nährstoffe aus dem Boden.

zwei Tage alte Mungobohnensamen

zwei Tage alte Kressesamen

Die Kresse kann geerntet werden.

Kressesamen nach einer Woche

Kontrolliere täglich, wie deine Salatpflanzen gewachsen sind.

So sehen die Mungobohnen-Sprösslinge nach sieben Tagen aus.

Blumen

In der Blüte werden die Samen einer Blume produziert. Es handelt sich um Pollen, die von einer Blüte zur anderen gelangen müssen. Jede Blüte hat eine besondere Form und Farbe. Manche sind klein und unscheinbar und der Wind trägt ihre Pollen weiter. Andere sind groß, auffällig gefärbt und duften intensiv. Ihre Pollen werden von Insekten und anderen Tieren verbreitet.

150 Eine Blüte zerlegen

Auf den ersten Blick scheinen viele Blumen nur aus ein paar Blütenblättern zu bestehen. Aber das ist noch nicht alles. Wenn du bei diesem Experiment mit einem Skalpell vorsichtig alle Teile einer Blüte auseinander nimmst, wirst du die Pollen und Samen entdecken, die mit einem Vergrößerungsglas gut zu sehen sind.

Du brauchst

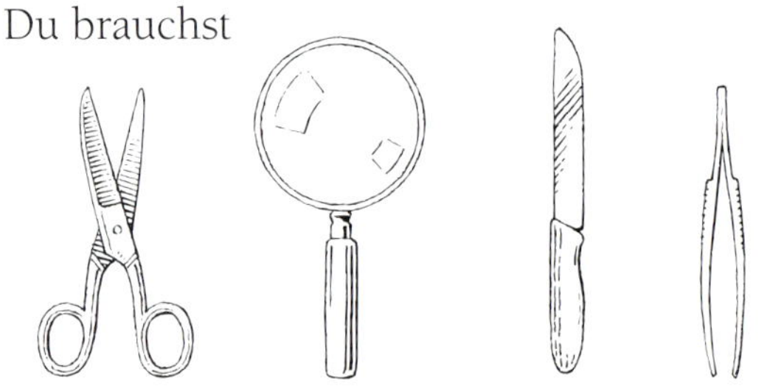

Schere · Vergrößerungsglas · Skalpell · Pinzette

sowie Mohnblume, Butterblume, Tulpe oder Lilie

Lass dir unbedingt von einem Erwachsenen helfen!

Blätter einer Mohnblume

Wie viele Blütenblätter?
Jede Pflanzenfamilie hat eine bestimmte Anzahl von Blütenblättern. Wie die meisten Mohnblumen hat auch dieses Exemplar hier vier Blätter.

1 Schneide – falls vorhanden – zuerst die grünen Kelchblätter unterhalb der Blüte, dann die Blütenblätter direkt am Stängel ab. Nun hast du nur noch das Blüteninnere vor dir.

2 Entferne vorsichtig die länglichen Staubblätter und betrachte sie mit dem Vergrößerungsglas. An ihren Spitzen sind die Staubbeutel mit den Pollen. Insekten, die sich auf der Blume niederlassen, streifen daran und nehmen die Pollen mit.

3 Nun hast du den Teil der Blüte vor dir, in dem der Samen produziert wird (Stempel). Vorbeikommende Tiere bringen Pollen von anderen Blüten mit und setzen sie hier ab. Wenn du diesen Teil der Blüte aufschneidest, siehst du die Samen.

151 Blumen pressen

Manche Blumen blühen nur wenige Stunden, andere mehrere Wochen lang. Irgendwann jedoch welken sie alle. Doch wenn du gepflückte Blumen presst, kannst du dich lange an ihrer Pracht erfreuen. Am besten eignen sich kleine, frisch gepflückte Blumen.

Du brauchst

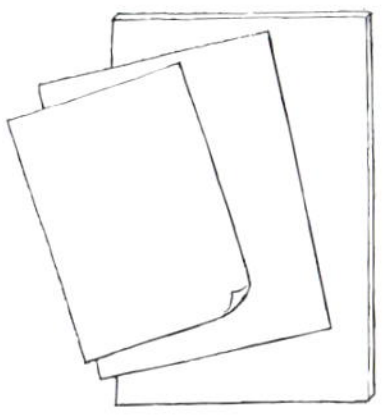

Löschpapier

dicke Bücher oder schwere Holzbretter sowie kleine Blumen

1 Lege ein dickes Löschpapier auf ein Buch oder Brett. Breite die Blumen darauf aus und decke sie mit einem weiteren Blatt Löschpapier zu.

2 Lege zum Beschweren mehrere Bücher darauf. Die Blumen müssen mindestens eine Woche lang gepresst werden. Dann nimm das Löschpapier vorsichtig ab. Denk daran sehr vorsichtig mit den zerbrechlichen gepressten Blumen umzugehen!

152 Pigmentfarben

Pigmente geben den Blütenblättern ihre spezielle Farbe. Wenn du ein paar Blütenblätter auflöst, kannst du ihre Pigmente sehen.

Lass dir unbedingt von einem Erwachsenen helfen!

Du brauchst

Stößel und Mörser

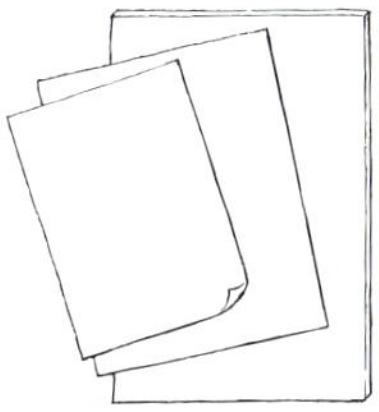

Löschpapier

Bleistift

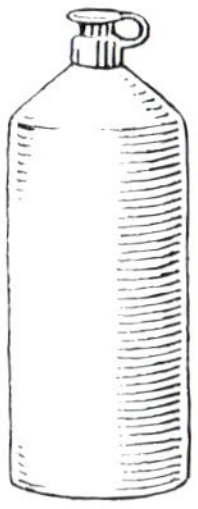

Aceton (Nagellackentferner)

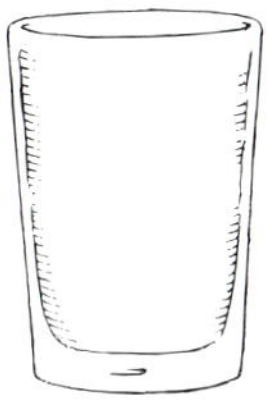

Glas

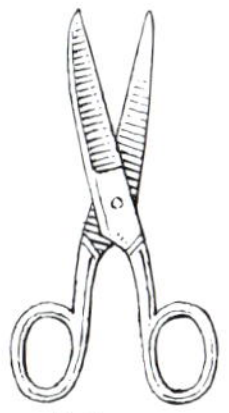

Schere
sowie Blumen, einen Hefter

Das Löschpapier saugt die Flüssigkeit auf.

1 Lege die Blütenblätter in den Mörser und gib 20 ml Aceton dazu. Zerstampfe sie mit dem Stößel und schütte sie in ein Glas. Hefte einen Streifen Löschpapier um einen Bleistift und hänge ihn in die Flüssigkeit.

Jede Farbe, die man sieht, ist ein Pigment.

2 Stelle das Ganze für eine Stunde in einen gut belüfteten Raum. Das Aceton wird allmählich das Löschpapier hinaufklettern und verschiedene Farbstreifen hinterlassen.

153 Trockenblumengestecke

Wenn man frische Blumen ins Wasser stellt, halten sie nicht lange, wenn man sie jedoch trocknet, bleiben sie sehr viel länger schön. Man kann Blumen pressen (siehe Seite 167), wobei sie während des Trocknens platt werden, oder sie verkehrt herum an einem warmen Ort aufhängen. Auf diese Weise behalten sie ihre Farbe und Form.

Du brauchst

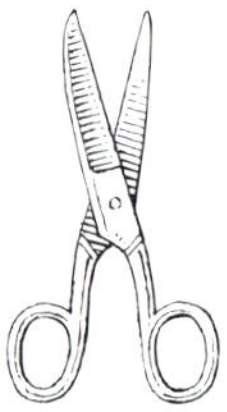

Schere

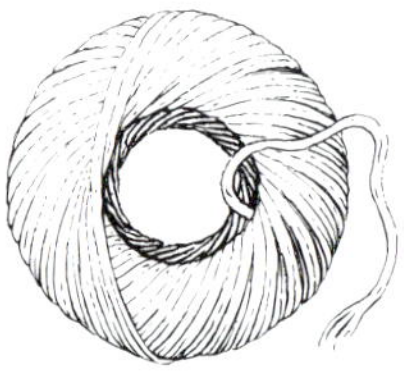

Bindfaden

sowie frische Schnittblumen

Bindfaden

1 Lege die Blumen vor dir auf den Tisch und schneide alle Stängel auf dieselbe Länge zu. Binde die Blumen mit Bindfaden ganz fest zusammen, denn die Stiele schrumpfen beim Trocknen. Hänge die Blumen mit den Köpfen nach unten an einem warmen, trockenen Ort auf.

2 Nach etwa zwei Wochen ist dein Strauß getrocknet. Schneide den Bindfaden auf und stelle die Blumen in einer Vase an einer Stelle auf, wo alle Welt sie bewundern kann.

154 Blumen haltbar machen

Du brauchst

großes Glas mit Deckel sowie Blumen

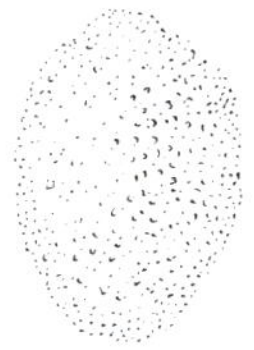

Silica-Gel, erhältlich in Drogerien

Diese Methode des Blumentrocknens ist etwas komplizierter als die vorhergehende, aber manchmal erzielt man damit bessere Ergebnisse. Wir verwenden eine Substanz namens Silica-Gel, die den Blumen die Feuchtigkeit entzieht. Dabei verändert das Gel seine Farbe von Blau zu Rosa. Zum Trocknen legt man es bei niedriger Temperatur in den Backofen.

Lass dir von einem Erwachsenen helfen!

1 Schütte etwas Silica-Gel in ein großes Glas und lege ein paar Blumen kopfüber hinein. Achte darauf, dass sie nicht zu eng beieinander liegen.

Die Blumen werden kopfüber in das Glas gesteckt.

Silica-Gel

2 Schütte vorsichtig noch etwas Silica-Gel nach, bis die Blüten komplett bedeckt sind. Klopfe vorsichtig gegen das Glas, damit luftleere Zwischenräume verschwinden, und schraube den Deckel auf das Glas. Lass die Blumen eine Woche lang so stehen.

Schütte vorsichtig weiteres Silica-Gel nach.

Die Blumen müssen eine Woche lang so stehen.

Ungefähr zwei Wochen lang muss der Strauß so trocknen.

Einige Blumen verblassen beim Trocknen.

Die längsten Stängel befinden sich in der Mitte.

Getrocknete Rosen behalten häufig ihren Duft und ihre Form.

Bäume

Könntest du dir unsere Welt ohne Bäume vorstellen? Sie sind die langlebigsten und größten Pflanzen auf dem Festland. In den Wäldern sind unzählige Tiere von Ameisen bis zu Elefanten beheimatet. Bäume sind auch die Heimat von Schimmelpilzen, die sich von lebenden Bäumen, abgestorbenem Holz oder herumliegendem Laub ernähren.

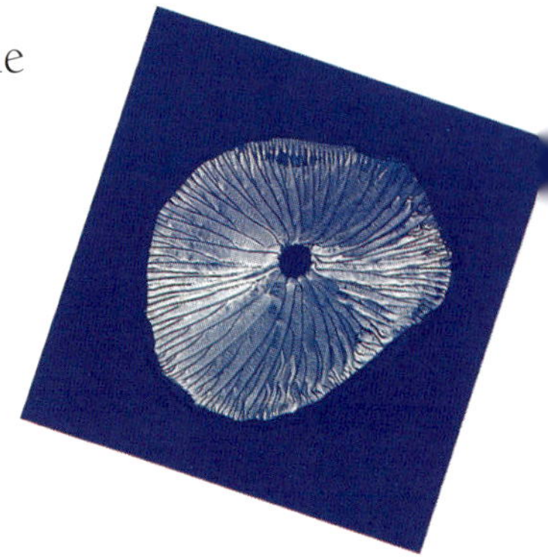

155 Knospe, öffne dich

Manche Bäume behalten ihre Blätter das ganze Jahr über. Andere werfen ihre Blätter ab und im nächsten Frühjahr wachsen neue Blätter. Diese entwickeln sich schon im Vorjahr, überwintern jedoch im Inneren der Knospen. Im Frühling öffnen sich die Knospen und die jungen Blätter beginnen zu wachsen. Wenn du draußen ein paar Zweige schneidest und sie ins Haus nimmst, kannst du sie vorzeitig zum Öffnen bringen. Stelle sie in Wasser und sorge dafür, dass sie viel Sonne und Wärme haben.

Du brauchst

Wasser sowie Zweige (am besten von Rosskastanien, Pappeln oder Weiden)

Glas

Baumschere

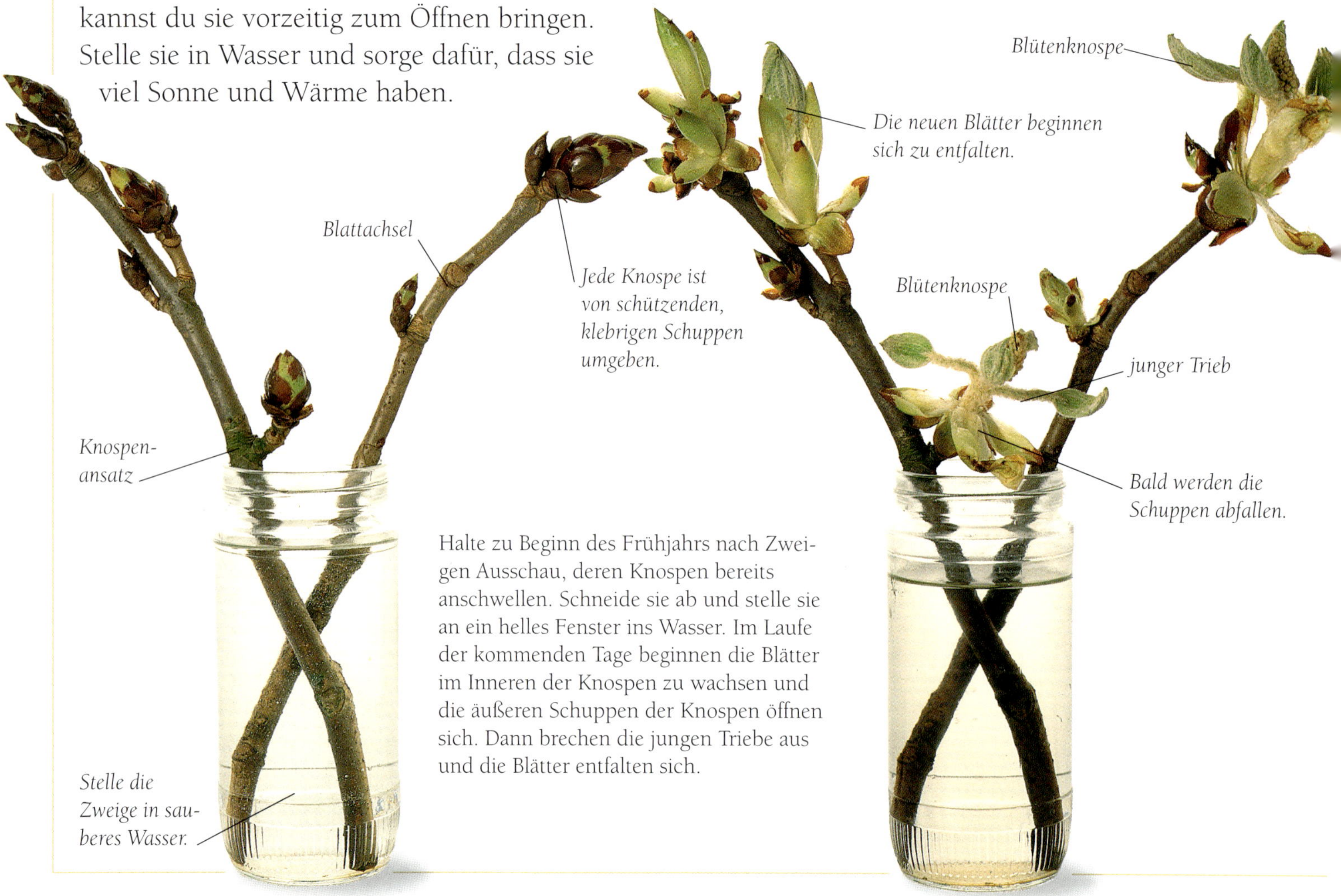

Halte zu Beginn des Frühjahrs nach Zweigen Ausschau, deren Knospen bereits anschwellen. Schneide sie ab und stelle sie an ein helles Fenster ins Wasser. Im Laufe der kommenden Tage beginnen die Blätter im Inneren der Knospen zu wachsen und die äußeren Schuppen der Knospen öffnen sich. Dann brechen die jungen Triebe aus und die Blätter entfalten sich.

156 Jahresringe eines Baums

Bäume wachsen unterschiedlich schnell. Wenn du den Umfang eines Stamms misst, kannst du das ungefähre Alter ausrechnen. Für Palmen und schnell wachsende Bäume wie Nadel- und Eukalyptusbäume gilt dies jedoch nicht.

Der Umfang eines ausgewachsenen Baums nimmt pro Jahr um 2,5 cm zu.

Du brauchst

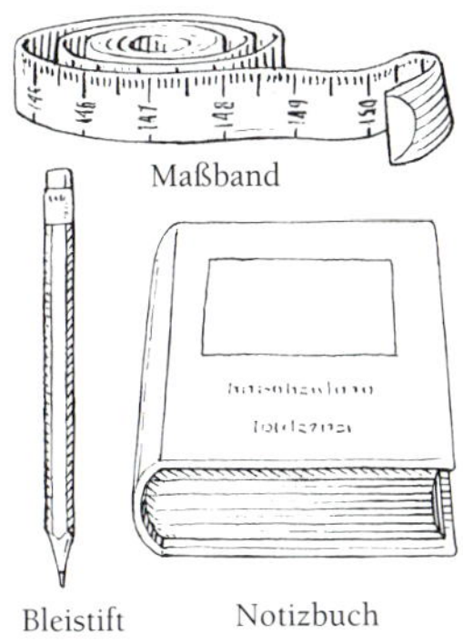

1 Halte das Maßband in einer Höhe von mindestens 1 m über dem Boden um den Baum und miss den Umfang.

2 Teile die Zentimeterzahl durch 2,5 und schon weißt du das ungefähre Alter des Baums.

157 Die Höhe eines Baums berechnen

Die Höhe eines Baums ist nur schwer zu schätzen, weil man ihn nicht mit einem Gegenstand in der Nähe vergleichen kann. Hier eine einfache Möglichkeit es trotzdem genau zu erfahren. Dafür brauchst du nur einen Helfer.

Du brauchst

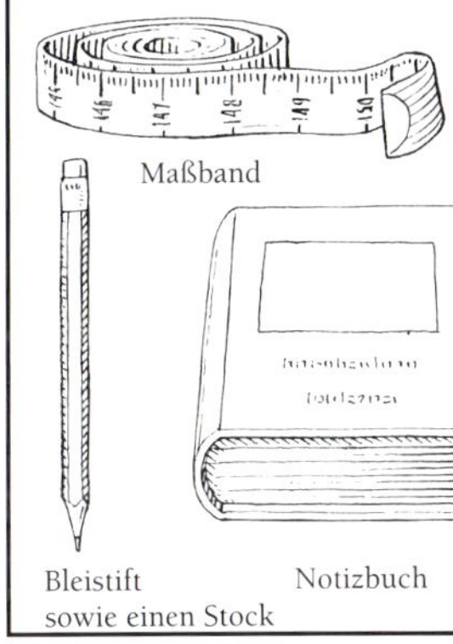

Das obere Ende des Stocks ist auf einer Linie mit dem Kopf deines Freundes.

Markiere mit Bleistift, wo du die Füße deines Helfers siehst.

Halt den Stock ausgestreckt vor dich.

Dein Freund steht unter dem Baum.

1 Miss die Größe deines Freundes und trage sie in das Notizbuch ein. Dann bitte ihn sich unter den Baum zu stellen.

2 Halte den Stock mit ausgestrecktem Arm vor dich, und zwar so, dass du das obere Stockende in einer Linie mit dem Kopf deines Helfers siehst. Markiere an dem Stock, wo seine Füße sind.

3 Wie oft musst du die markierte Strecke addieren, bis die Höhe des Baums erreicht ist? Nimm diese Zahl mit der Größe deines Freundes mal und schon hast du die Höhe des Baums errechnet.

158 Mini-Bäume

Im Herbst werfen viele Bäume ihre Blätter und ihre Samen ab. Einige der Samen keimen und beginnen nach wenigen Tagen zu wachsen. Andere lassen sich mehr Zeit und warten, bis der strenge Winter vorüber ist. Wenn du ein paar Samen findest, pflanze sie ein und verfolge ihr Wachstum.

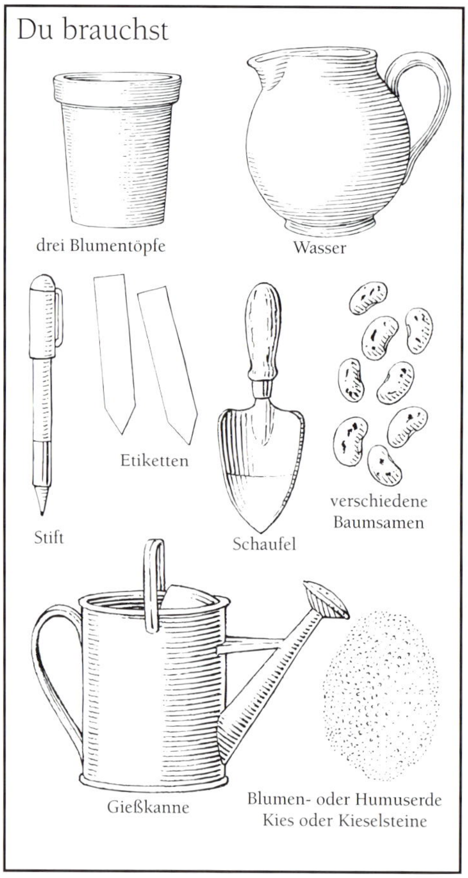

1 Gib etwas Kies in jeden Blumentopf, damit sich das Wasser nicht in der Erde staut. Fülle die Töpfe dann mit Erde an.

Eicheln

Ahornsamen

Rosskastanien

Esskastanien

2 Säe in jedem Topf anderen Samen. Drücke ihn in die Erde und bedecke ihn wieder. Gieße die Erde ausgiebig.

3 Beschrifte die Töpfe mit den Etiketten und stelle sie an einen schattigen Ort (am besten im Freien). Warte ab, bis die Samen zu wachsen beginnen.

Mit zunehmendem Wachstum wird der Stamm kräftiger.

Wachsendes Ahornbäumchen
Sobald das Bäumchen zwischen 10 und 12 cm hoch ist, nimm es aus dem Blumentopf und pflanze es an einen sonnigen Platz.

159 Rindenabdrücke machen

Manche Bäume haben eine glatte, andere eine raue, rissige Rinde. Wenn du ein Blatt dickes Papier mit Klebeband an einen Baumstamm heftest und mit Wachskreide darüber rubbelst, erhältst du einen „Abdruck“ der Rinde.

Mache mehrere verschiedene Rindenabdrücke und vergleiche die Muster.

Fahre kräftig auf und ab.

Du brauchst

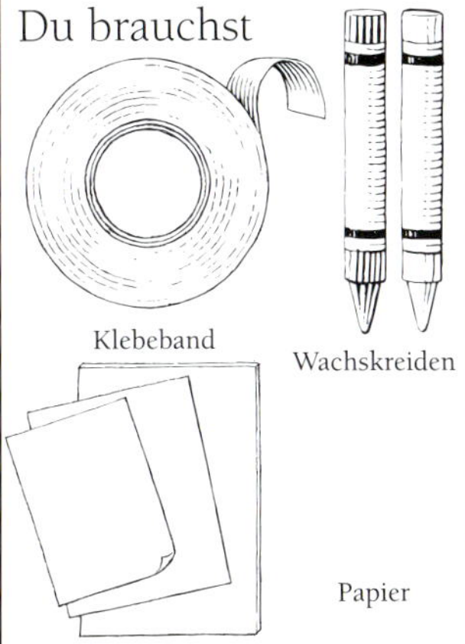

160 Ein Blattgerippe herstellen

Du brauchst

Wenn ein Blatt verfault, bleiben die Blattadern zurück. Im Herbst findet man solche Blattgerippe in Massen unter Bäumen liegen. Bei diesem Experiment stellen wir sie selbst mithilfe von Soda her, das die weichen Teile eines Blattes auflöst.

Lass dir unbedingt von einem Erwachsenen helfen!

vertrocknetes Blatt

Blattadern

Mittelrippe

Blattstiel

1 Löse etwas Soda in einem Topf mit Wasser auf. Lege die Blätter hinein und erhitze das Wasser langsam. Es darf nicht zu heiß werden!

2 Nimm den Topf vom Herd und lass die Blätter mehrere Stunden lang darin stehen. Nimm die Blattgerippe heraus und spüle sie unter dem Wasserhahn gründlich ab.

161 Schimmel züchten

Schimmel entwickelt sich nicht aus Samen, sondern aus Sporen (staubähnlichen Pünktchen), die wachsen, wenn sie auf etwas Essbarem landen. Dann brechen die Sporen auf und beginnen zu wachsen. Hier siehst du, was geschieht, wenn sich Schimmelsporen auf unterschiedlichen Brotscheiben niederlassen.

Du brauchst

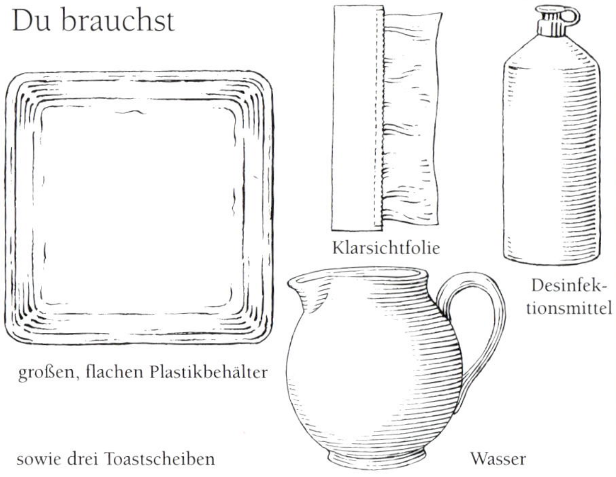

1 Lege zwei der Brotscheiben in den Behälter. Die dritte Scheibe wird an der Luft getrocknet.

Auf trockenem Brot bildet sich kein Schimmel.

2 Die beiden Brotscheiben dürfen sich nicht berühren. Gieße etwas Desinfektionsmittel auf eine der Scheiben und achte darauf, dass die andere nichts abbekommt.

3 Gieße etwas Wasser auf beide Scheiben, damit sie gut feucht sind. Der Boden sollte allerdings nicht unter Wasser stehen.

4 Versiegle den Behälter mit Klarsichtfolie. Das schließt bereits vorhandene Sporen ein und hält die Brotscheiben feucht. Bewahre alle drei Scheiben an einem dunklen, warmen Ort auf.

Auf dem feuchten Brot hat sich Schimmel gebildet.

Das Desinfektionsmittel hat alle Sporen abgetötet – kein Schimmel!

5 Betrachte die Brotscheiben nach drei Tagen. Auf der feuchten Scheibe hat sich vermutlich Schimmel gebildet. Auf der vertrockneten und der desinfizierten Scheibe ist nichts zu sehen.

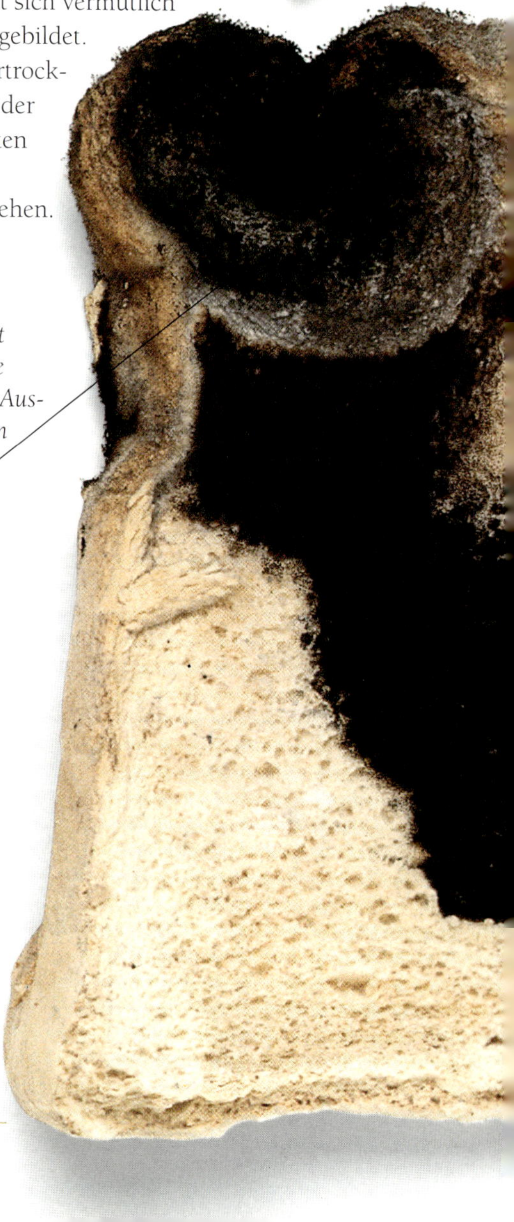

Feuchtigkeit und Wärme fördern die Ausbreitung von Schimmel.

162 Sporen sehen

Pilze vermehren sich durch winzige Sporen, die durch den Wind verbreitet werden. Bei diesem Experiment wird von den Sporen ein Abdruck gemacht. Vergiss nicht dir danach die Hände zu waschen, falls einer der Pilze giftig war!

Du brauchst

Plastikhaube
farbigen Karton
sowie Pilze mit dunkler Hutunterseite, Fixierspray

1 Schneide den Stiel eines Pilzes ab und lege den Hut auf ein Stück Karton. Stülpe eine Plastikhaube darüber, damit die Sporen nicht davonfliegen.

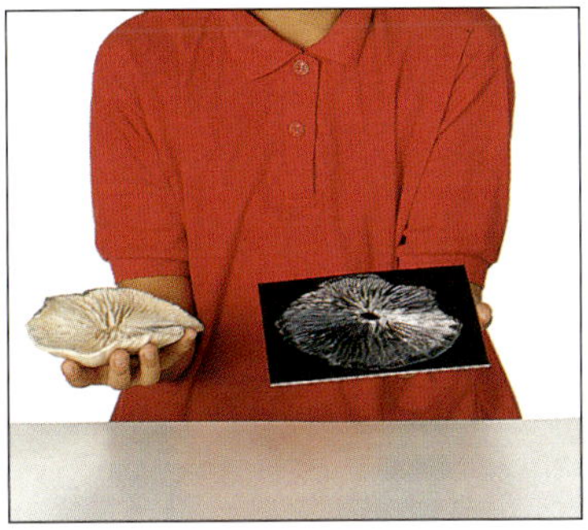

2 Am nächsten Tag entfernst du vorsichtig den Pilzhut. Die Sporen sind auf den Karton gefallen und haben einen Abdruck hinterlassen.

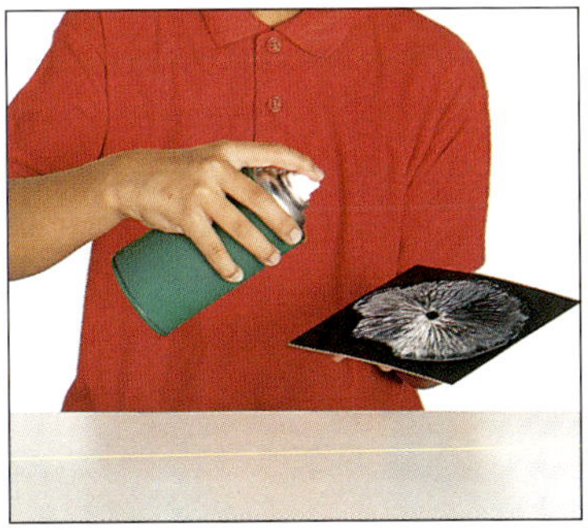

3 Damit der Abdruck nicht verwischt, besprühe ihn mit einem Fixiermittel, z.B. Haarspray. Wenn das Spray trocken ist, ist dein Abdruck fertig.

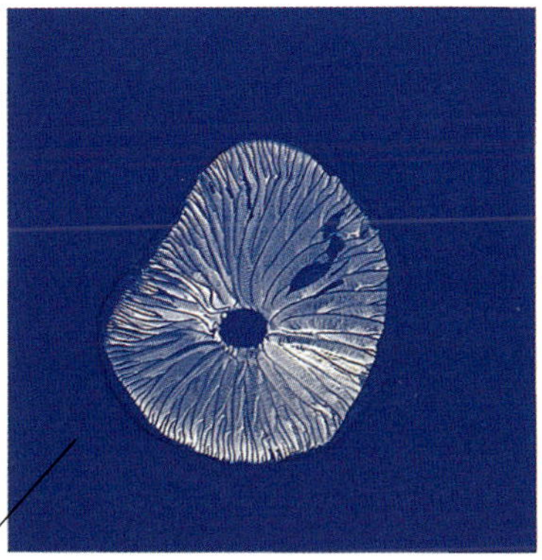

Nimm Kartons verschiedener Farbe.

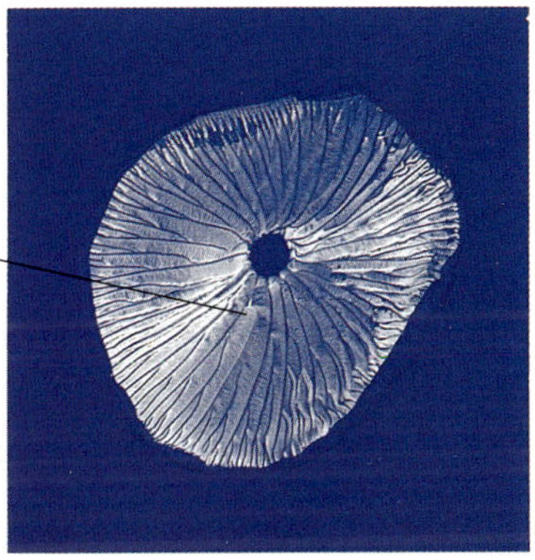

Fertige die Abdrucke mehrerer Pilze an.

Die Sporen sind von der Unterseite des Pilzhuts gefallen.

163 Ein Wald-Terrarium anlegen

In einem Terrarium leben kleine, landbewohnende Tierchen. Es enthält Futter für sie, frisches Trinkwasser und viele Versteckmöglichkeiten. Hier erfährst du, wie man ein Terrarium speziell für kleine Waldbewohner anlegt. Fülle es mit abgebrochenen Ästen, altem Laub, ein paar Käfern und Asseln, und du bist stolzer Besitzer eines originalgetreuen Stück Waldbodens.

Du brauchst

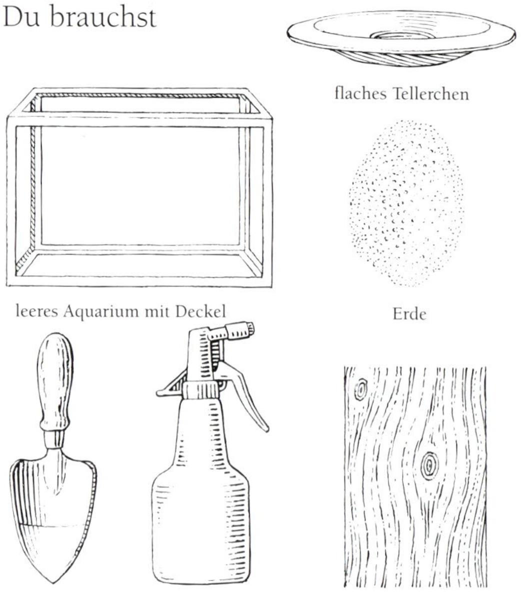

flaches Tellerchen

leeres Aquarium mit Deckel

Erde

Schaufel

Sprühflasche

Holzstücke, Tannenzapfen

sowie altes Laub, kleine Tierchen (Käfer, Asseln, Hundertfüßer und Schnecken)

kleiner, abgestorbener Ast

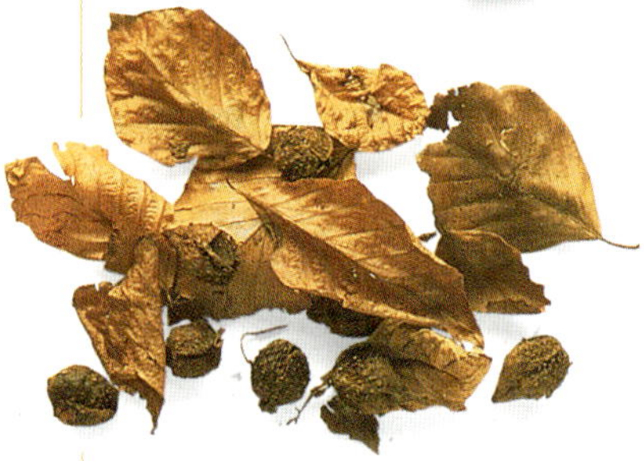

Laub

Erde

Kiefernzapfen

1 Lege eine Ecke des Aquariums mit altem Laub und Holzstücken aus. Hier können die Tierchen herumklettern und sich verstecken.

2 Der restliche Boden wird mit Erde und ein paar Tannenzapfen ausgelegt. Stelle ein Tellerchen mit Wasser hinein.

3 Fülle die Erde bis zum Rand des Tellers auf, damit er einen guten Halt hat. Sprühe etwas Wasser in das Aquarium, damit ein feuchtes Klima herrscht.

4 Lege vorsichtig deine Tierchen hinein. Auf dem schrägen Ast werden sie munter herumturnen.

5 Falls du auch Schnecken in deinem Terrarium hast, füttere sie mit frischen Sachen wie Kopfsalat. Auch alle anderen Tiere brauchen etwas zum Fressen.

Hundertfüßer machen nachts Jagd auf kleinere Tiere.

Hundertfüßer

Asseln haben 14 Füße.

Assel

Asseln ernähren sich von faulenden Blättern und Pflanzenteilen. Sie brauchen ein feuchtes Klima.

Hausspinne

Die Netze der Hausspinne sehen wie dreieckige Hängematten aus.

Der Laufkäfer hat kräftige Kiefertaster.

Laufkäfer

Kiefernzapfen

Öffnung zur Belüftung des Terrariums

Reinige das Glas ab und zu mit einem feuchten Tuch.

Schnecken bewegen sich auf einer saugnapfähnlichen Sohle.

Denke daran das Wasser regelmäßig nachzufüllen!

Ganz schnell

Wolfsspinnen verstecken sich in Erdlöchern, die sie mit ihren Netzen überziehen. Wenn sich ein kleines Tier darin verfängt, eilt die Wolfsspinne herbei und frisst es auf.

Kleine Tierchen

Auf der Erde gibt es etwa zwei Millionen verschiedene Tierarten: von winzigen, einfach gebauten Tierchen bis zu den riesigen Blauwalen. Die weitaus meisten Tiere sind klein. Zu den kleinen Tieren zählen die über eine Million Insekten- und die etwa 30 000 verschiedenen Spinnenarten.

164 Insekten aus nächster Nähe betrachten

Im Frühjahr und im Sommer beherbergen Bäume eine große Anzahl von Insekten. Einige ernähren sich von Blättern oder Pflanzensaft, andere sind Fleischfresser. Die meisten von ihnen lassen sich jedoch nur selten sehen. Wenn du dir aber ein Klopf-Tablett bastelst, kannst du sie aus nächster Nähe betrachten.

Du brauchst

Reißzwecken

weißes Taschentuch sowie einen Stock

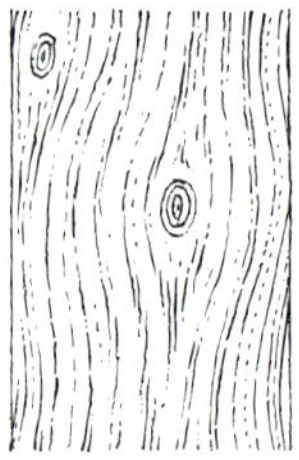

Holzstäbe (siehe S. 128–129)

Baue den Rahmen zusammen.

Pass auf, dass die Insekten nicht fliehen.

1 Es handelt sich um denselben Rahmen wie auf den Seiten 128–129. Wenn du ihn zusammengebaut hast, mach das Taschentuch mit Reißzwecken daran fest.

2 Halte das Tablett unter einen tief hängenden, belaubten Ast und schlage mit einem Stock kräftig dagegen (Achtung: Der Ast darf nicht abbrechen!). Wenn du Glück hast, werden gleich mehrere Tierchen herunterfallen. Dieses Experiment kannst du natürlich an verschiedenen Bäumen durchführen.

Die kleinen Tierchen fallen vom Baum direkt auf dein Tablett.

165 Insekten ansaugen

Mit diesem Gerät kann man flinke Tierchen einfangen, ohne sie zu berühren oder ihnen wehzutun. Sie werden einfach angesaugt. Wenn du durch das eine Rohr Luft ansaugst, werden die Tierchen durch ein anderes Rohr in das Glas gesaugt.

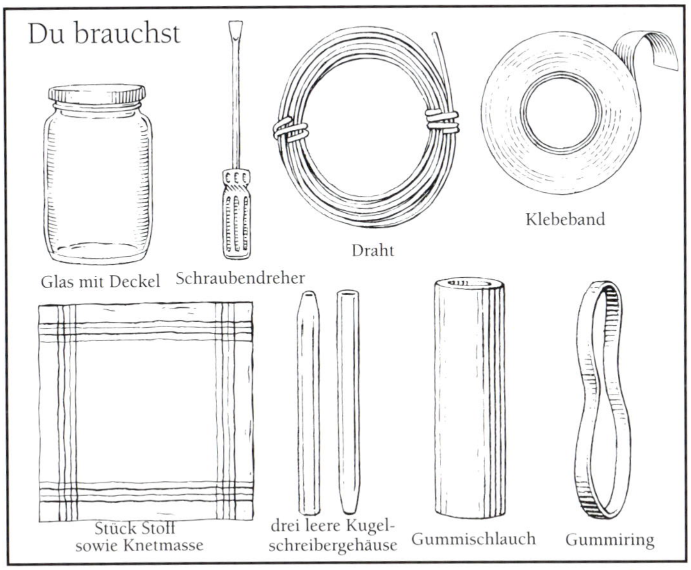

1 Bohre mit dem Schraubendreher zwei Löcher in den Deckel. Überziehe eine Öffnung eines Kugelschreibergehäuses mit Stoff, stecke dieses und ein weiteres Gehäuse durch die Löcher. Klebe sie dort fest.

2 Befestige einen Gummischlauch an jedem Gehäuse. Verbiege den Gummischlauch, der mit dem Gehäuse ohne Stoff verbunden ist, mithilfe eines Drahtes. Stecke das dritte Gehäuse an das untere Ende des gebogenen Schlauches. Schraube den Deckel auf das Glas.

166 Die Reaktion von Würmern testen

Würmer reagieren sehr empfindlich auf Berührungen. Wenn ein Vogel nach einem Wurm schnappt, wird dieser sich sofort zusammenziehen und möglichst flink in einem Erdloch verschwinden. Drücke einem Regenwurm leicht auf seinen Schwanz und beobachte seine Reaktion.

1 Spüle die Untertasse aus, damit sie feucht ist, und lege den Regenwurm vorsichtig darauf. Drücke mit dem Bleistift leicht auf seinen Schwanz.

2 Der Regenwurm wird sich sofort zusammenziehen. Wiederhole den Test und berühre diesmal das andere Ende des Wurms. Zieht er sich schneller oder langsamer zusammen? Am Schwanz reagiert er schneller.

167 Ein Heim für Raupen

Hast du schon einmal beobachtet, wie eine Raupe sich in einen Schmetterling verwandelt? Wenn du ein paar Raupen sammelst – am besten im Frühjahr oder im Sommer – kannst du dies miterleben. Da Raupen sehr wählerisch sind, müssen sie mit Blättern gefüttert werden, die aus ihrer ursprünglichen Umgebung stammen.

Du brauchst

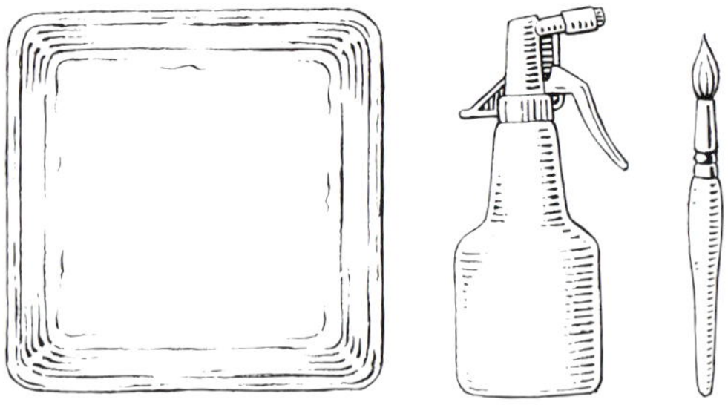

großen Plastikbehälter mit Deckel, Sprühflasche, Pinsel

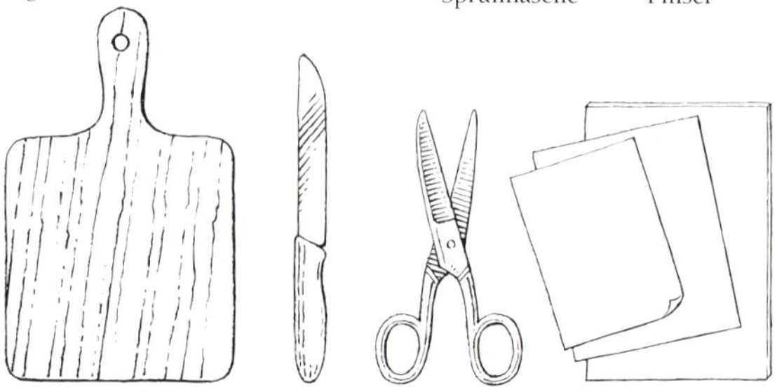

Hackbrett, Bastelmesser, Schere, Küchenpapier oder Papierservietten

sowie Raupen samt Blättern aus ihrer natürlichen Umgebung, ein Stück Musselin, kleine Zweige

Lass dir unbedingt von einem Erwachsenen helfen!

Manche Raupen haben Härchen oder Borsten, an denen man sich sticht. Deshalb hebe sie nur mit einem Pinsel hoch.

1 Bitte einen Erwachsenen dir den Rand des Deckels abzuschneiden. Schneide das Stoffstück so zu, dass es gut auf den Plastikbehälter passt.

Füttere deine Raupen täglich mit frischen Blättern.

kleine Zweige

Behandle die empfindlichen Raupen mit großer Vorsicht.

Wenn sie ausgewachsen ist, verwandelt sich die Raupe in eine Puppe.

5 Nach ein paar Wochen werden sich die Raupen verpuppen und schließlich in Schmetterlinge verwandeln.

Lass deine Schmetterlinge bei sonnigem Wetter in die Freiheit fliegen.

2 Lege den Behälter mit Küchenpapier aus. Besprühe es mit Wasser, damit es feucht ist und die Raupen nicht austrocknen.

3 Lege ein paar Zweige und Blätter hinein. Hebe die Raupen mit dem Pinsel vorsichtig hoch und setze sie auf die Blätter.

Raupen häuten sich mehrmals.

4 Lege das Stoffstück über den Behälter und drücke es mit dem Plastikrand fest. Nun ist dein Raupenheim fertig.

168 Ein Nistplatz für Hummeln

Hummeln sind große, pelzige Insekten, die früh im Jahr ausfliegen. Hummelweibchen legen ihre Eier in kleine, meist unterirdische, bereits bestehende Nester. Deshalb halten sie immer nach Nistplätzen Ausschau. Wenn du ein passendes Erdloch ausgräbst, kann es durchaus sein, dass sich eine Hummel darin niederlässt und anfängt ihr Nest zu bauen.

Du brauchst

kleinen Blumentopf mit Loch im Boden

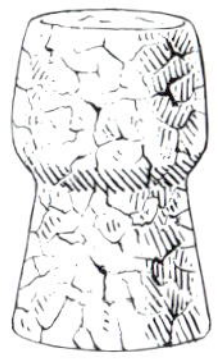
vier Korken

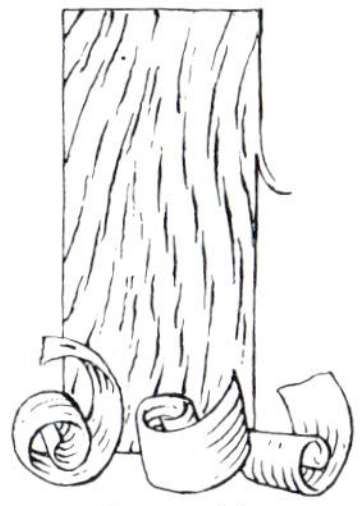
Sägemehl

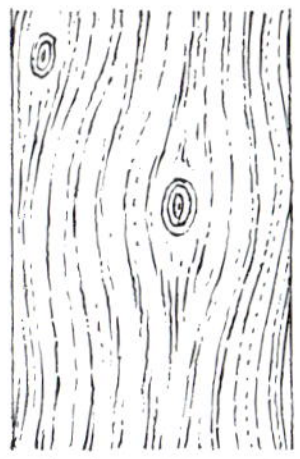
Holzplatte 12 x 12 cm

Grabe ein Loch in die Erde und bedecke den Boden mit Sägemehl. Stülpe den Topf umgekehrt darüber, sodass die Öffnung ebenerdig abschließt. Drücke die vier Korken leicht in den Boden und lege die Holzplatte darüber. Bestimmt wird bald eine neugierige Hummel darunterkriechen.

Lege ein solches Nest gleich zu Beginn des Frühlings an.

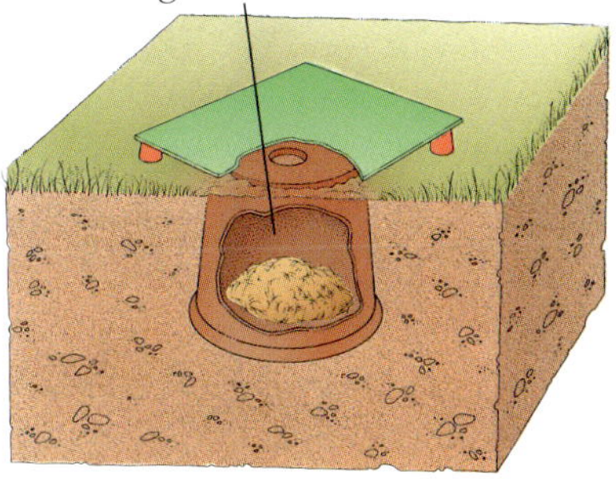

169 Bienen anlocken

Du brauchst

Zucker

Wasser sowie fünf gleiche Flaschendeckel

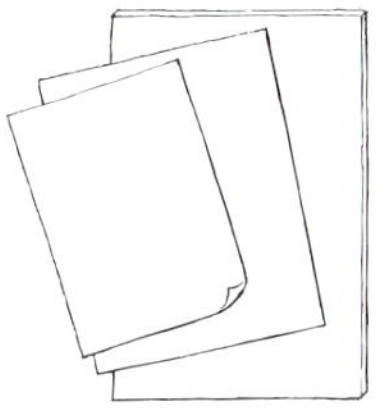
farbigen Karton

Im Frühjahr und Sommer fliegen Bienen von Blüte zu Blüte, um den süßen Nektar zu sammeln und in ihr Nest zu bringen. Wenn sie einen guten Futterplatz entdeckt haben, teilen sie es den anderen Bienen mit. Bei diesem Experiment stellen wir eine künstliche Blume mit einer zuckrigen Lösung bereit. Sobald die erste Biene sie entdeckt hat, werden etliche Bienen nachkommen.

1 Schneide aus verschiedenfarbigen Kartons fünf gleiche „Blüten" zu. Stelle die Flaschendeckel in die Mitte und gieße in einen davon etwas Zuckerwasser.

Zuckerwasser

2 Bei schönem Wetter wird bald die erste Biene heranfliegen, die Blüte untersuchen und das Zuckerwasser entdecken. Es wird nicht lange dauern, bis weitere Artgenossen nachkommen.

3 Innerhalb kurzer Zeit werden die Bienen sich um das Zuckerwasser geschart haben, das sie mit ihren langen Zungen aufschlürfen.

Wenn eine Biene eine gute Futterstelle entdeckt hat, teilt sie es sofort ihren Artgenossen mit.

Die „Blüte" ist bald von Bienen übersät.

4 Die Bienen drängeln sich um das Zuckerwasser. Sieh ihnen aus einiger Entfernung zu und störe sie nicht beim Trinken.

170 Immer in Bewegung

Das Leben stellt die Tiere vor vielerlei Entscheidungen: In welche Richtung gehen, was fressen und wo sich verstecken? Die Verhaltensforschung von Tieren in der Natur (Ethologie) befasst sich mit diesen Entscheidungen. Selbst ganz einfache Tierchen wie Asseln haben ein komplexes Verhaltensmuster. Bei diesem Experiment kannst du testen, welche Bedingungen Asseln bevorzugen: trocken oder feucht und hell oder dunkel.

Lass dir unbedingt von einem Erwachsenen helfen!

Du brauchst

Schrauben und Dübel

Schraubendreher

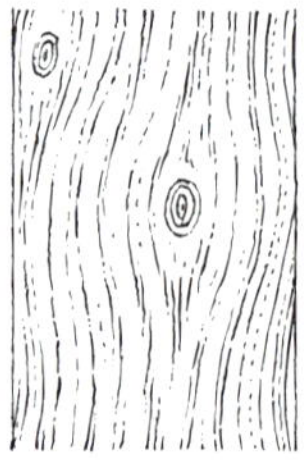

Holzbretter und -leisten

Glas

- A Unterseite und Deckel aus Sperrholz, je 24 x 24 cm
- B zwei harte, durchsichtige Plastikplatten, 24 x 24 cm und 24 x 12 cm
- C zwei Holzleisten, 24 x 3 x 2 cm
- D zwei Holzleisten, 20 x 3 x 2 cm
- E Trennleiste 20 x 3 x 1 cm

sowie kleine Handsäge, Asseln, Watte

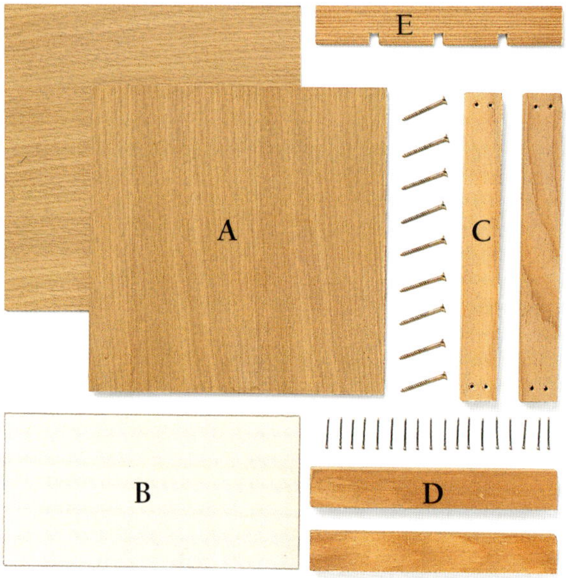

1 Schraube die beiden Seitenteile (C und D) auf die Unterseite (A) und säge drei Öffnungen in die Trennleiste (E), durch die die Asseln bequem krabbeln können. Befestige die Trennleiste genau in der Mitte der Unterseite.

2 Hast du genügend Asseln? Man findet sie im Freien unter Steinen und Holz. Setze sie in deinen Holzkasten. Gib ihnen zehn Minuten Zeit sich an ihr neues Heim zu gewöhnen.

Durch die drei Öffnungen können die Asseln von einer Seite zur anderen gehen.

Sammle Asseln in einem Glas und setze sie in den Holzkasten.

3 Um festzustellen, ob Asseln es lieber trocken oder feucht haben, lege ein Stückchen feuchte Watte in eine der Kammern und decke die gesamte Box zu. Sieh am nächsten Tag nach, wie sie sich verteilt haben. Die meisten Asseln werden in der Kammer mit der Watte sein, da sie Feuchtigkeit lieben.

4 Um zu sehen, ob Asseln es lieber hell oder dunkel haben, deckst du eine Kammer mit einer hellen Plastikplatte (B) zu, die andere mit Holz (A). Kontrolliere nach vier bis sechs Stunden, wo sie sich aufhalten. Die meisten sind in der zugedeckten Kammer, denn Asseln mögen kein Tageslicht und gehen erst in der Dunkelheit auf Futtersuche.

Asseln sind völlig harmlose Tierchen.

171 Nachtschicht in der Natur

Nachts, wenn es draußen kühl und feucht ist, gehen viele Tierchen auf Futtersuche. Bei diesem Experiment lockst du die nächtlichen Wandertiere mit einer Grapefruit an. Lege die Schalen über Nacht ins Freie und schau am nächsten Morgen nach, was du gefangen hast.

Du brauchst

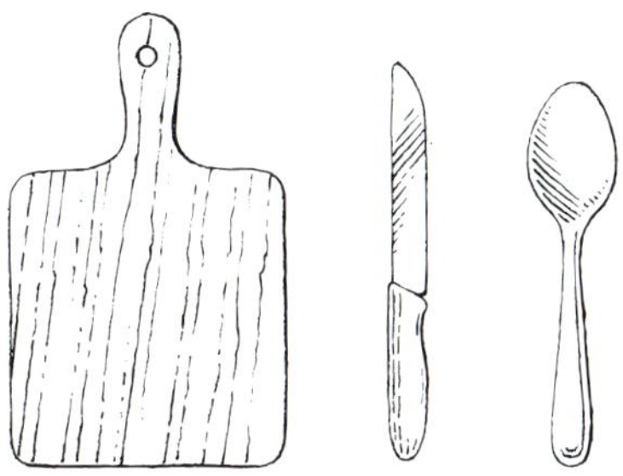

Hackbrett sowie eine Grapefruit — Messer — Löffel

Mitternächtliches Fest
Nacktschnecken machen sich nachts auf Nahrungssuche. Die Schnecke auf dem Foto macht sich gerade über eine abgefallene Pflaume her.

1 Halbiere die Grapefruit und löffle das Innere aus, sodass nur die beiden Schalen übrig bleiben.

2 Lege die Grapefruit-Hälften mit der ausgehöhlten Seite nach unten im Freien auf den Boden. Die Schalen enthalten noch viel Saft. Dieser befeuchtet die Luft im Inneren, was viele Tierchen anlockt.

3 Wenn du die Schale am nächsten Morgen umdrehst, wirst du sehen, dass sich etliche Tierchen darunter versammelt haben.

172 Wie ein Spinnennetz

Viele Spinnen bauen Netze, um vorbeifliegende Insekten darin zu fangen. So zart diese Netze auch aussehen – sie sind härter als Stahl mit diesem Durchmesser. Spinnen bauen ihre Netze mit einem klebrigen Saft, den sie aus dem Unterleib pressen und der an der Luft trocknet. Mit Schnur und Nägeln kannst auch du ein Spinnennetz weben.

Du brauchst

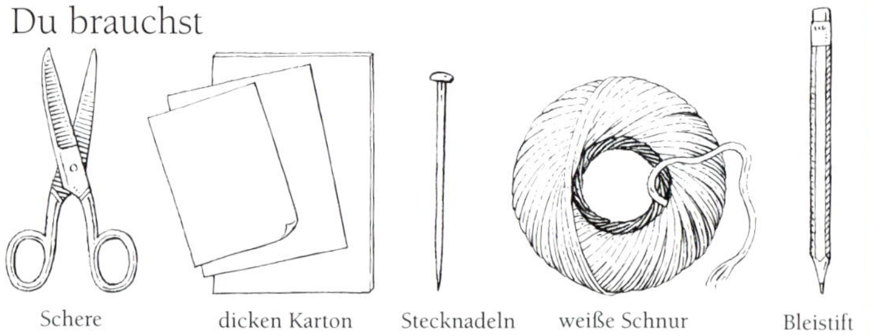

1 Schneide ein Viereck der Größe 30 x 30 cm aus Karton zu. Zeichne den Mittelpunkt ein und mehrere Linien, die sich hier schneiden.

Für ein solches Netz braucht eine Spinne etwa eine Stunde.

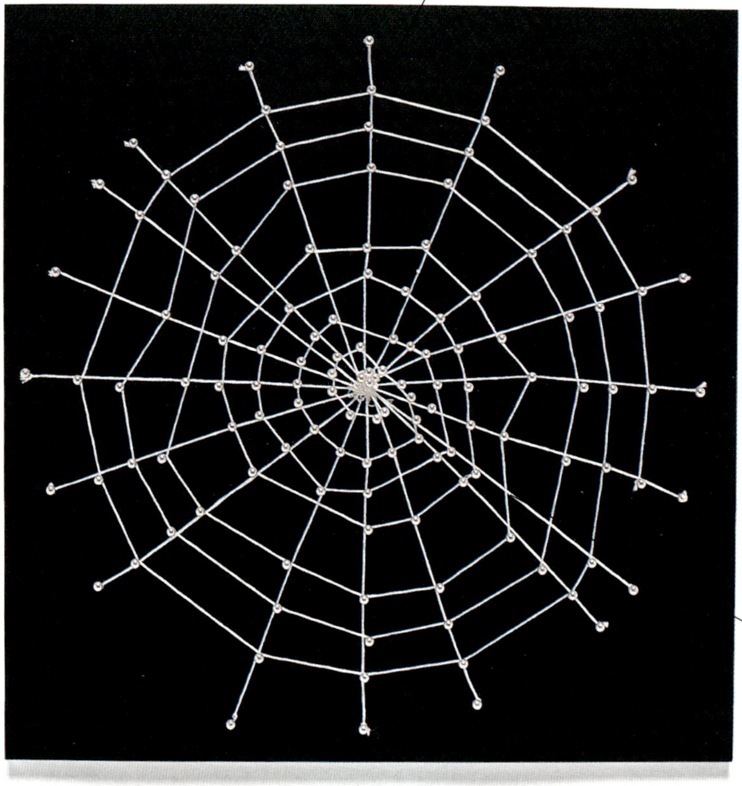

Ein richtiges Spinnennetz besteht aus erhärteter Seide.

5 Nun ist das Spinnennetz fertig. Die Spinne würde sich in die Mitte setzen und reglos warten, bis sich ein Insekt in ihrem klebrigen Netz verfängt. Und schon würde sie angreifen!

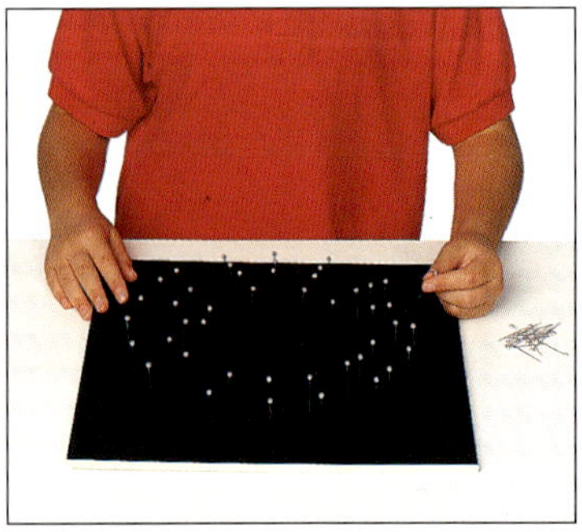

2 Markiere die Endpunkte der Linien mit Stecknadeln und stecke die restlichen Nadeln entlang den Linien bis zum Mittelpunkt.

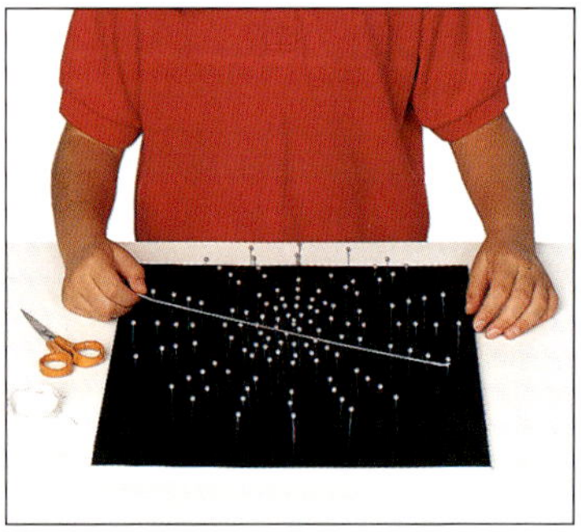

3 Ziehe eine Schnur von einer äußeren Nadel durch das Zentrum zu einer gegenüberliegenden Nadel. Mach das so lange, bis alle außen liegenden Stecknadeln untereinander verbunden sind.

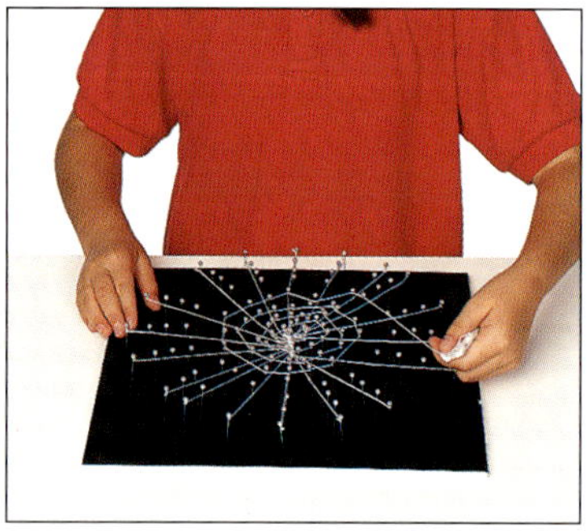

4 Wickle das Schnurknäuel nun spiralenförmig von innen nach außen. Eine richtige Spinne würde dann das Ganze noch einmal zurück ins Zentrum spinnen.

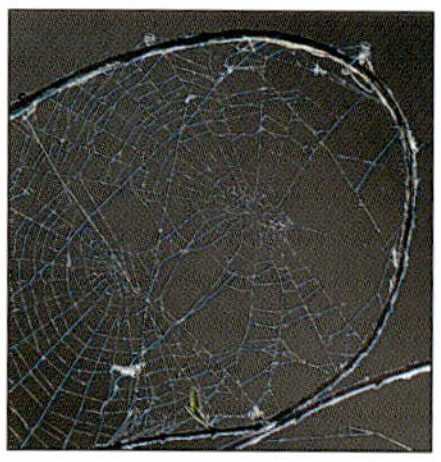

Wiederverwertung
Spinnen müssen ihre Netze oft neu machen. Wenn ein Netz beschädigt ist, frisst die Spinne es auf und webt dann ein neues. Auf diese Weise wird die Seide wiederverwertet.

173 Nachtfalterfalle

Da Nachtfalter von Licht angelockt werden, kommen sie abends manchmal durch das offene Fenster in beleuchtete Räume. Sie sind harmlose Tierchen mit kurzen Flügeln und kräftigen Körpern. Falls du einen Nachtfalter aus der Nähe betrachten möchtest, baue einfach diese Falle nach.

Du brauchst

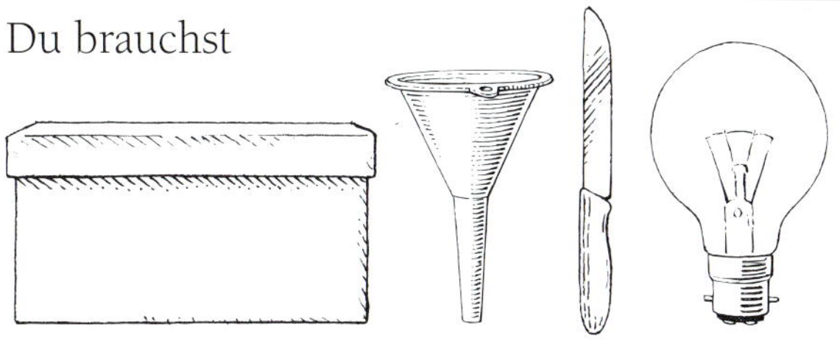

Schuhkarton · Trichter · scharfes Messer · Schreibtischlampe

Lass dir von einem Erwachsenen helfen!

1 Schneide den Hals des Trichters so ab, dass er unten einen Durchmesser von mindestens 2,5 cm hat.

2 Schneide ein Loch in den Deckel des Schuhkartons, in das der Trichter gut hineinpasst.

3 Stelle den Schuhkarton nach Einbruch der Dunkelheit ins Freie an eine dunkle Stelle, damit die Falter nicht abgelenkt werden.

Eichenspinner
Die Eichenspinner-Männchen haben oft gefiederte Fühler.

Clevere Tarnung
Wenn die Kupferglucke ihre Flügel ausbreitet, sieht sie aus wie welkes Laub.

Weibliche Hummermotte
Die Raupe dieses Nachtfalters hat einen hummerähnlichen Schwanz.

4 Stecke den Trichter in die Öffnung und stelle die Lampe so, dass sie etwa 20 cm oberhalb des Trichters scheint. Lass sie eine bis zwei Stunden lang brennen. Dann hebe den Deckel. Wie viele Nachtfalter hast du gefangen?

174 Tierspuren festhalten

Viele wild lebende Tiere sind sehr scheu und laufen vor Menschen weg. Ihre Fußabdrücke sind jedoch manchmal im Schnee oder auf weichem Boden zu finden. Aus der Form und den Abständen kann man häufig erraten, von welchem Tier sie stammen. Mit diesem speziellen Spurentablett kannst du Spuren im Sand festhalten. Errätst du auch, wer sie hinterlassen hat?

Du brauchst

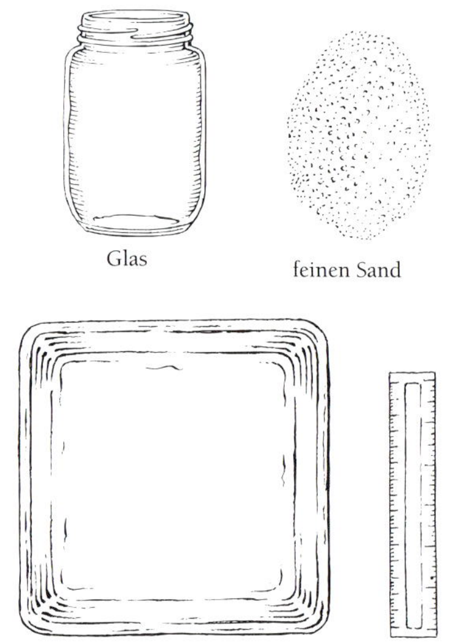

Mit feinkörnigem Sand erzielt man die besten Resultate.

1 Schütte den Sand auf das Tablett oder direkt auf die Erde. Feuchte ihn mit etwas Wasser an, damit die Spuren deutlich sichtbar sein werden.

2 Fahre mit dem Lineal über den Sand, damit die Oberfläche schön eben wird. Falls du ein Tablett benutzt, stelle es ebenerdig im Freien auf.

Tigerpfoten
Diese Spuren hat ein Tiger in feuchtem Schlamm hinterlassen. Hauskatzen hinterlassen ähnliche, aber kleinere Abdrücke.

3 Sieh am nächsten Morgen gleich nach, ob Spuren vorhanden sind. Von welchem Tier sie wohl stammen? Kleine, runde Pfotenabdrücke ohne Klauen stammen meist von Katzen. Größere Abdrücke, bei denen man die Klauen sieht, könnten von einem Waschbär oder Dachs stammen. Bei regelmäßigen Abständen zwischen den Spuren ist das Tier gerannt oder gelaufen. Sind sie immer paarweise und eng beieinander, ist es gehoppelt.

175 Einen Gipsabdruck machen

Spuren halten sich normalerweise nicht sehr lange. Sie werden vom Wind verweht oder vom Regen weggespült. Mit Gipsmörtel kannst du Fußabdrücke sammeln und aufbewahren. Am besten geht das auf feuchtem Sand oder Schlamm. Im Schnee klappt es nicht, denn ehe er hart wird, bringt der flüssige Gips die Spuren zum Schmelzen.

Du brauchst

1 Wenn du einen interessanten Abdruck entdeckt hast, wische vorsichtig alle Blätter, Zweige oder sonstiges zur Seite, damit du einen deutlichen Abdruck erhältst.

2 Hefte einen Kartonstreifen mit Büroklammern so zusammen, dass der Ring etwas größer ist als der Abdruck. Drücke den Ring rund um den Abdruck etwa 1 cm tief in die Erde. Der flüssige Gips darf nirgends auslaufen.

3 Verrühre den Gipsmörtel mit Wasser zu einer kremigen Masse. Gieße sie in den Kartonring und streiche die Oberfläche glatt. Nach etwa einer Stunde ist der Gips hart. Hebe den Gipsabdruck samt Kartonring hoch.

4 Der Gipsabdruck muss einen weiteren Tag lang trocknen, ehe du den Kartonring abmachst. Fertige Gipsabdrücke von verschiedenen Tierspuren an und vergleiche sie.

176 Schnecken

Wer sich für wild lebende Tiere interessiert, sollte auch wissen, wo sie sich aufhalten. Wenn du die Tierchen zählst und kennzeichnest, kannst du ihnen auf der Spur bleiben. Bei diesem Experiment geht es um Schnecken aus eurem Garten oder Hof.

Du brauchst

Blumentopf

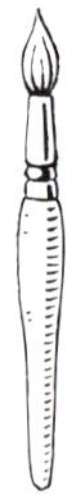

Pinsel

Lackfarbe
sowie Gartenschnecken

1 Nimm eine Schnecke in die Hand und tippe sie an, damit sie sich einzieht. Schreibe mit dem Pinsel eine Zahl auf ihr Häuschen, aber pass auf, dass du den Körper des Tiers nicht anmalst.

Jede Schnecke ist an ihrer Zahl erkennbar.

2 Setze alle Schnecken in den Blumentopf und schau, ob du am nächsten Tag alle wiederfindest. Welche Schnecke hat den weitesten Weg zurückgelegt?

Ein großer Tontopf ist ein ideales Heim für Schnecken.

Schnecken lieben feuchte Umgebung.

177 Fruchtfliegen

Insekten ernähren sich von allen möglichen Sachen. Manche lieben Pflanzen, andere Holz und wieder andere Blut! Bei diesem Experiment züchten wir winzige Fliegen, die am liebsten Obst mögen. Im Sommer schwirren sie umher und suchen einen geeigneten Platz, um ihre Eier abzulegen.

Du brauchst

viereckiges Stoffstück

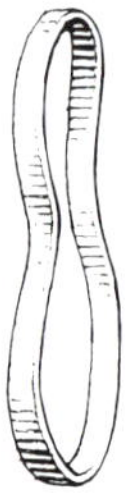

Gummiring

Messer

Glas
sowie Hackbrett, Banane

Lass dir von einem Erwachsenen helfen!

1 Du brauchst eine reife Banane. Ihr Geruch lockt Fruchtfliegenweibchen am besten an.

Decke das Glas mit den Bananenstückchen nach einigen Tagen zu.

am zweiten Tag

Stelle die Bananenstückchen an einen warmen, hellen Ort.

2 Schneide die Banane in etwa 2,5 cm dicke Stückchen. Den Fruchtfliegen ist die Schale egal, du brauchst das Obst also nicht zu schälen.

3 Lege die Bananenstückchen in ein Glas und lass es offen an einem warmen, hellen Ort stehen, bis das Obst sich schwarz färbt.

4 Befestige den Stoff mit einem Gummiring auf dem Glas. Lass das Glas am selben Ort stehen und sieh jeden Tag nach, ob sich schon etwas tut.

Schlemmerparty
Hier eine vergrößerte Abbildung. Doch auch mit bloßem Auge kann man die Fruchtfliegen sehen, obwohl sie nur 3 mm groß sind!

Nach nur zehn Tagen schlüpfen die jungen Fruchtfliegen aus.

Der Stoff hindert die Tierchen an der Flucht.

am zehnten Tag

5 Wenn Fruchtfliegen deine Banane entdeckt haben, werden die Eier in nur zehn Tagen ausgebrütet. Bald hast du also jede Menge junger Fliegen im Glas.

Vögel

Die meisten Vögel sind sehr menschenscheu. Da sie viele Feinde haben, sind sie immer auf der Hut. Vögel zu beobachten ist ein faszinierendes Hobby, aber man muss dabei mucksmäuschenstill sein. Eine plötzliche Bewegung oder ein lautes Geräusch würde sie verscheuchen. Studiere die Vögel in der Natur. Vielleicht nisten sie eines Tages in eurem Garten.

178 Vögel in der Natur sehen

Du brauchst zwei Dinge: ein Fernglas und ein Notizbuch. Mit dem Fernglas kannst du Vögel auch aus einiger Entfernung beobachten, in das Notizbuch trägst du deine Beobachtungen ein. Manche Vogelkundler haben immer einen Vogelführer bei sich, um nachschlagen zu können, welchen Vogel sie gerade sehen. Wie viele verschiedene Vögel entdeckst du im Laufe eines Nachmittags?

Du brauchst

Bleistift

Notizbuch

Wachskreiden

Mach eine Skizze von allem, was du siehst.

Halte diese Gläser vor deine Augen.

Ein Fernglas sollte leicht sein und stark vergrößern.

Notizen machen
Mach dir Notizen über die Vögel, die du gesehen hast, oder male sie nach. Eine rasche Skizze erinnert dich an Besonderheiten, z.B. die Form des Schnabels oder die Flugart.

Ein Fernglas benutzen
Ein gutes Fernglas, um Vögel zu beobachten, vergrößert um das Acht- bis Zehnfache. Es gibt auch stärkere Gläser, aber diese sind unhandlicher und komplizierter.

179 Ein Tarnzelt bauen

Wenn du einen ganzen Nachmittag lang Vögel beobachten möchtest, um sie zu studieren, baust du dir am besten ein Tarnzelt. Darin bist du so gut versteckt, dass die Vögel dich nicht bemerken. Du kannst sie in aller Seelenruhe durch das Fernglas beobachten und dir Skizzen machen. Studiere die Lebensweise der Vögel, ihre Form und ihre Farben.

Lass dir unbedingt von einem Erwachsenen helfen!

Du brauchst

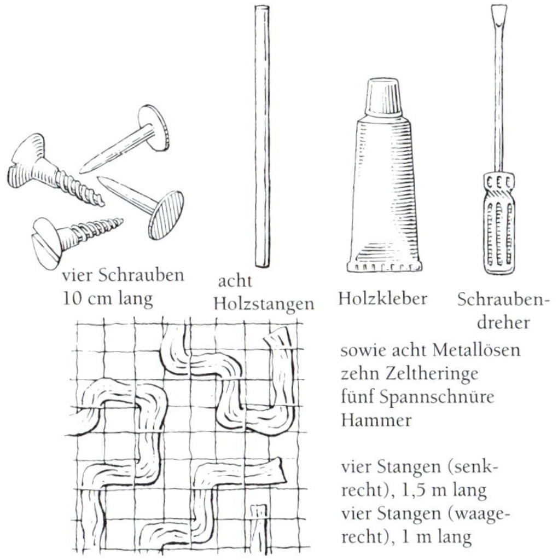

sowie acht Metallösen
zehn Zeltheringe
fünf Spannschnüre
Hammer

vier Stangen (senkrecht), 1,5 m lang
vier Stangen (waagerecht), 1 m lang

1 Schlage einen Nagel oben in jede senkrechte Stange und lass ihn 5 cm überstehen. Schraube die Ösen an die Enden der waagerechten Stangen und klebe sie zusätzlich fest.

2 Stecke die senkrechten Stangen in die Erde und lege die Querstangen darauf. Sind sie genau rechtwinklig?

3 Binde die Spannschnur oben um jede senkrechte Stange, führe sie im Winkel von 45° auf den Boden und verankere sie dort mit einem Hering.

4 Wenn alle Spannschnüre sicher im Boden verankert sind, lege das Tarnnetz über den Rahmen und die Spannseile.

5 Befestige die drei Seiten des Tarnnetzes am Boden. Wo soll der Eingang in dein Versteck sein? Lege zur besseren Tarnung noch ein paar Zweige über das Zelt.

6 Stelle dich in das Versteck und schneide ein kleines Guckloch in jede Seite, damit du nach allen Seiten Ausschau hast. Nun bist du bestens gerüstet.

Tarnnetz

Holzstangen

180 Einen Nistkasten bauen

Für kleine Vögel ist es nicht leicht ein Heim zu finden. Das Nest sollte sie nicht nur vor Wind und Regen schützen, sondern auch außerhalb der Reichweite von Katzen liegen. Wenn du einen Nistkasten baust, würde sich bestimmt eine Vogelfamilie freuen in eurem Garten nisten zu können. Dieser wird zwar mehrere Jahre halten, aber du solltest ihn jeden Herbst nach Auszug der Vogelfamilie reinigen.

Lass dir unbedingt von einem Erwachsenen helfen!

Du brauchst

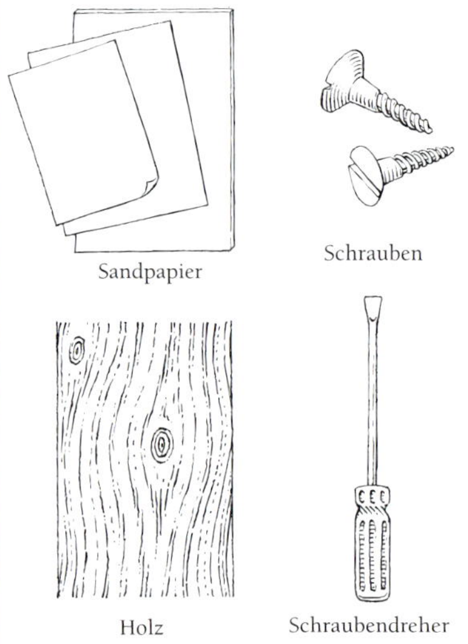

sowie Dekupiersäge, Bohrmaschine, Hobel, Säge, Scharnier, Haken

Holzteile, 2 cm dick:
A Rückseite 25 x 15 cm
B Unterseite 11 x 15 cm
C Vorderseite 20 x 15 cm
D Abdeckung 20 x 22 cm
E zwei Seitenteile 15 cm breit, hinten 25 cm, vorne 20 cm hoch
F Befestigungspaneel 40 x 10 cm

1 Säge ein Loch von 2,9 cm Durchmesser in die Vorderseite (C) und glätte die Sägekante mit Sandpapier. Bohre die Schraublöcher in allen Brettern vor (siehe links unten).

2 Bearbeite die Oberkanten der Rück- und Vorderseite (A und C) mit dem Hobel, damit das Dach (D) genau aufliegt. Es muss in geschlossenem Zustand genau am Befestigungspaneel (F) liegen.

3 Schraube zuerst das Befestigungspaneel (F) an die Rückseite (A). Bringe dann die beiden Seitenteile (E), den Boden (B) und die Vorderseite (C) an. Befestige das Dach (D) hinten mit einem Scharnier.

4 Befestige den Haken an der Rückseite des Nistkastens. Hänge ihn mindestens 2 m über dem Boden an einem schattigen Ort auf.

181 Ein altes Nest untersuchen

Solange noch Vögel darin wohnen, solltest du die Finger von Nestern lassen. Aber im Spätsommer, wenn die Brutzeit vorbei ist, fliegen die meisten Vögel fort und du kannst ein altes Nest untersuchen, um zu sehen, wie es gebaut ist. Aber vergewissere dich erst, ob es auch wirklich nicht mehr gebraucht wird – manche Vögel brüten zweimal im Jahr. Und denke daran dir nach diesem Experiment die Hände zu waschen!

Schütze die Natur!

Du brauchst

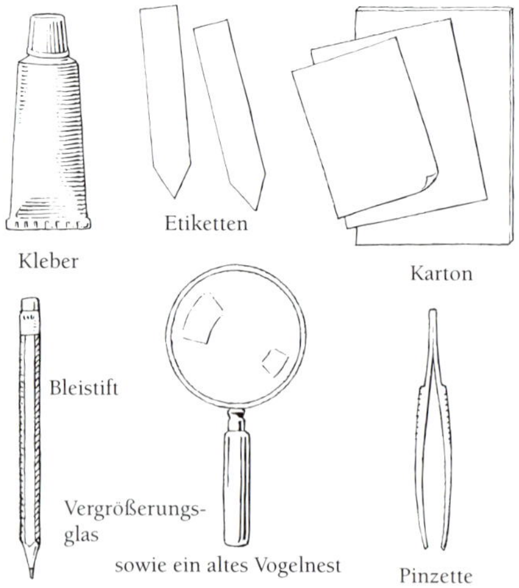

sowie ein altes Vogelnest

1 Halte Ausschau nach einem alten, verlassenen Nest, am besten in Hecken oder an den unteren Ästen eines Baums. Nimm es vorsichtig ab. Vielleicht musst du mit einer Gartenschere ein paar Zweige abschneiden, falls das Nest darum herum gebaut ist.

2 Betrachte zuerst das Innere des Nests. Vielleicht findest du Futterreste und Schalenteile, die Hinweise auf die früheren Bewohner geben. Je nach Gegend wirst du wahrscheinlich auf unterschiedliche Baumaterialien stoßen.

Die kleine Öffnung schützt vor Feinden.

Wohin mit dem Nistkasten?
Der Kasten wird sehr begehrt sein, wenn er in der Nähe des Baums steht, den die Vögel als Ausblickpunkt benutzen können. Allerdings lassen sich Vögel Zeit, ehe sie in ein neues Nest ziehen.

182 Ein Eier-Röntgenapparat

Mit diesem Gerät kann man, wie mit einem Röntgenapparat, den Dotter im Inneren von Eiern sehen.

Die Öffnung muss kleiner als ein Ei sein.

1 Schneide eine ovale Öffnung in den Deckel des Kartons. Lege die Taschenlampe so in den Karton, dass sie nach oben scheint.

2 Lege das Ei über die Öffnung, sodass es von unten beschienen wird. Bei einem befruchteten Ei sieht man einen dunklen Fleck – daraus hätte sich ein Küken entwickelt.

Du brauchst

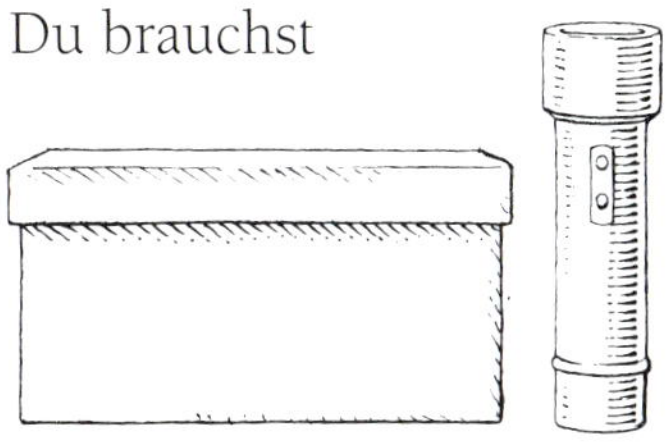

dunklen Schuhkarton

kleine Taschenlampe

sowie ein Ei

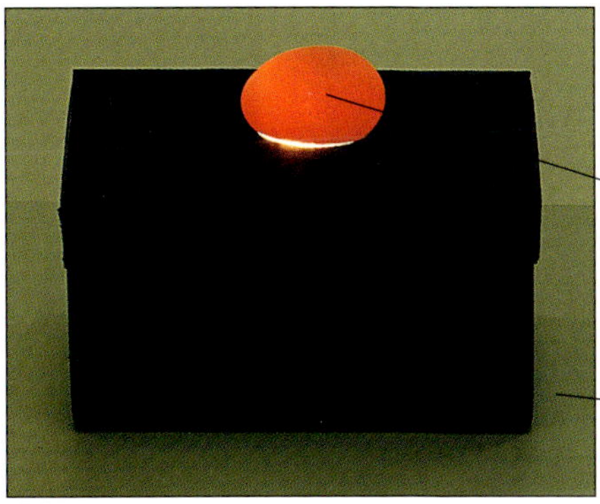

Mit dieser Methode kann man befruchtete von unbefruchteten Eiern unterscheiden.

Benutze das Gerät in einem angedunkelten Raum.

Nester bestehen aus unterschiedlichen Materialien.

Mit der Pinzette kannst du kleine Dinge herauszupfen.

Die Innenseite des Nests besteht aus Schlamm.

getrockneter Schlamm aus dem Nestinnern

Moos

winzige Stückchen von Eierschalen

Blätter

vertrocknete Gräser

3 Zupfe das Nest vorsichtig mit der Pinzette auseinander und trenne die verschiedenen Baumaterialien voneinander. Klebe jeweils ein paar davon auf einen Karton und beschrifte sie.

184 Eine Federsammlung

In bestimmten Zeitabständen werfen Vögel ihre alten Federn ab und es wachsen ihnen neue (Mauserung). Deshalb sind ihre Körper- und Flügelfedern immer in Topform. In Parks oder an anderen Stellen, wo Vögel sich gerne aufhalten, kann man häufig abgeworfene Federn finden. Was hältst du davon deine Federsammlung in einem speziellen Ständer voll zur Geltung zu bringen?

Lass dir von einen Erwachsenen helfen!

Du brauchst

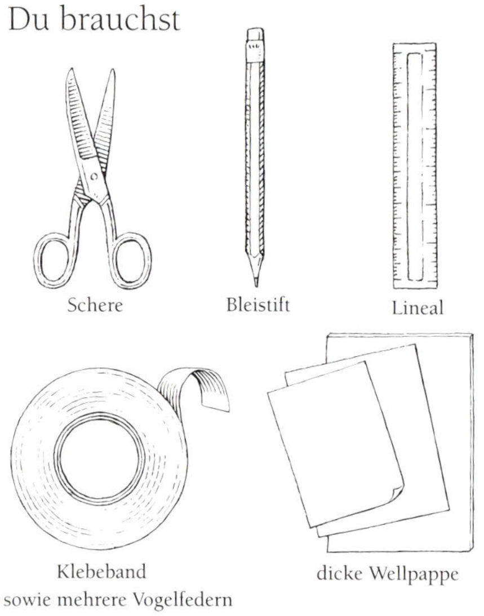

1 Schmutzige Federn kann man mit Seifenwasser reinigen. Sobald sie wieder trocken sind, streiche sie mit den Fingern glatt. Lege sie vor dich auf den Tisch und entscheide, welche davon du in deinem Ständer aufstellen willst.

Viele verschiedene Federn
Vogelfedern gibt es in vielen wunderschönen Farben und Formen. Sie sind alle sehr leicht, damit die Vögel lange in der Luft bleiben können.

2 Schneide pro Ständer zwei gleich lange Streifen aus Wellpappe aus. Klebe den einen mit Klebeband senkrecht auf die Mitte des anderen.

3 Drücke die harten Federkiele in die Öffnungen in der Wellpappe. Und schon haben die Federn einen sicheren Stand!

4 Wenn dein Ständer fertig bestückt ist, stelle ihn an ein Fenster. Dann kannst du sehen, dass jede Feder aus winzigen, zarten Härchen besteht, die aus dem Kiel wachsen.

Lange und kurze Federn
Die langen Federn sind Flugfedern, d.h. sie stammen vom Flügel. Die kurzen Federn halten den Vogelkörper warm und trocken.

5 Wenn du mehrere verschiedene Vogelfedern in deinem Ständer platziert hast, lass deine Freunde raten, von welchem Vogel sie stammen und wo am Vogelkörper sie sich befanden.

185 Eulengewölle untersuchen

Eulen verschlucken kleine Beutetiere am Stück und speien danach kleine Ballen unverdauter Haare, Federn und Knochen aus. In alten Scheunen oder unter Lattenzäunen kann man manchmal Eulengewölle finden. Sie verraten uns, was die Eule verspeist hat.

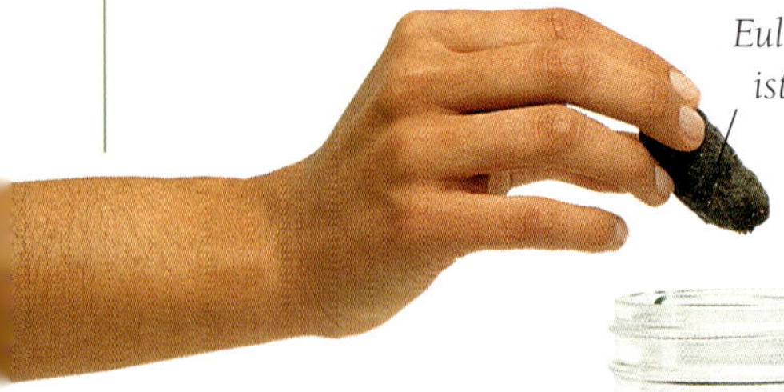

Eulengewölle ist hart und trocken.

1 Fülle das Glas zur Hälfte mit Wasser und gib ein paar Tropfen Spülmittel dazu. Lege das Gewölle hinein, schraube den Deckel zu und schüttle das Glas eine Weile.

2 Lass das Glas etwa fünf Minuten lang stehen, ehe du den Inhalt durch ein Sieb gießt. Picke mit der Pinzette die Schädel- und anderen Knochen und die Zähne heraus.

Du brauchst

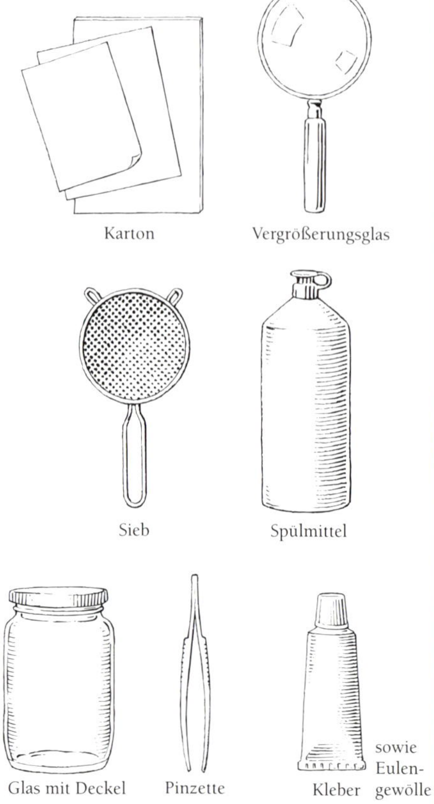

186 Ein Naturalbum anlegen

Ein Naturforscher findet so viele interessante Dinge, dass es schwierig ist, sich an alles zu erinnern. Ein Naturalbum könnte hier Abhilfe schaffen. Darin malst du auf, was du gesehen hast, und klebst Fundstücke ein. Wenn du ein Jahr lang ein solches Naturtagebuch führst, kannst du genau sehen, welche Pflanzen und Tiere im Jahresablauf vorkommen.

Du brauchst

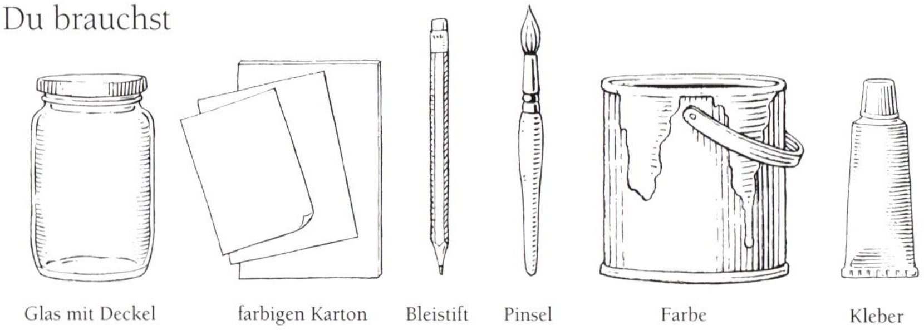

3 Spüle die Knochen ab und lass sie trocknen. Sie stammen meist von Mäusen, anderen kleinen Säugetieren oder Vögeln. Mit dem Vergrößerungsglas kann man die Schädelunterschiede sehen. Lege eine Sammlung an und klebe die Einzelteile auf einen Karton auf.

Betrachte die Knochen mit dem Vergröße-rungsglas.

Im Wald gefundene Fasanenfedern

Wenn du einen neuen Vogel gesichtet hast, zeichne ihn so naturgetreu wie moglich in dein Album.

gepresste Blüte

Der menschliche Körper

Viele Leute glauben, dass Menschen und Tiere nichts gemeinsam haben. Wir Menschen sind schließlich so viel intelligenter als Tiere! Aber auch wir sind ein Teil der Natur. Genau wie die Tiere brauchen wir Wasser, Nahrung und Sauerstoff. Und auch wir reagieren mit unseren Sinnen und Muskeln auf unsere Umgebung.

187 Blutkreislauf und Schwerkraft

Unser Herz pumpt das Blut durch unseren ganzen Körper, vom Kopf bis in die Zehenspitzen. Dabei muss es die Schwerkraft überwinden. Bei diesem Experiment siehst du, was geschieht, wenn du dein Herz zu einer noch höheren Leistung anspornst.

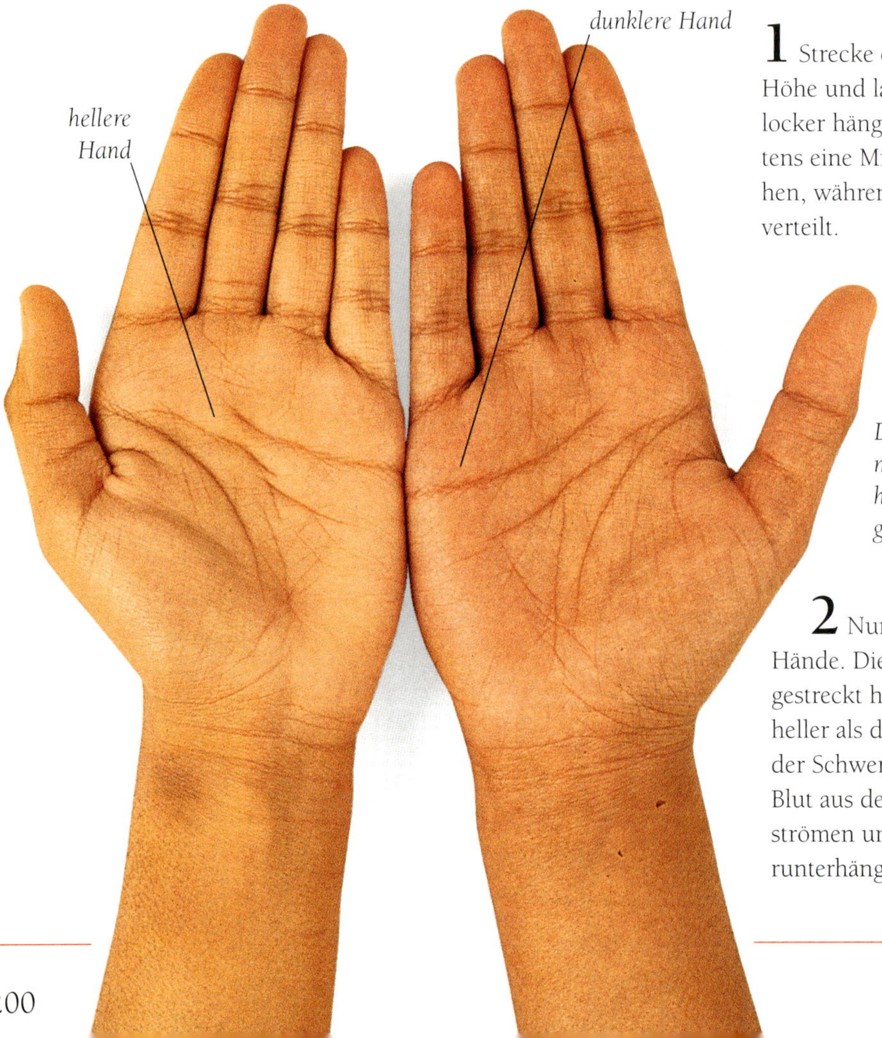

Schwächeanfall
Wenn du plötzlich aufspringst, kann es sein, dass dir schwindelig wird. Dann hat dein Gehirn kurzfristig zu wenig Blut und das Herz muss erst verstärkt pumpen.

1 Strecke einen Arm in die Höhe und lass den anderen locker hängen. Bleibe mindestens eine Minute lang so stehen, während sich das Blut verteilt.

2 Nun vergleiche deine Hände. Die Hand, die du hochgestreckt hattest, ist wesentlich heller als die andere. Das liegt an der Schwerkraft. Sie lässt das Blut aus der erhobenen Hand strömen und staut es in der herunterhängenden.

188 Ein Zahn zersetzt sich

Zahnschmelz ist zwar die härteste Substanz im menschlichen Körper, aber gegen Chemikalien kommt er nicht an. Beobachte, was passiert, wenn du einen Zahn für 24 Stunden in Cola legst. Cola enthält Säure, die selbst die harte Oberfläche der Zähne angreift.

Du brauchst

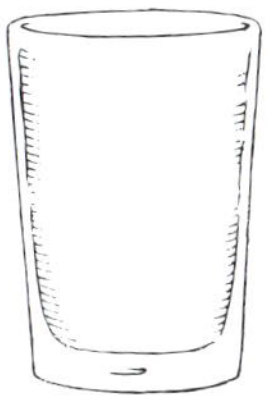

Glas Cola

sowie einen ausgefallenen Milchzahn

Cola greift den Zahn an und zersetzt ihn.

189 Wie schnell wächst du?

Der Körper eines Kindes wird ständig größer und verändert sich. Doch Wachstum ist kein gleichmäßiger Prozess. Bis zum Alter von zwei Jahren wachsen Babys sehr schnell, dann verlangsamt sich das Wachstum. In der Pubertät wächst man wieder verstärkt. Mit 18 Jahren sind die meisten Menschen ausgewachsen.

Du brauchst

Farbe

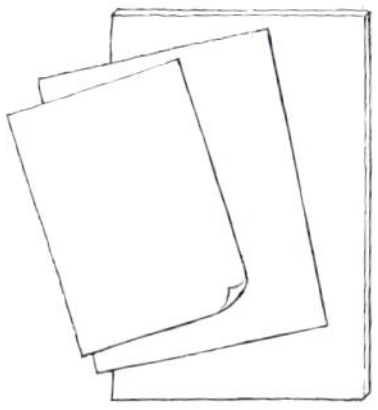

Papier

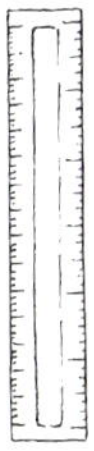

Lineal

Bleistift

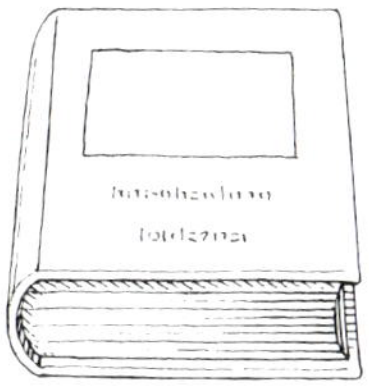

Notizheft

sowie ein paar Freunde und Freundinnen

Wenn ihr eure Größe in regelmäßigen Abständen aufzeichnet, könnt ihr sehen, wie schnell ihr wachst. Wer gerade in einer Wachstumsphase steckt, kann innerhalb weniger Monate um etliche Zentimeter wachsen.

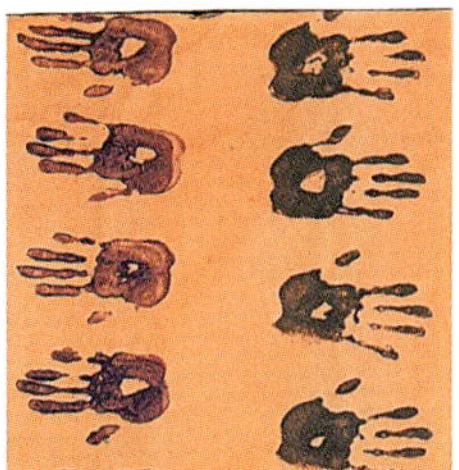

Stellt euch zum Messen ganz aufrecht hin.

Dieses siebenjährige Mädchen hat etwa drei Viertel seiner späteren Größe erreicht.

Tragt zum Messen immer dieselben Schuhe.

Deine Finger wachsen schneller als der Handteller.

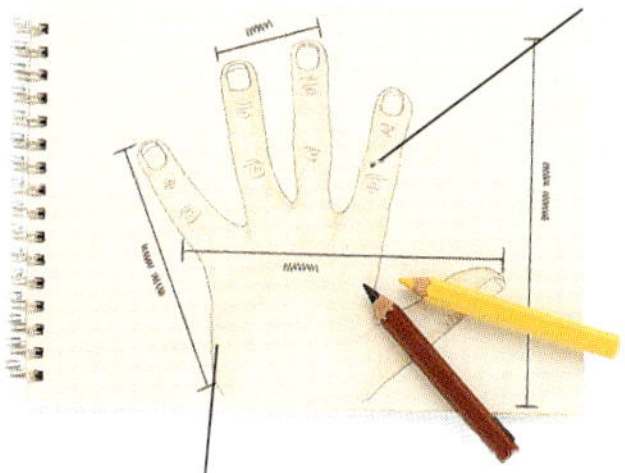

Zeichne die Umrisse deiner Hand auf und vergleiche später, wie sie ihre Form ändert.

190 Sichtbarer Pulsschlag

Du brauchst

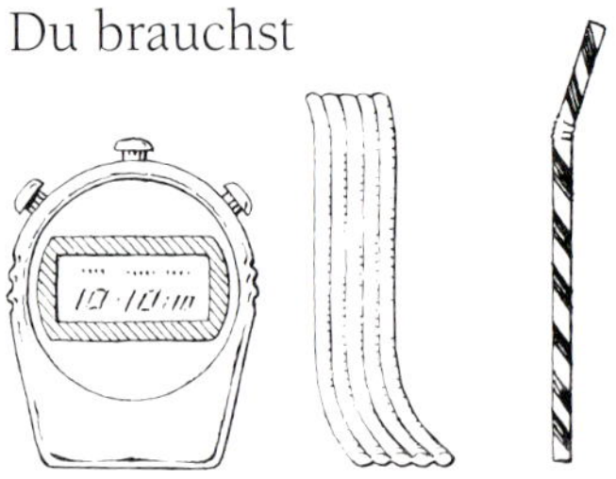

Stopuhr Knete Trinkhalm

Bei jedem Herzschlag ist das Blut einem hohen Druck ausgesetzt. Diesen Druck nennt man Puls. Man kann ihn mit den Fingerspitzen an einer Arterie innen am Handgelenk spüren. Die Pulsfrequenz ist ein ungefährer Hinweis auf den allgemeinen Gesundheitszustand von Herz und Körper. Bei diesem Experiment machen wir den Pulsschlag mit Hilfe eines einfachen Pulsmessers aus Knete und Trinkhalm sichtbar.

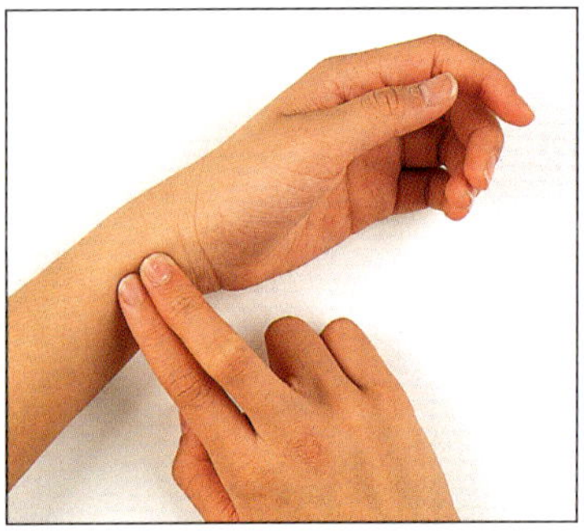

1 Lege eine Hand mit der Innenseite zu dir auf den Tisch. Mit den Fingerspitzen kannst du den Puls am Handgelenk unterhalb des Daumens fühlen.

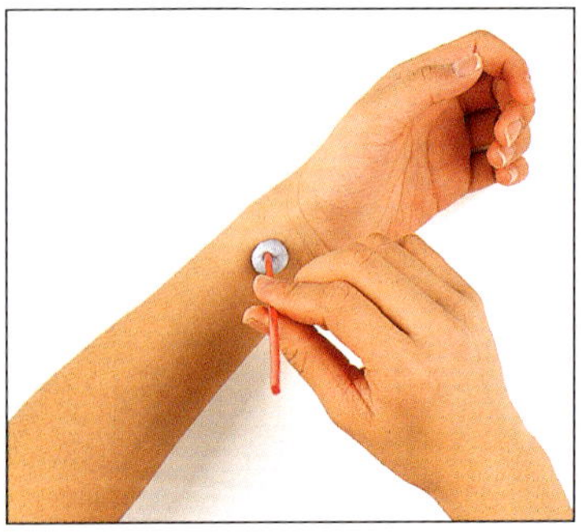

2 Lege etwas Knete an die Stelle, wo du den Puls am stärksten fühlst. Drücke den Trinkhalm so in die Knete, dass dieser senkrecht von deinem Handgelenk absteht.

Bei einem zehnjährigen Kind schlägt der Puls 80–90-mal pro Minute.

3 Lege deinen Arm auf den Tisch. Wenn die Knete an der richtigen Stelle sitzt, wird sich der Trinkhalm bei jedem Pulsschlag bewegen. Du erfährst deine Pulsfrequenz, wenn du zählst, wie oft sich der Halm pro Minute bewegt. Miss den Puls zuerst, wenn du ausgeruht bist, dann ein zweites Mal nach einer sportlichen Betätigung. Hat sich der Pulsschlag verändert? Im Ruhezustand ist er langsamer als nach körperlicher Anstrengung.

191 Die Hautfarbe verändern

Die Haut reagiert auf Sonne. Bei hoher Sonneneinstrahlung wird sie dunkler, was sie vor schädlichen Strahlen schützt. Doch was passiert, wenn Haut lange im Dunkeln ist? Das findest du heraus, wenn du ein Stückchen Haut mit Pflaster zuklebst. Wenn das Pflaster schmutzig ist, klebe einfach ein neues genau an dieselbe Stelle.

Du brauchst

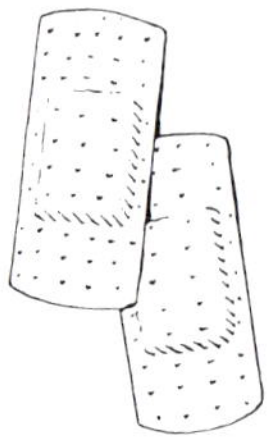

mehrere Pflaster

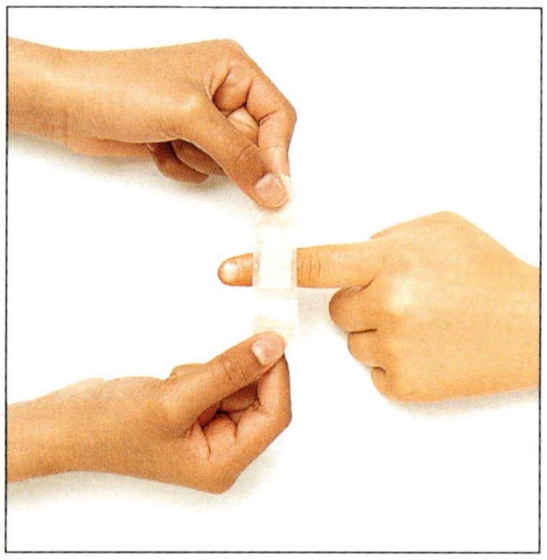

1 Klebe ein Pflaster um einen Finger, und lass es mehrere Tage lang kleben. Setze die Hand währenddessen möglichst häufig der Sonne aus.

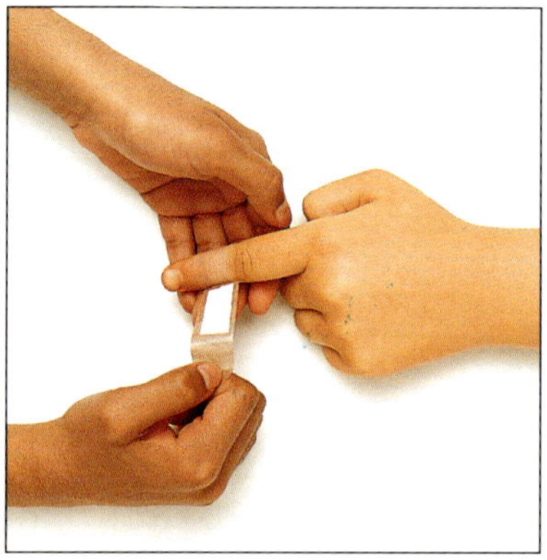

2 Nach einigen Tagen kannst du das Pflaster wieder abmachen. Siehst du den Farbunterschied? Fühlt sich die Haut an dieser Stelle anders an?

Haut und Feuchtigkeit

Wenn du das Pflaster mehrere Tage lang getragen hast, wirst du feststellen, dass die Haut darunter runzelig geworden ist. Das liegt daran, dass die Haut normalerweise Feuchtigkeit abgibt, d.h. schwitzt. Wenn der Schweiß nicht verdampfen kann, wird die Haut feucht und somit runzelig.

192 Fingerabdrücke

An unseren Fingerspitzen ist die Haut mit Rillen übersät. Diese geschwungenen Rillen nennt man Fingerabdrücke. Mache nicht nur deine eigenen Fingerabdrücke, sondern auch die deiner Freunde, und vergleiche sie. Auf der ganzen Welt gibt es keine zwei gleichen Fingerabdrücke!

Du brauchst

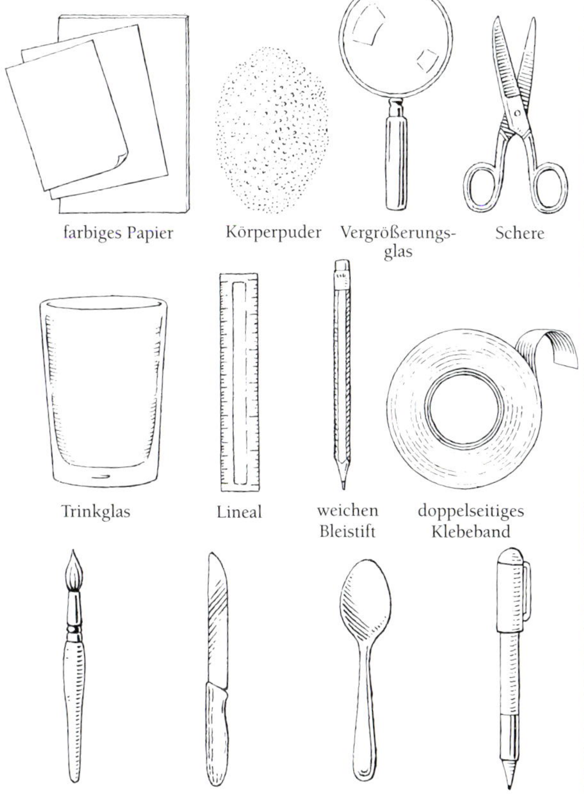

1 Zeichne zehn Kästchen auf ein Blatt Papier. Schneide zehn kleine Vierecke aus doppelseitigem Klebeband zu und klebe sie hinein.

2 Male mit einem weichen Bleistift einen großen Fleck auf ein anderes Blatt Papier. Bitte einen Freund, einen Finger auf diesen Fleck zu drücken.

3 Drücke den Finger auf das Klebeband. Macht dies mit allen zehn Fingern, und sammle die Abdrücke von mehreren Freunden.

Lass dir von einem Erwachsenen helfen!

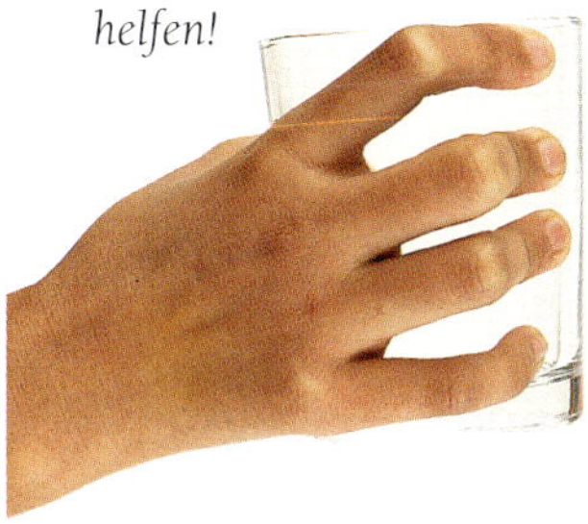

4 Schau in eine andere Richtung, und bitte einen deiner Freunde, ein Glas in die Hand zu nehmen.

5 Kratze mit dem Messer etwas Staub von der Bleistiftmine. Nimm einen Löffel, und mische den Bleistaub mit einem Teelöffel Körperpuder.

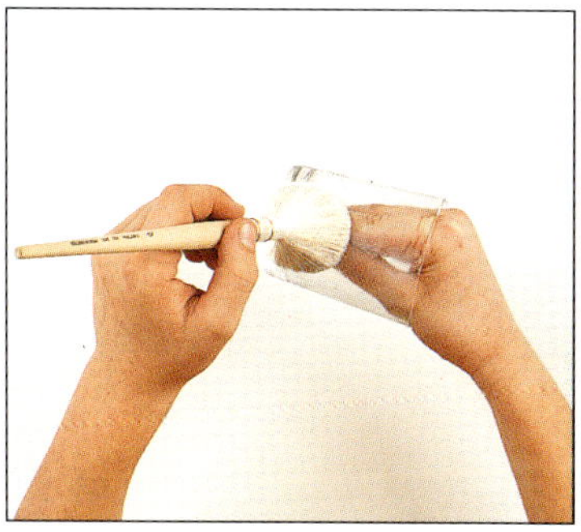

6 Halte das Glas von innen mit einer Hand, bestäube das Äußere mit der Mischung, und schon werden die Fingerabdrücke sichtbar.

Auf dunklem Papier sind Fingerabdrücke besser zu sehen.

7 Mithilfe deiner Fingerabdruck-Sammlung und des Vergrößerungsglases kannst du eindeutig sagen, wer das Glas in der Hand hatte. Kannst du auch sagen, in welcher Hand?

193 Das Gleichgewicht verlieren

Unser Gleichgewichtssinn ist für uns eine Selbstverständlichkeit. Er sagt uns, wo oben ist, ob wir schneller oder langsamer werden. Im Gegensatz zu anderen Sinnen arbeitet der Gleichgewichtssinn mit vielen Körperteilen zusammen. Führe barfuss die hier gezeigten vier Schritte durch, dann findest du heraus, was passiert, wenn dem Gehirn die Rückmeldung von einigen Körperteilen fehlt.

Du brauchst

Tuch zum Verbinden der Augen

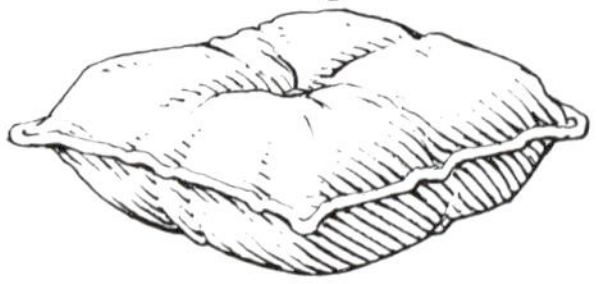

großes Kissen sowie viel Platz und einen weichen Fußboden

Bitte im Beisein eines Erwachsenen durchführen!

Nervenenden in den Fußsohlen spüren die Druckveränderung, wenn du taumelst oder umfällst.

Mit ausgestreckten Armen lässt sich das Gleichgewicht besser halten.

1 Stelle dich mit ausgebreiteten Armen auf das Kissen. Das Kissen trennt deine Füße vom Boden und macht das aufrechte Stehen ein bisschen schwerer.

2 Stelle dich auf ein Bein. Dein Gehirn hat nur noch die Hälfte der Informationen, die es braucht, um im Gleichgewicht zu bleiben, und du beginnst zu schwanken.

Stelle dich auf ein Bein.

3 Lass dir die Augen verbinden. Wenn deine Augen nicht mehr sehen, wo sich dein Kopf im Verhältnis zur Umgebung befindet, hat dein Gehirn Mühe, herauszufinden, ob du aufrecht stehst.

Bitte eine erwachsene Person, sich neben dich zu stellen, um dich nötigenfalls aufzufangen.

4 Lege deine Arme an den Körper an. Nun wird es noch schwieriger, aufrecht zu stehen, weil auch die Arme dir helfen, das Gleichgewicht zu halten. Vermutlich fällst du nach kurzer Zeit um! Mach dieses Experiment nochmals mit offenen Augen, und du wirst sehen, dass du wesentlich länger stehen kannst.

Du brauchst

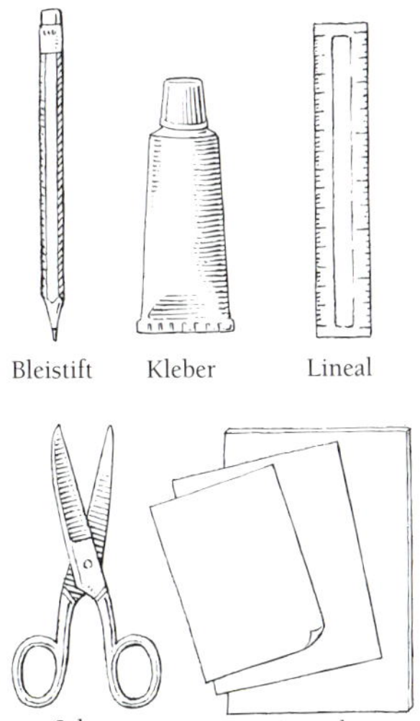

194 Teste deine Reaktion

Wenn du versehentlich etwas Heißes berührst, ziehst du die Hand zurück, noch ehe sich dein Gehirn in Aktion gesetzt hat. Es handelt sich um einen Reflex, eine automatische Handlungsweise, die uns bei Gefahr schützt. Reaktionen hingegen sind erlernt. Hier kannst du testen, wie schnell sich deine Reaktion bessert, wenn du mit einer Farbskala übst.

farbige Vierecke

1 Schneide die farbigen Kartons in gleich große Vierecke. Klebe sie in derselben Reihenfolge auf einen Streifen aus normalem Karton.

2 Bitte jemanden, den Streifen am oberen Ende zu halten. Du musst versuchen, ihn aufzufangen, und hältst Daumen und Zeigefinger 2,5 cm darunter. Bitte deinen Helfer, den Streifen ohne Vorwarnung fallen zu lassen. In welchem Farbkästchen hast du ihn zu fassen bekommen?

Der Tester hält den Streifen am oberen Ende.

Mit einer Farbskala kann man seine Reaktion testen.

3 Je weiter unten du den Streifen aufgefangen hast, desto besser ist deine Reaktionsfähigkeit. Wenn du etwas übst, müsste sich deine Reaktion verbessern, aber irgendwann kommt jeder an seine Grenze!

195 Die Augen austricksen

Deine Augen geben dir wesentlich mehr Informationen als jedes andere Sinnesorgan. Sie übermitteln dem Gehirn die empfangenen Reize und dieses setzt daraus das Bild unserer Umgebung zusammen. Normalerweise stimmt dieses Bild genau mit der Wirklichkeit überein. Aber nicht immer! Mit diesen beiden Experimenten entdeckst du nicht nur, dass dein Gehirn sich irren kann, sondern auch deinen blinden Fleck.

Du brauchst

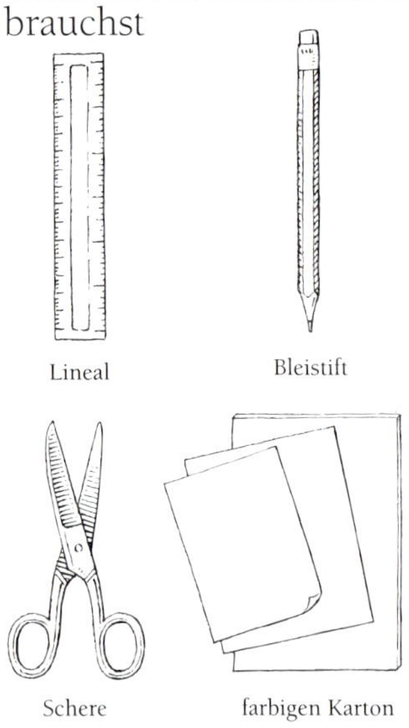

Der blinde Fleck

Das Experiment unten links beweist, dass du tatsächlich einen „blinden Fleck" hast. Das bedeutet, dass dein Gehirn nicht immer alles sieht, was sich vor dir befindet.

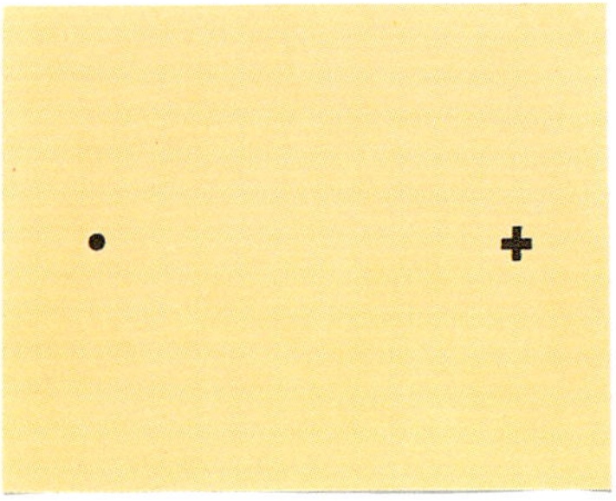

Optische Täuschung

Zeichne zwei gleich lange Striche und füge die angegebenen Pfeile hinzu. Sehen die beiden Striche noch immer gleich lang aus? Nein, der untere scheint länger. Die Richtung der Pfeile lässt das Gehirn denken, er sei länger, obwohl dies nicht der Fall ist.

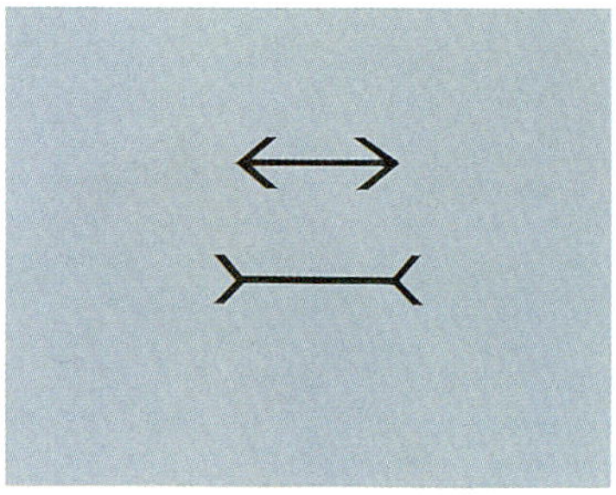

1 Zeichne ein Kreuz und einen Punkt auf ein Stück Karton. Kreuz und Punkt müssen mindestens 10 cm voneinander entfernt sein.

Schaue mit dem linken Auge auf das Kreuz.

Führe den Karton langsam von dir weg.

2 Halte den Karton vor dich. Das Kreuz muss sich auf der rechten Seite befinden. Halte dein rechtes Auge zu und schau mit dem linken Auge auf das Kreuz.

3 Schau weiterhin mit dem linken Auge auf das Kreuz und führe den Karton langsam von dir weg. Irgendwann wird der Punkt komplett verschwunden sein!

196 Geschmackssinn testen

Wie stark muss etwas schmecken, damit du den Geschmack überhaupt wahrnimmst? Bei diesem Experiment testest du mithilfe von Salz, wie gut dein Geschmackssinn entwickelt ist. Du brauchst nur sechs verschieden starke Salzlösungen zuzubereiten. Nimm einen Schluck aus jedem Glas, bis du den Salzgeschmack bemerkst.

Du brauchst

1 Schütte 25 g Salz in 1 Liter Wasser und gib einen Tropfen Lebensmittelfarbe dazu, um die Verdünnung sichtbar zu machen. Rühre um, bis sich das Salz aufgelöst hat.

2 Fülle das erste Glas mit dieser Lösung. Gieße so viel Salzlösung aus dem Krug weg, bis er nur noch halb voll ist, und fülle dann Wasser nach.

stärkste Konzentration

3 Stelle die restlichen Gläser in eine Reihe und gieße die verdünnte Lösung in das zweite Glas. Wiederhole Schritt 2, um den Salzgehalt erneut zu halbieren. So geht es bis zum sechsten Glas weiter.

4 Nimm einen Schluck von der schwächsten Lösung, um zu sehen, ob du das Salz schmeckst. Falls nicht, nimm das nächste Glas. Sobald du das Salz schmeckst, hast du deine Geschmacks-schwelle erreicht.

An der Farbe kann man die Verdünnung sehen.

Beginne das Experiment mit dem Glas mit dem schwächsten Salzgehalt.

197 Entdecke den blinden Fleck

Wenn du das Experiment auf Seite 206 durchgeführt hast, weißt du schon, dass jedes Auge einen kleinen „blinden Fleck“ hat. Aber wenn du dich umblickst, entdeckst du keine Lücken. Warum? Weil unsere Augen sich so rasch bewegen, dass sich der blinde Fleck ständig verschiebt. Dieses Experiment zeigt, dass – selbst wenn man lange auf etwas starrt und das Auge ganz still hält – das Gehirn Lücken überspielt, indem es fehlende Details einfach hinzufügt.

Du brauchst

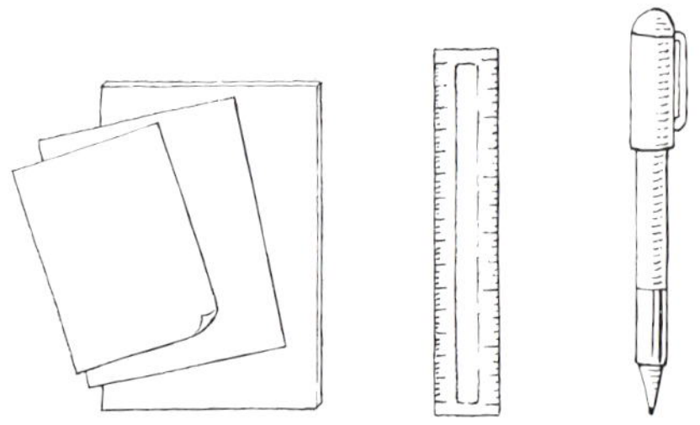

dünnen Karton, 20 x 20 cm — Lineal — Filzstift
sowie einen Zirkel, ein Winkelmesser

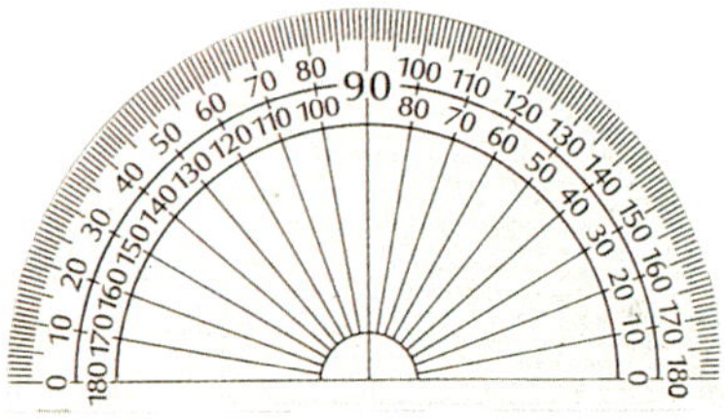

Winkelmesser

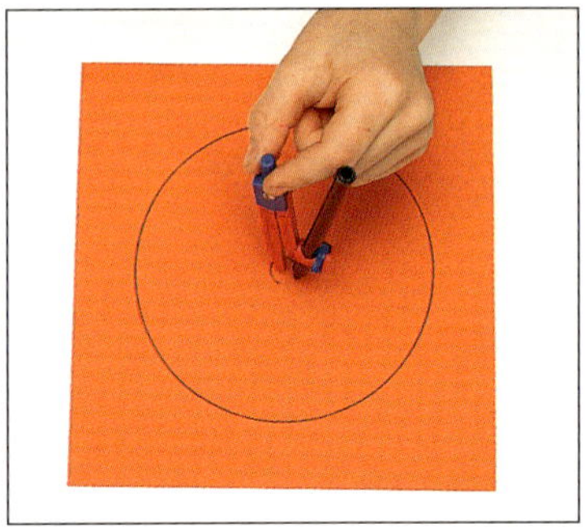

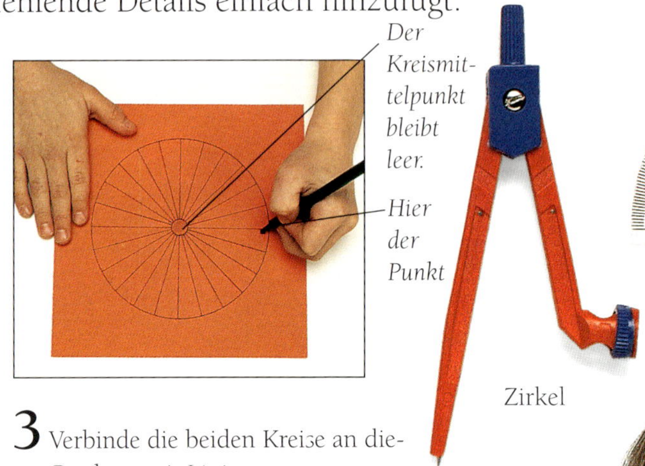

Der Kreismittelpunkt bleibt leer.

Hier der Punkt

Zirkel

1 Zeichne mit Zirkel und Filzstift zwei Kreise auf den Karton. Der große Kreis sollte 15 cm Durchmesser haben, der kleine 2 cm.

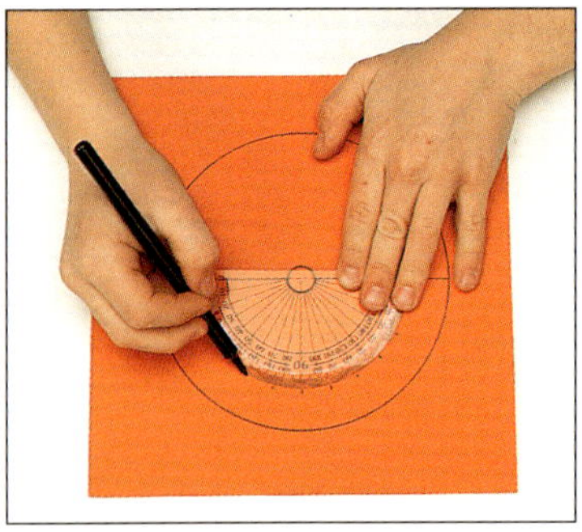

2 Lege die Mitte der unteren Seite des Winkelmessers genau in den Kreismittelpunkt. Zeichne an den Seiten des Winkelmessers im 15°-Abstand kleine Punkte. Wiederhole dasselbe auf der anderen Seite. So erhältst du insgesamt 24 Punkte.

3 Verbinde die beiden Kreise an diesen Punkten mit Linien. Die Mitte des inneren Kreises bleibt leer. Male einen Punkt direkt oberhalb der waagerechten Speiche rechts, wie oben gezeigt.

Schaue mit dem linken Auge genau auf den Punkt.

Halte den Karton vor dich.

4 Halte dein rechtes Auge zu und fixiere den Punkt mit dem linken Auge. Bewege den Karton vorwärts und rückwärts, bis der Kreismittelpunkt direkt auf deinen blinden Fleck fällt. Statt zu verschwinden, siehst du die Speichen plötzlich auch dort. Das liegt daran, dass dein Gehirn die leere Stelle, die das Auge nicht sieht, einfach mit etwas „ausfüllt“, das es für wahrscheinlich hält.

198 Wärme spüren

Wenn du etwas spürst, passt sich das Gehirn dem rasch an. Wenn du also etwas Warmes, dann gleich darauf etwas Kaltes anfasst, wird sich das Kalte wärmer anfühlen, als es ist. Mach dieses Experiment und prüfe, ob du deine Warm-Kalt-Sinneszellen überlisten kannst.

Eine erwachsene Person sollte in deiner Nähe sein!

Du brauchst

drei Gläser

Wasser sowie Lebensmittelfarbe

1 Gieße je kaltes, warmes und heißes Wasser (aber natürlich nicht zu heiß!) in ein Glas. Stecke einen Finger in das heiße, einen anderen in das kalte Wasser. Lass sie eine Minute darin.

Dein Gehirn gewöhnt sich allmählich an die beiden unterschiedlichen Temperaturen.

2 Nun stecke beide Finger in das warme Wasser. Wie fühlt sich das Wasser an? Beide Finger sind in Wasser mit derselben Temperatur, aber dein Gehirn scheint anderer Meinung zu sein. Für einen Finger fühlt es sich kälter an, als es ist, für den anderen wärmer.

199 Teste deinen Tastsinn

Unter unserer Haut liegen Millionen winziger Nervenenden. Mithilfe eines Freundes kannst du entdecken, dass deine Haut an verschiedenen Stellen unterschiedlich empfindlich ist.

Du brauchst

Eiswürfel

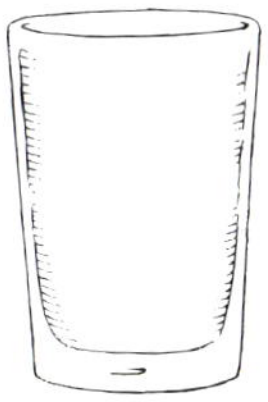
zwei Plastikbecher

heißes Wasser

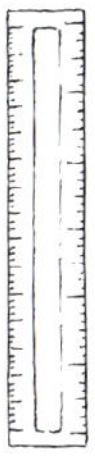
Lineal

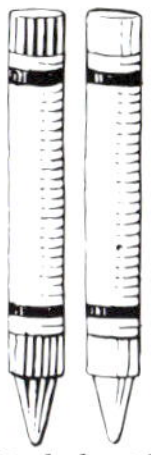
Wachskreide

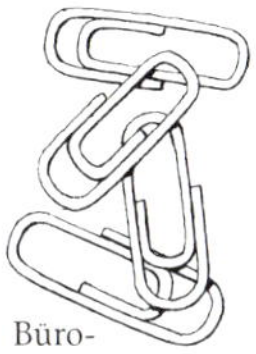
Büroklammern

Filzstift

Nadel oder kleinen Nagel

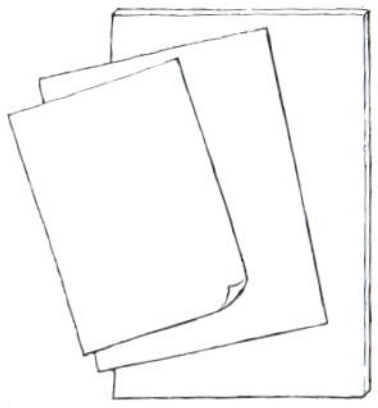
kariertes Papier

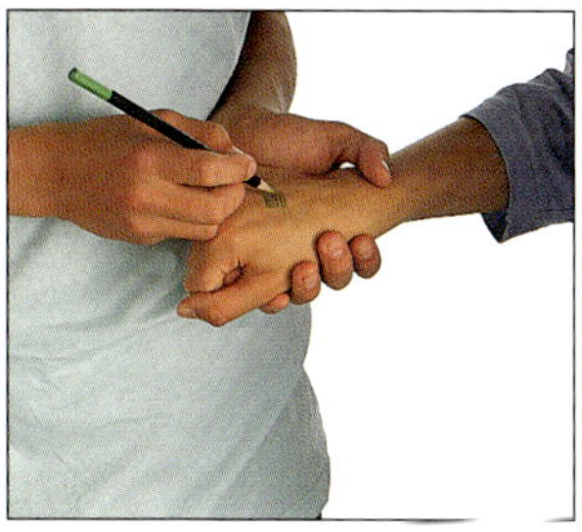

1 Zeichne ein Gitter auf die Hand deines Freundes und insgesamt viermal auf kariertes Papier. Erhitze die Büroklammer in heißem Wasser, kühle eine andere mit Eiswürfeln ab.

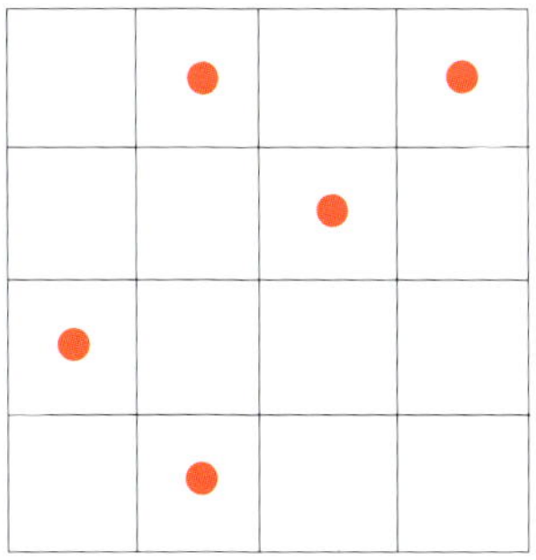

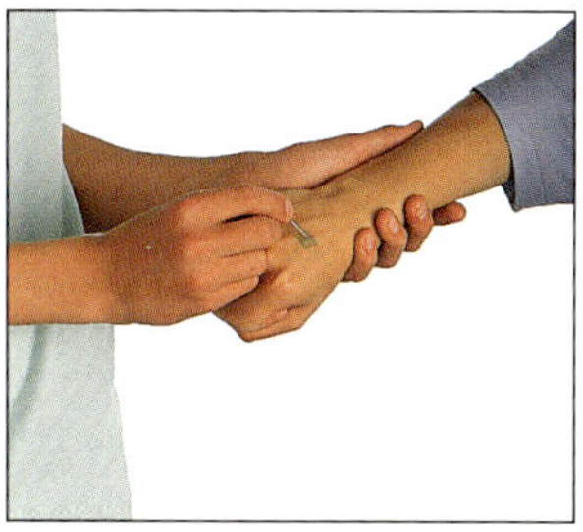

2 Berühre jedes Hautkästchen mit der erhitzten Büroklammer und notiere auf dem Papiergitter, wo dein Freund die Hitze gespürt hat.

3 Wiederhole dies mit der kalten Büroklammer, der Wachskreide und der Nadel. Zeichne jeweils auf, wo deine Versuchsperson Kälte, Druck und Schmerz fühlt. Vergleiche dann die aufgezeichneten vier Gitter. Jedes getestete Hautquadrat nimmt andere Empfindungen wahr.

200 Verborgene Geschmacksstoffe

Manche Geschmacksstoffe sind so stark, dass sie – selbst in kleinen Mengen – jedes andere Aroma überdecken. Hier ein Experiment, das du mit einem Freund durchführen kannst. Ein starker Geschmack (Salz) kann einen schwächeren (Zucker) überdecken. Sag deiner Versuchsperson nicht, was in den Gläsern ist. Ob sie errät, dass tatsächlich zwei Substanzen im Wasser aufgelöst wurden?

Du brauchst

1 Verrühre einen Teelöffel Salz in jedem Glas. Gib in das erste Glas einen halben Teelöffel Zucker, in das zweite Glas einen Teelöffel, in das dritte eineinhalb und in das vierte zwei Teelöffel.

2 Lass deine Versuchsperson mit dem Glas mit dem wenigsten Zucker anfangen und bitte sie an jedem Glas zu nippen. Ob sie wohl herausfindet, dass das Wasser außer Salz noch etwas anderes enthält?

3 Bei welchem Glas stellt sie das fest? Führe dieses Experiment mit mehreren Personen durch, um zu sehen, ob sie den Zucker bei verschiedenen Gläsern bemerken. Wer hat die besten Geschmacksknospen?

201 Die Ohren täuschen

Nur weil wir zwei Ohren haben, können wir beurteilen, woher Geräusche kommen. Wenn ein Geräusch jedoch von beiden Ohren gleich weit entfernt ist, ist es nicht immer möglich die Geräuschrichtung zu identifizieren.

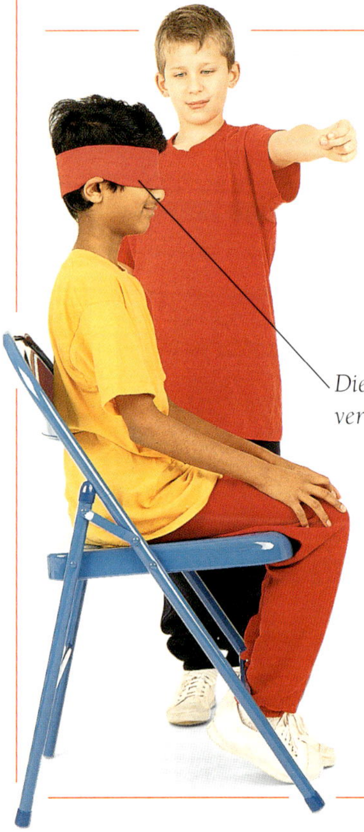

Setz dich auf einen Stuhl und verbinde dir die Augen. Bitte deinen Freund mit den Fingern zu schnippen, und zwar hinter, über oder vor dir, aber immer in der Körpermitte. Kannst du jedes Mal sagen, woher das Geräusch kam?

Du brauchst

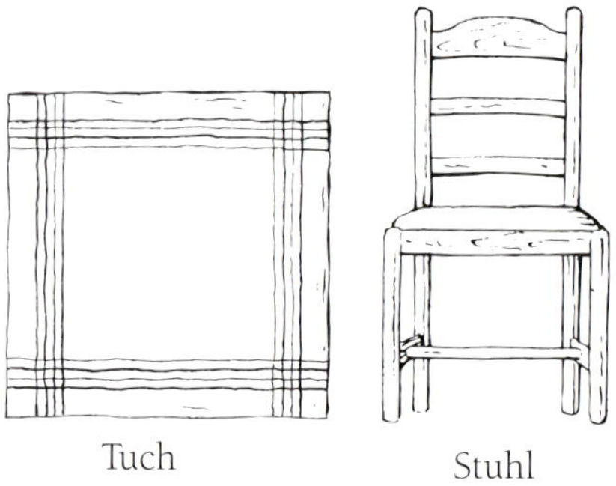

202 Geräuschrichtungen

Wie bei dem Experiment auf der gegenüberliegenden Seite geht es um die Zusammenarbeit zwischen den Ohren. Stelle fest, wie gut es dir gelingt herauszufinden, woher ein Geräusch gekommen ist.

Du brauchst

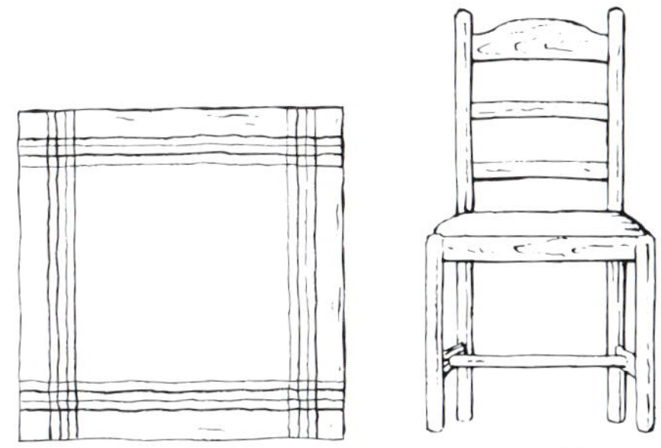

Tuch zum Augenverbinden

Stuhl

1 Setze dich mit verbundenen Augen auf den Stuhl. Deine Freunde sitzen im Kreis um dich herum. Sie sollen in beliebiger Reihenfolge mit den Fingern schnippen, sodass du keine Ahnung hast, wer der Nächste ist.

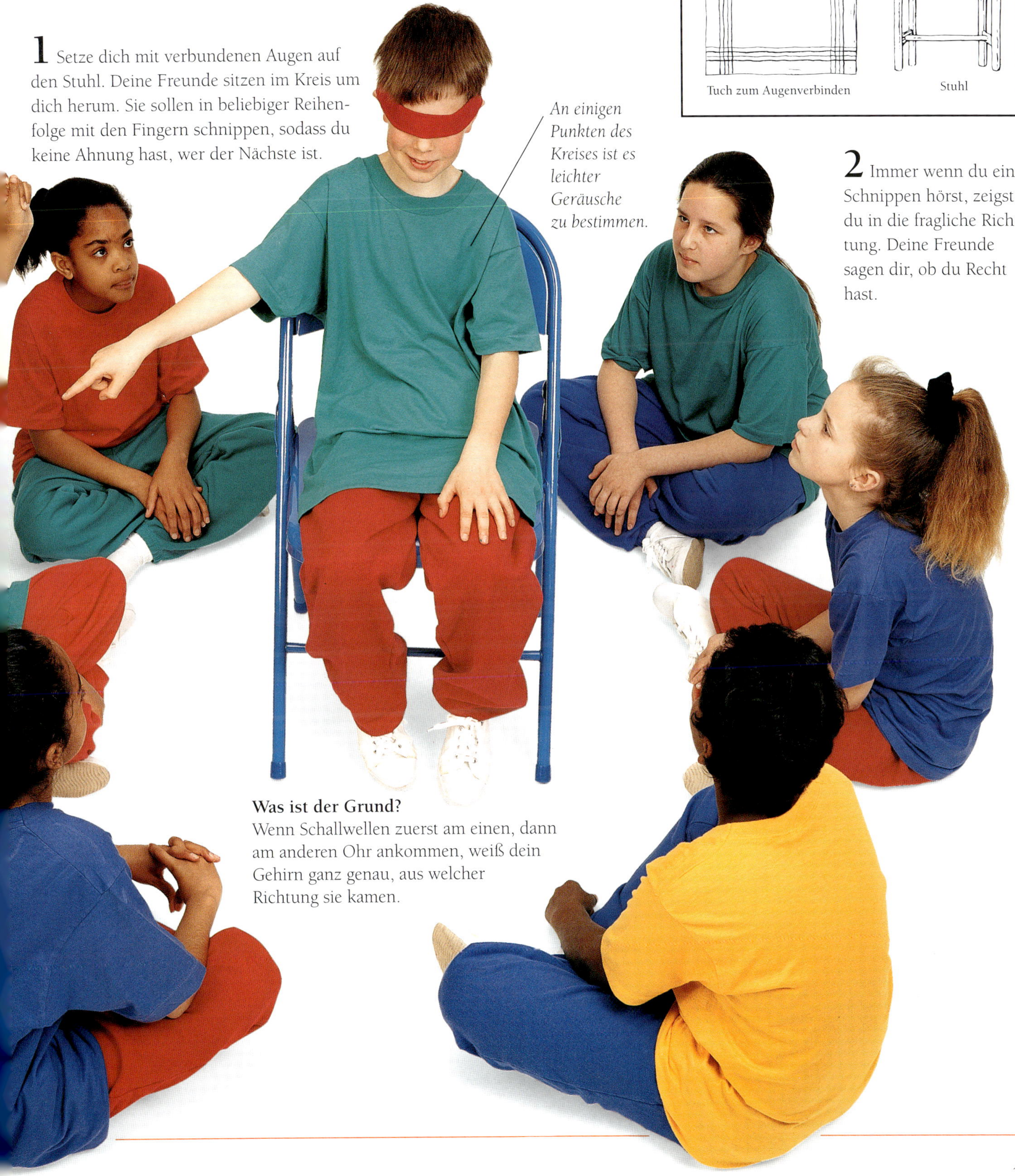

An einigen Punkten des Kreises ist es leichter Geräusche zu bestimmen.

2 Immer wenn du ein Schnippen hörst, zeigst du in die fragliche Richtung. Deine Freunde sagen dir, ob du Recht hast.

Was ist der Grund?
Wenn Schallwellen zuerst am einen, dann am anderen Ohr ankommen, weiß dein Gehirn ganz genau, aus welcher Richtung sie kamen.

Register

DANKSAGUNG
Dorling Kindersley dankt:
Folgenden Kindern, die Modell standen: Lia Buddle, Jane Burton, Alisdair Cairns, Melissa Chu, Alexandra und Nicholas Denton, Leo Dudley, Michael Dunning, Ashanti Fearon, William Finnegan, Liam Francis, Pete Gardner, John Gill, Frank Greenaway, Ben und James Highmore, Patora Ho, Sam Jacobson, Camay Jones, Goran Kanlil, Colin Keates, Dave King, Sharon Lucas, Ray Moller, Sophia Nawaz, Andrea Needham, Lika Razaeince, Stephen Oliver, Alex O'Reilly, Tim Ridley, Tanisha Russell, Samantha Schneider, Sophie Shannon, Amy und Lucy Smith, Clive Streeter, Kim Taylor, Geamma Taylor, Nicola Webb, Tracey White, Noltan St. Louis für den Bau des Komposthaufens, Martin Smith und Julia Harris für zusätzliche Requisiten, sowie der vierten Klasse der George Tomlinson Schule in Leytonstone, London.

Dank für zusätzliche Spezialaufnahmen gebührt: Jane Burton, Peter Chadwick, Andy Crawford, Geoff Dann, Mike Dunning, Steve Gorton, Dave King, Stephen Oliver, Tim Ridley und Kim Taylor.

Illustrationen:
Jonathan Wolstenholme
Index: Marion Dent
Bildrecherche: Jo Carlill
Mit besonderem Dank an David Graham für Design-Assistenz

BILDNACHWEIS
u = unten, o = oben, M = Mitte, r = rechts, l= links
Ardea/John Daniels 88 ur; Catherine Ashmore 87 ur; Bruce Colman/Alain Compost 68 uM; Michael Dunning 27 ul; Robert Harding Picture Library 20 ul, 33 ur, 78 ul/Photri 72 ul; ICI Paints 53 uM; Image Bank 18 Mr, 50 ol, 61 ur, 98 ol, 115 uM, 119 uM; Andre Gallant 36 uM; Jean-Pierre Pieuchel 18 ol; Al Satterwhite 120 ul; Weinberg/Clark 50 or; Lupe Cuhna Photo Library/Vaughan Melzer 68 ol; Jonathan Metcalf 52 ur; NHPA/Trureo Nakamuta 76 ul; Royal Navy Submarine Museum 41 ur; Perskke Price Service Organisation 59 or; David Redfern Photography 68 or; Rockwater 90 uM; Science Photo Library 59 uM, 81 ul; Ron Church 21 uM; European Space Agency 18 lM; Jack Finch 88 or; Simon Fraser 105 ur; Peter Ryan/SCRIPPS 22 uM; Spectrum Colour Library 63 ul; Tony Stone Worldwide/David Austen 30 or; Survival Anglia 60 ol; Thrust Cars Ltd. 15 ur; Zefa 11 ul, 18 or, 98 ul; Harlicek 35 uM; H. Lutticke 37 uM. Bruce Coleman Limited: 183mro, 186mr; Ron und Christine Foord: 177mr; Frank Lane Picture Agency: 189ml; Harry Smith Collection: 152u.

Mammutstark!

Knifflige Technik – kinderleicht erklärt!

Wie funktioniert ein CD-Player? Und woher weiß das Brot, wann es aus dem Toaster hüpfen muss? Gut erklärt, wird Technik fast zum Kinderspiel. Mit dem Mammut haben auch Physikmuffel garantiert einen Riesenspaß dabei, Alltagsdingen auf den Grund zu gehen.

David Macaulay

Das große Mammut-Buch der Technik

400 Seiten, gebunden, durchgehend mit Farbillustrationen

Ab 10 Jahren

www.dorlingkindersleyverlag.de